東映任侠映画とその時代

山平重樹
Shigeki Yamadaira

清談社
Publico

東映任侠映画とその時代

山平重樹

清談社
Publico

はじめに　なぜ〝あの時代〟の大衆は、高倉健・菅原文太に熱狂したのか？

この拙著のカバーを見て、私はある種の感慨を抱かずにはいられなかった。これは昭和44（1969）年5月に公開された東映《とうえい》の『懲役三兄弟』（佐伯清《さえききよし》監督）のスチール写真で、同作は『現代やくざ　与太者《よたもの》の掟《おきて》』（昭和44年2月、降旗康男《ふるはたやすお》監督）に続く菅原文太《すがわらぶんた》の東映主演2作目。高倉健《たかくらけん》がゲスト出演した作品である。

実は、この『懲役三兄弟』こそ、私が初めて触れた東映任侠《にんきょう》映画の世界であり、ガーンと衝撃を受けた最初の、ある意味で私のその後の人生を決定づけたと言っても過言ではないほど、忘れられない作品なのだった。

主役を張ったとはいえ、『懲役三兄弟』のころの文太はほとんど無名、一方の健さんはすでに世にブームを巻き起こしていたスーパースター、映画俳優として両者は格段の差があった。

そんな文太に対し、とりわけ思い入れが強かったのは、まさに文太の登場と私の東映任侠映画体験とが重なっていたからで、高校生の私は、映画でよく見せる文太のシブい表情を真似《まね》てはひとり悦に入ったり、あるいはドスを振り上げた文太の横顔のアップとともに載った『新宿《じゅく》の与太者』の、

「この人生の裏道をじっと見つめてドス抜いた文太、泣いているよなにくい顔《つら》――」

という惹句《じゃっく》にシビれたりしたものだった。

文太はそれからアッという間に売り出して、数年後には『仁義なき戦い』『トラック野郎』などの大ヒット作をカッ飛ばし、スターダムを駆け上がっていく。ついには東映の二枚看板として健さんと並ぶ大スターの座を摑《つか》むのだから、東映デビュー当時から観続けてきたファンとしては感無量だった。

その二大スターの共演作品といえば、文太の無名時代のものを入れれば少なからずあるけれど、意外なことに、東映任俠映画お決まりのラストの殴り込みシーンで二人が肩を並べて同行したのは、後にも先にもこの『懲役三兄弟』だけである。

つまり、私は東映任俠映画体験において、初《しょ》っ端《ぱな》から当たりクジを引いたようなものだったのだ。なんと幸運な男であったことだろうか。

私にとって、そんな思い出の詰まった、象徴的と言ってもいいような作品のスチール写真を

この本のカバーに選んでくれたことを、まずもって清談社Publicoの畑祐介氏に感謝したい。

本書は、デアゴスティーニ・ジャパンのDVD付き隔週刊誌『東映任俠映画DVDコレクション』に5年にわたって連載された私の「東映任俠映画とその時代」（全120回）をまとめたものだが、私にとってこんな幸福な仕事はかつてなかった。

最初に編集プロダクション「羅針盤」の瀧本英雄代表から、この話をいただいたとき、本当にそんな夢のような企画が実現するものなのか、私は半信半疑だった。瀧本氏の口ぶりも、「100号までの予定だが、そこまで行かずに途中で打ち切りになる可能性も大」とのことで、さもありなんとスタート。が、始まってみると、同誌は好調を保ち続け、なんと予定をオーバーして120号まで刊行されたのだから、東映任俠映画の人気、いまだ衰えず——と、実感でき、嬉《うれ》しさもひとしおであった。

平成26（2014）年12月から令和元（2019）年7月までの4年半、隔週訪れる、本来なら物書きにとって地獄であるはずの締め切りが、決して地獄ではなく、むしろ快楽であり、至福にさえ感じたのも私には生まれて初めての経験だった。ともかく、執筆が愉《たの》しかった。

同誌で作品解説を書かれた映画評論家の大家である故・山根貞男《やまねさだお》氏、同じく「俳優年鑑」や「作品舞台を訪ねて」を担当された東映の名惹句師・関根忠郎《せきねただお》氏という大先達とご一緒できたのも、私にはまたとない光栄なことだった。暑気払いや慰労会の席で、お二人からお話をお聴きできたことはありがたくも、とても貴重な時間となった。

やはり私は根っからの東映任俠映画ファン――と言うより、完璧なオタクであり、何十回観たかわからぬ作品をいまだ飽きもせず観続けているのだから、ほとんどビョーキと言っていいかもしれない。ちなみに、好きな作品を5本挙げろと言われれば、私のベスト5は、順不同に、『博奕打ち《ばくちう》 総長賭博』『博奕打ち いのち札《ふだ》』『日本女俠伝《にほんじょきょうでん》 鉄火芸者』『緋牡丹《ひぼたん》博徒 お竜《りゅう》参上』『昭和残俠伝《ざんきょうでん》 死んで貰《もら》います』――といったところか。

本文でも触れていることだが、もはや半世紀も前となるあの時代、なぜ東映任俠映画がかくも大衆の支持を受け、あれほど熱狂的なファンを呼び込んだのか？ その現象は、時代と切り離して考えることはできないとは、誰もが指摘するところであろう。

では、あの時代とはなんであったのか。戦後まだ20年から30年しか経《た》っておらず、ケータイもインターネットもなかったあの時代。

紛れもなくそこには、あの任俠映画のパワーやパッション、俠気、情念を受け入れる熱い時代があったのだ――としか、言いようがない。

末尾となったが、本書刊行にあたってお世話になったデアゴスティーニ・ジャパンの米岡秀樹氏、前述の畑氏、瀧本氏に改めて謝意を表したい。

山平重樹《やまだいらしげき》

東映任侠映画とその時代――目次

第2部　三島由紀夫と任侠

第13章　高倉健・菅原文太コンビの終焉

第4部 俊藤浩滋と東映の黄金時代

写真提供＝「©東映」とあるものは東映株式会社、それ以外は共同通信社。

第1部

東映任俠映画の時代

第1章 東映任侠映画の始まりと鶴田浩二

時代とシンクロした任侠映画ブーム

ヘルメット裏のお竜さん

東映任侠映画が一世を風靡《ふうび》し、社会的現象にまでなったのは1960年代後半、時はあたかも70年安保を目前にして全国の学園で学生運動の嵐が吹き荒れていた時代だった。

誰より任侠映画を熱狂的に支持し、拍手喝采を送ったのも、その学生運動の担い手たちだったといわれる。彼らは深夜映画館で、高倉健や鶴田浩二《つるたこうじ》の殴り込みシーンに、「待ってました！」と拍手、歓声を上げ、健さんの「死んでもらうぜ！」の台詞《せりふ》に、「異議なし！」と声援を送ってスクリーンと一体化し、映画館をひとつの「祭り空間」に変えていた。

任侠映画で思いきり高揚した彼らは、映画館を出ると、自らを高倉健に擬してドスならぬゲバ棒を手にデモに出かけ、学園や街頭で機動隊と激しく攻防戦を繰り広げたのだった。なかにはヘルメットの裏に緋牡丹お竜さんのブロマイドを貼りつけて出陣した者もいれば、ある一派など、学園闘争で学館を占拠した際、屋上からスピーカーで流した曲が何あろうインターナショナルならぬ『唐獅子《からじし》牡丹』であったという話も残っている。

学園闘争の場では、健さんの『網走《あばしり》番外地』の替え歌も大流行して、

〽ポリにポリに追われし全共闘《ぜんきょうとう》
デモすりゃ殴られパクられて
どうせ俺らの行く先は
その名も東京警視庁

といった調子で、数多い替え歌の傑作も生まれた。

ドアの閉まらぬ映画館

もとより東映任侠映画ファンは左翼だけにあらず、どちらかといえば右のほうが本家本元。三島由紀夫《みしまゆきお》が楯《たて》の会《かい》メンバーを引き連れ、死に場所となった自衛隊の市ケ谷《いちがや》駐屯地へ「殴り込み」に赴く際、みんなが車中で合唱した曲もやはり『唐獅子牡丹』であったというから、右も

左も病膏肓《やまいこうこう》。

戦後の日本が右肩上がりの高度経済成長を走るなか、「怒れる若者たち」が立ち上がり、「若者叛乱《はんらん》の時代」といわれたあの政治的季節を抜きにして、東映任侠映画の隆盛もあり得なかったであろう。

団塊の世代が青春真っ盛りだったあの時代、世に立て続けに起きたのは、新宿騒乱《しんじゅく》、東大安田《やすだ》講堂攻防戦、赤軍派《せきぐんは》よど号ハイジャック事件、三島由紀夫割腹事件、あさま山荘銃撃戦と連合赤軍《れんごうせきぐん》大量リンチ殺害事件……等々、社会を揺るがす過激な大事件だった。東映任侠映画は、そんな殺気立った時代の空気や気分とピッタリシンクロし、一大ブームを巻き起こしたのであった。

それがどれだけ爆発的な人気を呼んだか。当時を知らない若い世代には想像もできないだろう。土曜日のオールナイトだけで都内盛り場（新宿、浅草《あさくさ》等）の東映封切館には1万2000〜1万3000人の客が押しかけ、映画館のドアが閉まらないという凄《すさ》まじさだった。

シリーズ化で任侠路線が確立

東映任侠路線の始まりは、昭和38（1963）年3月封切りの『人生劇場　飛車角《ひしゃかく》』（沢島《さわしま》忠《ただし》監督、鶴田浩二主演）といわれ、翌39（1964）年7月には、任侠路線の生みの親とも育ての親とも評される俊藤浩滋《しゅんどうこうじ》プロデューサーが初めて手がけた『博徒』（小沢茂弘《おざわしげひろ》監督、鶴田浩二主演）、1カ月後の8月には同氏プロデュースの『日本侠客伝《にほんきょうかくでん》』（マキノ雅弘《まさひろ》監督、高倉健主演）が作られ、いずれも大ヒットしてシリーズ化され、任侠路線が確立する。

以後、高倉健の『網走番外地』『昭和残侠伝』、鶴田浩二の『博徒』『博奕打ち』、北島三郎《きたじまさぶろう》の『兄弟仁義』、村田英雄《むらたひでお》の『男の勝負』、若山富三郎《わかやまとみさぶろう》の『極道』といった人気シリーズが生まれ、量産体制に入っていく。そして昭和43（1968）年には藤純子《ふじじゅんこ》（現富司純子《ふじすみこ》）の『緋牡丹博徒』シリーズが始まり、ブームは頂点に達する——。

任侠路線を確立した俊藤浩滋と岡田茂

様式美確立の立て役者

昭和38（1963）年3月の『人生劇場　飛車角』でスタートした東映任侠路線は、昭和48（1973）年1月に『仁義なき戦い』が登場し、その爆発的ヒットによる実録路線への速やかな転換があって、およそ10年間の幕を閉じたのだった。

それにしても、同路線が10年もの長きにわたって命脈を保ったということ自体、驚くべきことであろう。正月とお盆興行だけの10年ではなく、年間に20本も30本も量産したうえでの10年というのだから凄まじい話である。

　しかも、内容はといえば、仁義を踏み外し暴虐の限りを尽くす近代派の悪玉ヤクザに対し、あくまで筋を通し任侠道を貫こうとする正統派ヤクザが我慢に我慢を重ね、最後の一線を越えたとき、怒りを爆発させる――というパターン化された勧善懲悪劇。あたかも歌舞伎十八番のように、役者陣も毎度お馴染《なじ》みの顔ぶれが揃《そろ》い、様式美に満ちた「情念劇」とも「我慢劇」とも称される世界が展開されるのだ。

　そこに描かれていたのは、徹底して男の美学であり、任侠浪漫《ろまん》であった。

　そしてラストの怒濤《どとう》の殴り込み。その道行《みちゆ》きの途中で、「お伴《とも》させていただきます」と待つ助《すけ》っ人《と》。二人にかぶさる主題歌――。

「あのパターンはみんな俊藤浩滋プロデューサーが確立させたものですよ。東映任侠映画の細部に至るまで圧倒的なリアリティが成立したのも、本物の世界を知っている俊藤さんがいればこそでした。それでなきゃ、人気は10年も保《も》たなかったでしょ」（東映映画関係者）

「東撮を日本一に！」

　俊藤浩滋は『日本侠客伝』『昭和残侠伝』『緋牡丹博徒』シリーズをはじめ、ほとんどの任侠映画の作品群を手がけたばかりか、鶴田浩二、高倉健、若山富三郎、菅原文太、藤純子ら人気スターを育てた「任侠映画のドン」として知られる伝説的な映画プロデューサー。

この俊藤と二人三脚で任侠映画ブームを牽引《けんいん》した立て役者が、後に東映の社長、会長を歴任する岡田茂《おかだしげる》で、任侠路線の始まりとされる『人生劇場　飛車角』は、東京撮影所長（東撮）時代の岡田の企画となる作品である。

岡田が東映京都撮影所長（京撮）から東京撮影所長へと異動となったのは、同作品が封切られる1年半前、昭和36（1961）年9月のことだった。

折しも、片岡千恵蔵《かたおかちえぞう》、市川右太衛門《いちかわうたえもん》らの戦前派大スターと、中村錦之助《なかむらきんのすけ》（後の萬屋《よろずや》錦之助）、東千代之介《あずまちよのすけ》ら戦後派若手スターによって築かれた東映時代劇黄金時代に陰りが見え出した時期でもあった。いや、それ以上に、現代劇中心の東撮で作られる作品はどれも興行的に当たっていなかった。

岡田はそうした状況を打開し、東撮を日本一の撮影所にする意気込みで東京へ乗り込んできたのだった。

俊藤浩滋

裕次郎映画の触発

アクション物主体の東撮で岡田がとくに力を入れるようになったのが、ギャングアクションシリーズであった。井上梅次《いのうえうめつぐ》、石井輝男《いしいてるお》、深作欣二《ふかさくきんじ》といった気鋭の監督に、鶴田浩二、高倉健、丹波哲郎《たんばてつろう》、江原真二郎《えはらしんじろう》、梅宮辰夫《うめみやたつお》などの俳優陣で、『ギャング対Gメン』『暗黒街最後の日』『暗黒街の顔役 十一人のギャング』といった作品を撮らせたのだ。

だが、このギャングシリーズ、最初はそれなりに当たっていても、ずっと人気を維持することは難しかった。岡田がそこで覚《さと》ったのは、「アメリカの模造品みたいなものをいくら作っても、客はなかなか来ない。日本の土壌に馴染まないからだ」ということだった。

岡田が『人生劇場』のアイデアに行き着くのは昭和37（1962）年暮れ、日活《にっかつ》の裕次郎《ゆうじろう》映画を観たのがきっかけとなった。火野葦平《ひのあしへい》の小説を原作にした『花と龍《りゅう》』という石原《いしはら》裕次郎には珍しい任侠映画で、都内の日活映画館は超満員だった。

〈これだ！ 任侠物だ！ これこそ、むしろうちが得意とするものじゃないか〉

岡田に閃《ひらめ》くものがあった。

『人生劇場 飛車角』が示した新たな鉱脈

「よし、飛車角でいこう！」

石原裕次郎主演の日活映画『花と龍』に触発され、任侠映画をやろう――と決断したとき、岡田茂の脳裏で、〈そうだ、うってつけのものがあるじゃないか！〉とスパークしたのは、尾《お》崎《ざき》士《し》郎《ろう》の名作『人生劇場』であった。

〈あのなかに侠客が絡む話があったな……そこにスポットを当てればいいんだ〉

と決めると、岡田はすぐに動いた。部下の入社5年目の若手プロデューサー吉《よし》田《だ》達《とおる》に、『青春篇《へん》』から始まり、『愛慾《あいよく》篇』『残侠篇』『風雲篇』『離愁篇』『夢幻篇』『望郷篇』『蕩子《とうし》篇』と続く尾崎の『人生劇場』を全部読むように命じたのだ。

数日後、吉田は所長室で岡田に全篇のあらすじを話すよう求められた。吉田は三《さん》州《しゅう》横《よこ》須《す》賀《か》村（現愛知県西尾《にしお》市）を後に上京した主人公、青成瓢吉《あおなりひょうきち》の早稲田《わせだ》大学時代を描く『青春篇』から話し始めた。続いて時代が昭和に入る『愛慾篇』、さらに侠客の世界に舞台が移る『残侠篇』と話し続ける。

義理と人情を貫く侠客、飛車角を中心に、彼が命を懸けて惚《ほ》れた女おとよ、兄弟分の宮川《みやがわ》、三州の老侠《ろうきょう》・吉良常《きらつね》などが絡み合う任侠ドラマ『残侠篇』を話し終え、吉田が『風雲篇』に移ろうとしたとき、それまで椅子に座り目を閉じ黙って耳を傾けていた岡田が、目を開け、「待て、『残侠篇』はそれで終わりか？」と吉田に訊《たず》ねた。「ええ、終わりです」と答えた吉田に、「よし、飛車角でいこう！」。岡田が高らかに宣言したのだった。

さっそく映画化権をもらうため、吉田と大久保《おおくぼ》文芸課長が東京・大森《おおもり》の尾崎士郎邸を訪れた。

だが、2度通っても、尾崎からは色よい返事がもらえなかった。『人生劇場』は戦前、戦後に何度も映画化されてはいたが、飛車角を主人公にしたものはなく、尾崎もその点に難色を示したのだ。

三顧の礼で、巨匠から映画化を認められる

3度目には岡田が乗り出して口説き、ようやく尾崎の承諾を得た。「『飛車角』というタイトルだけではヤクザ映画になる。それではオレも困る」という尾崎の意を受け、決まったタイトルが『人生劇場 飛車角』であった。

岡田には確信があった。

〈『飛車角』のタイトルでやれるとなれば、これは絶対いける!〉

キャストもすぐに決まり、飛車角に鶴田浩二、おとよに佐久間良子《さくまよしこ》、兄貴分・飛車角の女と知らずにおとよに惚れる宮川役を高倉健、小金《こきん》一家の代貸《だいがし》が村田英雄、青成瓢吉に梅宮辰夫、吉良常が月形《つきがた》龍之介《りゅうのすけ》といった豪華俳優陣だった。

監督は『忍術御前試合』で監督デビューし、京撮で時代劇を数多く撮っていた沢島忠であった。岡田はスピード感とテンポのいい沢島演出を買っており、現代劇というより時代劇に近い任俠映画を撮れる監督としてうってつけと見たのだった。

『人生劇場 飛車角』（1963年）Ⓒ東映
Prime Videoチャンネル「東映オンデマンド」にて配信中

鶴田浩二が巡り合った生涯のはまり役

岡田の狙い通り、昭和38（1963）年3月に公開された『人生劇場　飛車角』は爆発的なヒットとなり、ただちに『人生劇場　続飛車角』、翌昭和39（1964）年には『人生劇場　新飛車角』が作られた。いずれも予想を上回る大ヒットとなった。主役の飛車角を演じた鶴田浩二にとっても、松竹《しょうちく》から東映に移っていまひとつパッとしなかったのが起死回生のヒット作となり、「着流しヤクザ」という生涯のはまり役に巡り合ったのである。

いずれにせよ、時代劇の黄金期が終焉《しゅうえん》を迎えようとしており、路線転換を余儀なくされていた東映にあって、岡田は任俠映画という新たな鉱脈を掘り当てたのだった。

この『人生劇場　飛車角』のヒットに誰よりも刺激を受けたのが、前年9月に封切られた『アイ・ジョージ物語　太陽の子』で実質的なプロデューサーデビューを果たし、『傷だらけの不敵者』『ギャング同盟』などの作品を手がけていた俊藤浩滋であった。

ヤクザの世界を鮮烈に描いた『博徒』の衝撃

脳天を割られたような『博徒』のショック

『人生劇場　飛車角』のヒットは、若い時分から本物のヤクザに接してきた俊藤浩滋の何かに火をつけた。そうか、こういう純然たるヤクザの世界を描いた映画が客に受けるのか。それならオレも自分なりのヤクザ映画を作ってみたい——と、灼《や》きつくような思いが湧いてきたのだ。

折しも翌昭和39（1964）年2月、2年5カ月ぶりに京撮に戻った岡田茂所長が、「東撮で成功した任俠映画を京撮でも作る」との方針を打ち出し、俊藤と思惑がピタリと一致した。

その第1弾として製作し、俊藤がプロデュースした最初の任俠映画となった作品こそ『博徒』であった。監督は小沢茂弘、主演は鶴田浩二、共演として御家人《ごけにん》崩れの仇役《かたきやく》に天知茂《あまちしげる》、その手先となる悪玉親分に遠藤辰雄《えんどうたつお》（後に太津朗《たつお》）の他、松方弘樹《まつかたひろき》、藤純子、里見浩太朗《さとみこうたろう》、月形龍之介などが出演。脚本は小沢茂弘と村尾昭《むらおあきら》だった。

賭場や襲名披露、血みどろの刺青《いれずみ》が乱舞するシーンなど、それまで一般の人たちには知るよしもなかったヤクザの世界を真っ正面からリアルに描いた『博徒』は、映画関係者をして、「脳天を割られたようなショックを受けた」と言わしめるほど画期的な作品となった。もとより、映画ファンの評判も呼んだ。

主婦たちの抗議が格好の宣伝に

同年7月11日、『博徒』の封切り日、岡田茂、俊藤浩滋、脚本家の村尾昭は、大阪・梅田《うめだ》東映へ足を運んだ。土曜のオールナイト興行初日でもある。

ところが、映画館の前には、エプロン姿でシャモジを手にした大勢の主婦たちが、「深夜映画反対」「ヤクザ映画反対」のバリケードを張っていた。ときならぬ主婦連のストに警官が繰り出し、野次馬も取り巻いて、周辺は異様な雰囲気になっていた。

この年秋、アジアで初の東京オリンピックが開催されるとあって国中が沸くなか、5月1日には深夜喫茶を禁止する風俗営業等改正取締法が公布（8月1日施行）された。そうした「オリンピックの晴れ姿」を見せようと躍起になる政府の風俗対策に、主婦たちがいち早く反応する形になったのだった。

岡田、俊藤、村尾の3人は思わぬ事態に目を瞠《みは》り気を揉《も》んだが、これが逆に映画の宣伝になった。この騒動に、「何事か!?」と若い連中が集まってきて、『博徒』は押すな押すなの人気になったのだ。3人はそれを目の当たりにし、さらに館内で観客の熱狂を肌で知ることになる。

主役の鶴田が裸で全身の刺青をさらけ出し、ドスをサラシを巻いた腰に差し、馬車を駆って殴り込むラストシーン――。馬車に乗った鶴田がローアングルで映し出されるや、観客が思わず「オーッ！」と体を前に乗り出す。鶴田が一発撃たれて倒れるや、ワッと沸いて、館内のボルテージは一挙に高まり、「それ行け！　鶴田！」という後年のブーム真《ま》っ只中《ただなか》の掛け声につながるような雰囲気になっていく。

「こら、いけるで！」

岡田、俊藤、村尾ともども大ヒットの手応えを実感したのは、このときであった。

東映映画に生まれた新しい潮流

かくして『博徒』は喝采を博し、ただちにシリーズ化されて、小沢茂弘監督、鶴田浩二のコンビで『監獄博徒』『博徒対テキ屋』『博徒七人』『お尋ね者七人』『三人の博徒』『札《ふだ》つき博徒』と作られていく（この任俠物の『博徒』シリーズとは別に、鶴田浩二主演で『博徒解散式』『博徒外人部隊』［深作欣二監督］、『博徒斬り込み隊』［佐藤純彌《さとうじゅんや》監督］などの現代ヤクザ版シリーズも後に生まれている）。

『人生劇場　飛車角』『博徒』と続く任俠物のヒットは、東映映画に紛れもなく新しい潮流を生み出し、任俠路線への転換を決定的なものにした。

まさしくそんな最中《さなか》、高倉健の任俠シリーズ出演第1作となる『日本俠客伝』が封切られるのは、『博徒』からわずか1カ月後、昭和39（1964）年8月13日のことだった。

『博徒』『日本俠客伝』で鶴田・高倉の時代へ

『日本俠客伝』への主演を断った錦之助

高倉健を一躍任俠映画スターに押し上げた記念碑的作品となった『日本俠客伝』。だが、当初の主役に予定されていたのは、高倉健ではなく、中村錦之助であった。

すでに東映は戦前派大スターの時代が終焉を告げ（市川右太衛門の『旗本《はたもと》退屈男』シリーズは前年の昭和38［1963］年に終了し、片岡千恵蔵も同年の『最後の顔役』以後、主役から遠ざかるようになっていた）、いよいよ時代劇も下火になっていた。とはいえ、錦之助はまだ若く、東映の看板スターに違いなかった。

何か時代劇に代わる作品で、錦之助の新たな魅力を引き出せないものか──東映は模索していた。それなら「チョンマゲを取った時代劇」であり、『忠臣蔵《ちゅうしんぐら》』的なものを狙った『日本侠客伝』こそ錦之助にふさわしいものではないか。そうだ、侠客路線にこそ錦之助の新たな活躍の場が見出《みいだ》せるのではないか──との期待があったのも確かだった。

しかし、錦之助はこの作品への出演を拒否した。それはなぜか。撮影中の田坂具隆《たさかともたか》監督の文芸時代劇大作『鮫《さめ》』のクランクアップが予定より大幅に延びたことによるスケジュールの問題とは別に、ヤクザ映画に対する拒否反応があったのではないかとも憶測された。

この年39（1964）年5月、錦之助は、東映京都撮影所の俳優を中心に結成された「東映俳優労働組合」の代表にかつがれていた。錦之助にすれば、組合の代表がヤクザ映画に出ては具合が悪いと判断したのか、もしくは組合の手前、会社の言いなりに主役を引き受けるわけにはいかん──という判断があったのではないかとも伝えられている。

一挙に看板スターの座へ駆け上がった高倉健

真偽のほどはともかく、出ないという錦之助の代役を立てなければならなくなって、急浮上したのが高倉健の名であった。前年の『人生劇場　飛車角』の宮川役、あるいはその1週間前に封切られ主役のヤクザを演じた小林《こばやし》恒《つね》夫《お》監督の『暴力街』（ファンのなかにはこれを任侠路線の第1作とする説もある）の好演は、いまだ記憶に新しかった。

さっそく俊藤プロデューサーが上京し、練馬《ねりま》・大泉《おおいずみ》の東映東京撮影所に高倉健を訪ねて口説いた。最初は乗り気でなかった高倉健も、脚本を読んでその気になった。俊藤に電話で、「ぜひやらせてください」と申し出たのは、明くる日のことだった。

かくて『日本侠客伝』が製作され、マキノ雅弘監督、笠原《かさはら》和夫《かずお》、野上《のがみ》龍雄《たつお》、村尾昭の脚本で、主役が高倉健、共演は藤純子、長門《ながと》裕之《ひろゆき》、南田《みなみだ》洋子《ようこ》、津川《つがわ》雅彦《まさひこ》、大木《おおき》実《みのる》、松方弘樹、田村《たむら》高廣《たかひろ》、ゲスト（特別出演）が中村錦之助という豪華版となった。

『日本侠客伝』は爆発的にヒットし、それまで美空《みそら》ひばりの相手役やサラリーマン物、文芸作品などを経て、岡田茂の企画したギャング路線で売り出し中だったとはいえ、これといった大ヒット作がなかった高倉健を一挙に東映の看板スターに押し上げたのだ。それでも笠原によれば、高倉健の着流し姿は当初、「ボクサーが浴衣を着て、バットを提げてバッターボックスに立ったような格好」で、もうひとつ板についていなかったという。

《しかし、彼の三白眼《さんぱくがん》がなんとも良かった。それまではその三白眼が邪魔になって、もうひとつ人気が伸びなかったのが、やくざに扮《ふん》してはじめて「その処《ところ》」を得たのである》（笠原和夫『鎧《よろい》を着ている男たち　やくざは男社会のパロディ』徳間《とくま》書店）

錦之助が演じた、義理ゆえにドラマの途中で殴り込みをかけ死んでいく客分の渡世人《とせいにん》――という役柄も、任侠路線ではパターン化されることになる。

前年の『人生劇場　飛車角』、この年の『博徒』『日本侠客伝』のヒットで任侠路線への転換は決定的となり、東映は鶴田・高倉の時代に入っていく。

この昭和39（1964）年、新しいスターの台頭により看板役者が交代し、東映は大きく変わろうとしていた。あたかもそれと軌を一にするように、時代も大転換期を迎えつつあった。

鶴田浩二の色気と哀愁　高倉健の強靱な意志

オリンピックと新幹線　高度経済成長の幕開き

昭和39（1964）年は日本中が東京オリンピックに沸き立った年であった。名神《めいしん》高速道路、モノレール羽田《はねだ》線、〝夢の超特急〟といわれた東海道《とうかいどう》新幹線が開通し、ジェット機が飛んで高速時代の幕開きともなった。

かつて日本を占領した連合国軍最高司令官ダグラス・マッカーサーが84歳で他界したのも、この年4月5日。パリからルーブル美術館の『ミロのビーナス』がやってきて、坂本九《さかもときゆう》の『上を向いて歩こう』のレコードがアメリカで『スキヤキ』のタイトルで100万枚を突破する大ヒットを飛ばした。旧時代から新時代への転換が急ピッチで進んで、国際化の波も一挙に押し寄せた。

10月10日、東京で開催された第18回東京オリンピック大会はアジア初、参加国94カ国、選手5541人を数えた。この大会は宇宙中継によるテレビ放送で、世界45カ国に放映された。この年のわが国におけるテレビ台数は前年より約147万台増えて1713万2090台。開会式と女子バレーボール日ソ対戦のテレビ視聴率は85%。国民は閉会式までテレビにかじりつき、〝ウルトラC〟の体操に酔い、〝東洋の魔女〟日本女子バレーボールチームの〝根性〟に心打たれた。日本は米、ソに次いで金メダル16、銀5、銅8のメダル獲得数3位だった。

この大会のために国立競技場、日本武道館《にっぽんぶどうかん》、駒沢《こまざわ》競技場、国立室内競技場が建設されて、その総工費が159億円。また東海道新幹線の開通ばかりか、都内の地下鉄、高速道路、数多くのホテル、高層ビルなども建設された。オリンピックを通じて日本の国際的地位の復権は名実ともに実現し、経済大国への進路が用意されたのだった。

長門裕之が感じた2大スターのオーラ

日本が大きく変わろうとしていたこの年は、『博徒』『日本侠客伝』をヒットさせた東映にとっても、時代劇から任侠映画への路線変更を決定づける大きな転換期となったのであった。

鶴田浩二の『博徒』に続いて高倉健の『日本侠客伝』もすぐにシリーズ化され、2作目の『浪花《なにわ》篇』以降、『関東篇』『血斗《けっとう》神田《かんだ》祭《まつ》り』『雷門《かみなりもん》の決斗《けっとう》』『白刃《しらは》の盃《さかずき》』『斬り込み』『絶縁状』『花と龍』『昇り龍』『刃《ドス》』と、昭和39（1964）年から46（1971）年まで全11作製作されるヒットシリーズとなり（1～9作目までがマキノ雅弘監督、10作目が山下耕作《やましたこうさく》監督、11作目を小沢茂弘監督が撮った）、東映任侠映画隆盛の基盤を築いた。

このうち1作目から8作目まで連続出演している役者が、マキノ雅弘の甥《おい》にあたる長門裕之である。

長門はマキノが監督した『次郎《じろ》長三国志《ちょうさんごくし》』シリーズで鶴田浩二と、『日本侠客伝』シリーズで高倉健と、すなわち東映の任侠路線を支えた二枚看板と初めて本格的に共演。そのスターのオーラを間近で感じることになった。

背中で演じる唯一の役者　寡黙さと無表情が光る役者

鶴田は背中で演じられるただ一人の役者といわれ、下がり気味の右肩に男の色気と哀愁があって、強く長門の印象に残った。

「芝居でもラグビー同様、アタックとディフェンスがあるんだ」というのがマキノ監督の持論。つまり芝居の基本は前に出る芝居と後ろに引く芝居で、同じ「好きだよ」という台詞でも、前者と後者ではまるで別の芝居になるという。それを完璧に演じられるのが鶴田で、マキノとは何を言わずともわかり合え、阿吽《あうん》の呼吸で撮影が進められていくのが常だった。

一方、『日本俠客伝』で出会った高倉健は、長門にとって、いまだお目にかかったことのないタイプの役者だった。

黙って立っているだけで絵になる男。寡黙さだけで強い意志を表現できる役者となると、彼以外に見あたらなかった。無表情のよさも光った。それは長門たちには考えられない芝居で、高倉の独壇場であった。何も語らず無表情のままで寂しさや哀愁といったものを演じられる役者——それが、長門が実感した高倉健の神髄だった。

第2章　『網走番外地』と高倉健

『網走番外地』誕生前夜

俊藤プロデュース唯一の例外作

昭和40（1965）年は、東映任侠路線にとってエポック・メーキングともいえる年となった。4月、高倉健の代名詞ともなった看板シリーズ『網走番外地』が登場し、名作との評価も高い加藤泰《かとうたい》監督の『明治侠客伝　三代目襲名』が9月に公開され、10月には高倉健の最強ヒットシリーズとなる『昭和残侠伝』が封切られるのだ。鶴田浩二の『関東』シリーズも誕生、『関東流れ者』『関東やくざ者』『関東破門状』『関東果し状』と実に1年で4本も公開されたのもこの年である。

すべて「任侠映画のドン」俊藤浩滋のプロデュースになるものだが、唯一の例外は『網走番外地』。同作品の生みの親は、新東宝《しんとうほう》で宇津井健《うついけん》の『スーパージャイアンツ』シリーズ、『女王蜂』シリーズ、淀川長治《よどがわながはる》にも評価された『黒線地帯《ブラックライン》』『黄線地帯《イエローライン》』などのラインシリーズといった作品群を撮った石井輝男監督だった。

ヤクザの若者が服役中に覚えた歌

石井輝男は新東宝倒産後、東映に移籍し、東映初監督作品が昭和36（1961）年6月封切りの高倉健主演、鶴田浩二、江原真二郎共演のギャング映画『花と嵐とギャング』。以後、『恋と太陽とギャング』『ギャング対ギャング』『十一人のギャング』『親分《ボス》を倒せ』『ならず者』といった鶴田や高倉主演のギャング活劇を立て続けに撮った天才肌の異才であった。

石井が『網走番外地』と出会ったのは、日本中を熱狂させた東京オリンピックが終わった昭和39（1964）年秋、たまたま自宅でテレビを観ていたときのことだ。NHKのドキュメンタリーシリーズ『現代の映像』という番組で、この日は『兄貴と若い衆』というタイトルで、ヤクザの若者にスポットを当てていた。

その若者が番組のなかで、ギターを弾きながら歌い出した曲に、石井はたちまち魅了された。若者が網走刑務所に服役したときに覚えた歌だという。初めて聴くそれは、歌詞も曲も胸に沁《し》みるような味わいがあり、石井は慌ててテープレコーダーに録音したほどだった。その歌こそ、『網走番外地』だった。

歌+石井監督の企画=大ヒットシリーズに

間もなく石井監督で、鶴田浩二主演、高倉健、江原真二郎、待田京介《まちだきょうすけ》、大木実、長門裕之、天知茂、藤純子、佐久間良子、三田佳子《みたよしこ》共演の正月の東映オールスター作品『顔役』がクランクインする予定になっていた。「よし、『顔役』でこの歌を使おう」と決めた石井は、高倉健の元恋人役を演じる三田佳子に『網走番外地』をオルガンで歌わせ、健さんにも口笛と鼻歌で奏でさせることにしたのだった。

こうして『網走番外地』は、映画よりも歌が先行することになった。その歌を映画のなかで(しかも別作品で)初めて歌ったのは三田佳子であり、初めてメロディを口笛と鼻歌で奏でたのが健さんだった。むろんこの歌からあの大ヒットシリーズが生まれるとは、このときの石井には想像さえできなかった。

撮影は無事終わり、『顔役』は昭和40(1965)年1月3日に封切られ、全国一斉公開された。そんな矢先、歌好きの東映東京撮影所長の今田智憲《いまだちあき》が、石井に、

「いい歌があるんだよ。『網走番外地』って網走刑務所の受刑者の間で歌い継がれてる歌なんだけど、これで何かできないかな」

と声をかけてきた。今田はいま上映中の正月作品『顔役』でその歌が使われていることを知らなかったのだ。その偶然に、石井と今田は驚いた。

すでに『網走番外地』というタイトルの映画は、6年前に日活が小高雄二《おだかゆうじ》・浅丘《あさおか》ルリ子《こ》主演、松尾昭典《まつおあきのり》監督で製作、公開していた。伊藤一《いとうはじめ》という人の原作で、件《くだん》の歌は一切使われていなかった。石井は今田に言われてその原作を読んだ。それは網走刑務所の受刑者と恋人との一途《いちず》な純愛物語といってよかった。およそ石井が撮りたいものとは趣が違っていた。

「もし、あの歌をベースにした映画を作るなら……」

石井のなかで閃くものがあった。それは新東宝時代から長い間温めてきた企画だった。

健さん人気を不動にした『網走番外地』の大ヒット

北海道の大雪原を舞台に米映画をリメイク

「ほう、『手錠のまゝの脱獄』の日本版?」

今田智憲は、石井輝男のアイデアにたちまち興味を示した。

「ええ、あの二人を網走刑務所の脱獄囚にして、舞台を北海道の大雪原に置き換えたらどうかと思いましてね」

石井は、「いつか撮りたい」とぼんやり考えてきた構想の大枠を今田に披瀝《ひれき》した。

そのアメリカ映画を観ていた今田も「そりゃ面白そうだ。いいね。それでいこう」と乗り気になった。日活の二番煎じではないオリジナルの『網走番外地』を――という石井の提案を今田がすぐに受け入れたのも、何より惚れ込んだ『網走番外地』の歌をテーマ曲に使って映画を作りたいとの一念からだった。

石井の脚本は間もなくできあがり、スタッフやキャスティングも決まって、主演の高倉健以下、丹波哲郎、嵐寛寿郎《あらしかんじゅうろう》、南原宏治《なんばらこうじ》、田中邦衛《たなかくにえ》、安部徹《あべとおる》、潮健児《うしおけんじ》、関山耕司《せきやまこうじ》といったシリーズ馴染みのメンバーが揃った。

石井輝男監督宅を訪れたアラカンの予言

「八人殺しの鬼寅《おにとら》」という老囚人役を演じる「アラカン」こと嵐寛寿郎が、調布《ちょうふ》の石井輝男邸を訪ねてきたのは、撮影に入る直前、1月末のことだった。アポイントもない急な来訪に、何事かと驚く石井に、嵐が開口一番「この映画、当たりまっせえ」と言ったから、石井は2度驚いた。

「――はあ？　……」

「この鬼寅の役柄といい、この台詞といい、最高によろしおまっせ。囚人同士の自己紹介で、鬼寅が最後に南無阿弥陀仏《なむあみだぶつ》と唱えるところがとくによろしまんがな。これ読んだとき、もうこの映画、ワテがいただいたと思いましたで。主役よりワテのほうが目立ちますわ」

『網走番外地』（1965年）Ⓒ東映
Prime Videoチャンネル「東映オンデマンド」にて配信中

アラカンは昭和35（1960）年の石井の新東宝作品『女王蜂と大学の竜』で初めて石井作品に出演し、ヤクザの親分役を演じていた。それが今回の鬼寅役へと発展したわけだが、彼はその役柄と台詞がことのほか気に入った様子であった。

それは網走刑務所の雑居房で、鬼寅の舎弟分《しゃていぶん》を騙《かた》る安部徹扮する牢名主《ろうなぬし》から、「おまえ、何年もらったんだい？」と訊《き》かれたアラカンの鬼寅が、「あれは御大典《ごたいてん》の特赦と終戦の復権令があったので、そうでございます、残り20と1年です」と答え、安部徹の牢名主以下、高倉健をはじめとする囚人一同が凝然とするなか、鬼寅が「南無阿弥陀仏」と唱えるというワンシーン。

これには石井も、3度目のビックリであった。まだ台本ができたばかり、クランクイン前の段階で映画のヒットを予想し、それを監督に言いたい一心で訪ねてくる役者がいるという現実。それも誰あろう、自分が配された役柄に感じ入ったという、往年の『鞍馬天狗《くらまてんぐ》』の大スター・アラカンなのだ。

石井輝男が『網走番外地』に初めて手応えを感じた瞬間だった。

映画の大ヒットで健さん人気は不動に

スタッフがロケ地に選んだのは、北海道の旭川《あさひかわ》から富良野《ふらの》へ出て、そこから根室《ねむろ》本線に乗って狩勝峠《かりかちとうげ》に入った新得《しんとく》という地で、ロケは1カ月にも及んだ。石井にすれば珍しいほどの長期ロケで、それだけ意気込みも違っていたのだが、スタッフ・役者も、雪また雪という悪条件のなか、気合いを入れて奮戦。クランクインの遅れが幸いして（伐採期と重ならず）、鉄のトロッコが使用できる幸運もあった。迫力あるトロッコ・チェイスシーンが撮影でき、ロケはほぼ満足のいくものとなったのだった。

昭和40（1965）年4月に封切られたこの『網走番外地』はアラカンの予感も的中。前年（昭和39［1964］年）8月の『日本侠客伝』に続いて大当たりし、『日本侠客伝』同様、東映のヒットシリーズとなり、健さん人気を不動のものにした。

石井輝男監督・脚本による『網走番外地』シリーズは昭和40年から42（1967）年までの3年間で10本作られ、嵐寛寿郎の鬼寅は石井番外地には欠かせぬ名物キャラクターとして主役に迫る人気を博した（3作目の長崎を舞台にした『網走番外地　望郷篇』だけが鬼寅不在で、アラカンは地元親分役を演じた）。

加藤泰監督と鶴田浩二の衝突

立て続けにヒットした『網走番外地』シリーズ

『網走番外地』は昭和40（1965）年だけで、『続網走番外地』『網走番外地　望郷篇』『網走

番外地 北海篇』と4本作られた。このうち3本までもが、同年の日本映画界における配収ランキングのベストテンに名を連ねているのだから人気のほどが窺《うかが》えよう（『北海篇』に至っては市《いち》川崑《かわこん》の『東京オリンピック』、黒澤明《くろさわあきら》の『赤ひげ』に続く3位だった）。

翌41（1966）年も、シリーズ5、6、7作目にあたる『網走番外地 荒野の対決』『網走番外地 南国の対決』『網走番外地 大雪原の対決』と3本作られ、3本とも同年日本映画界配収ベストテン入りする快挙で、『大雪原の対決』はトップ、『南国の対決』は3位だった。

42（1967）年も同様に『網走番外地 決斗零下30度』『網走番外地 悪への挑戦』『網走番外地 吹雪の斗争《とうそう》』と3本作られたうち、『悪への挑戦』が同ベストテンの10位に入る健闘を見せた。『網走番外地』シリーズがいかに人気を博したか、この興行実績がすべてを物語っていよう。

『網走番外地』『明治侠客伝 三代目襲名』『昭和残侠伝』が誕生したこの年——昭和40年という時代は、国鉄（現東京ヤクルト）スワローズの大エース金田正一《かねだまさいち》が読売《よみうり》ジャイアンツに移籍し、巨人の怒濤のV9開始となった年でもあり、美空ひばりが『柔《やわら》』でレコード大賞を受賞、エレキブームの日本到来、ミニスカートが登場。その一方で、日韓闘争やベトナム反戦運動が盛り上がり、早大《そうだい》紛争に代表される、その後燎原《りょうげん》の火のように全国に燃え広がった大学紛争の火の手が上がった年でもあった。

夭逝した映画評論家の自室に残された写真

この年10月、同業の斎藤龍鳳《さいとうりゅうほう》に勧められて場末の映画館で『明治侠客伝　三代目襲名』を観たという映画評論家の松田政男《まつだまさお》は、

《『三代目襲名』を見た直後、私は、日韓闘争の渦中において、凶器準備集合罪適用の第一号被疑者として逮捕された。別に、ヤクザ映画とゲバルト闘争の因縁を云々《うんぬん》するわけではないが、奇妙な暗合が、私をして六〇年代末期の全共闘世代に先行せしめることになったことだけは確かであろう》（『シネアルバム　藤純子　現代のロマン――任侠に咲いた真紅花』芳賀《はが》書店）

と、当時の芬々《ふんぷん》たる「時代の匂い」を伝えている。ちなみに、松田に「すげえ傑作なんだ」と同作品を勧めた斎藤龍鳳は、東映任侠映画が映画評論家やジャーナリズムから黙殺され冷遇視されていた時代から、その数少ない理解者、熱烈な支持者でもあった。

斎藤はこの6年後の昭和46（1971）年3月、43歳の若さで自死同然の死を遂げるのだが、彼のアパートの自室には毛沢東《もうたくとう》と藤純子のお竜さんの写真が貼ってあったという。

加藤泰監督の「果物三大名場面」

それはともかく、任侠映画初期の名作とされる加藤泰監督の『明治侠客伝　三代目襲名』は、主人公のヤクザ鶴田浩二と薄幸の娼婦《しょうふ》藤純子との愛と葛藤を描いた男と女のドラマにもなって

いて、夕景の川べりで純子が鶴田に、「田舎の庭で、もいできたんだす」と桃をそっと差し出すシーンは、とりわけ美しい。

『沓掛時次郎　遊侠一匹』で池内淳子が渡し船のなかで中村錦之助に手渡す柿、『緋牡丹博徒 お竜参上』でお竜役の藤純子と流れ者の菅原文太との雪の別れ——今戸橋《いまどばし》の袂《たもと》をコロコロ転がるみかんのシーンとともに、ファンの間では、加藤泰の「果物三大名場面」としてつとに知られる。

どんな映画を撮ろうとローアングルに固執し、ときにはアスファルトでもツルハシで掘り返し、カメラを据えて撮ったという加藤泰。役者に対しても妥協せず、『明治俠客伝 三代目襲名』では初顔合わせの主役の鶴田と演出を巡って意見が合わずに対立、撮影が一時ストップした。いったんは俊藤浩滋プロデューサーが間に入って収まったものの、仲直りはせず、二人は撮影終了までまともに口も利かなかったという。

それでもそれが次元の低い陰湿な争いではなく、いいものを作ろうと互いのエネルギーをぶつけ合った結果であったことは、作品の出来栄えが証明しているであろう。

第3章　『昭和残侠伝』と池部良

『昭和残侠伝』に喝采した学生運動の闘士たち

唐獅子牡丹の刺青、主題歌、男同士の道行き

昭和40（1965）年10月に封切られた高倉健の『昭和残侠伝』は、東映任侠路線の隆盛を決定づける作品となったといっても過言ではあるまい。

唐獅子牡丹の刺青、高倉健の主題歌、ラストの殴り込みに向かう健さんの花田秀次郎《はなだひでじろう》と池部良《いけべりょう》扮する風間重吉《かざまじゅうきち》の男同士の道行きシーン――という3点セットであまりに有名なこのシリーズ、昭和40年から47（1972）年まで9本作られ、熱狂的なファンを生んだ（第1作と第3作での高倉健の役名は異なる）。

とりわけ熱い声援と喝采を送ったのは、70年安保を目前にして、全国的に燃え広がった大学紛争の当事者、学生運動の闘士たちであった。

「何よりよかったのは、主人公が無類の強さでバッタバッタと敵を倒すけれども、健さんのほうも必ず斬られたり撃たれたりして手傷を負う。それでも最後は敵を倒す。そこに強い共感を覚えたのは、自分らの闘争とオーバーラップさせていたからかもしれない。あの映画を観てると、機動隊とのゲバルトにも勝てそうな気がしたもんですよ」

「左翼の公的な集会の場ではインターナショナルを歌ってたけど、四畳半の自分のアパートに戻れば、健さんのポスターを貼っていたし、『唐獅子牡丹』を歌ってました。当時の僕らの心情にピタッときたんですね」

いずれも全共闘運動を体験した団塊の世代の回想である。

東京撮影所製作の昭和版『日本俠客伝』

そもそも『昭和残俠伝』は、前年、東映京都撮影所で製作され、お盆興行でヒットさせた『日本俠客伝』の東京撮影所版を作ろう――との発想から生まれたものという。

俊藤浩滋プロデューサーもこう述べている。

《『日本俠客伝』は時代劇的な要素が強いのに対し、『昭和残俠伝』のほうはズバリやくざを描く現代ものとして企画した。鶴田浩二で『博徒』シリーズをやっていたから、高倉健でも正真正銘のやくざの映画を、という狙いや。それも、義理と人情のしがらみを究極までぎりぎり追

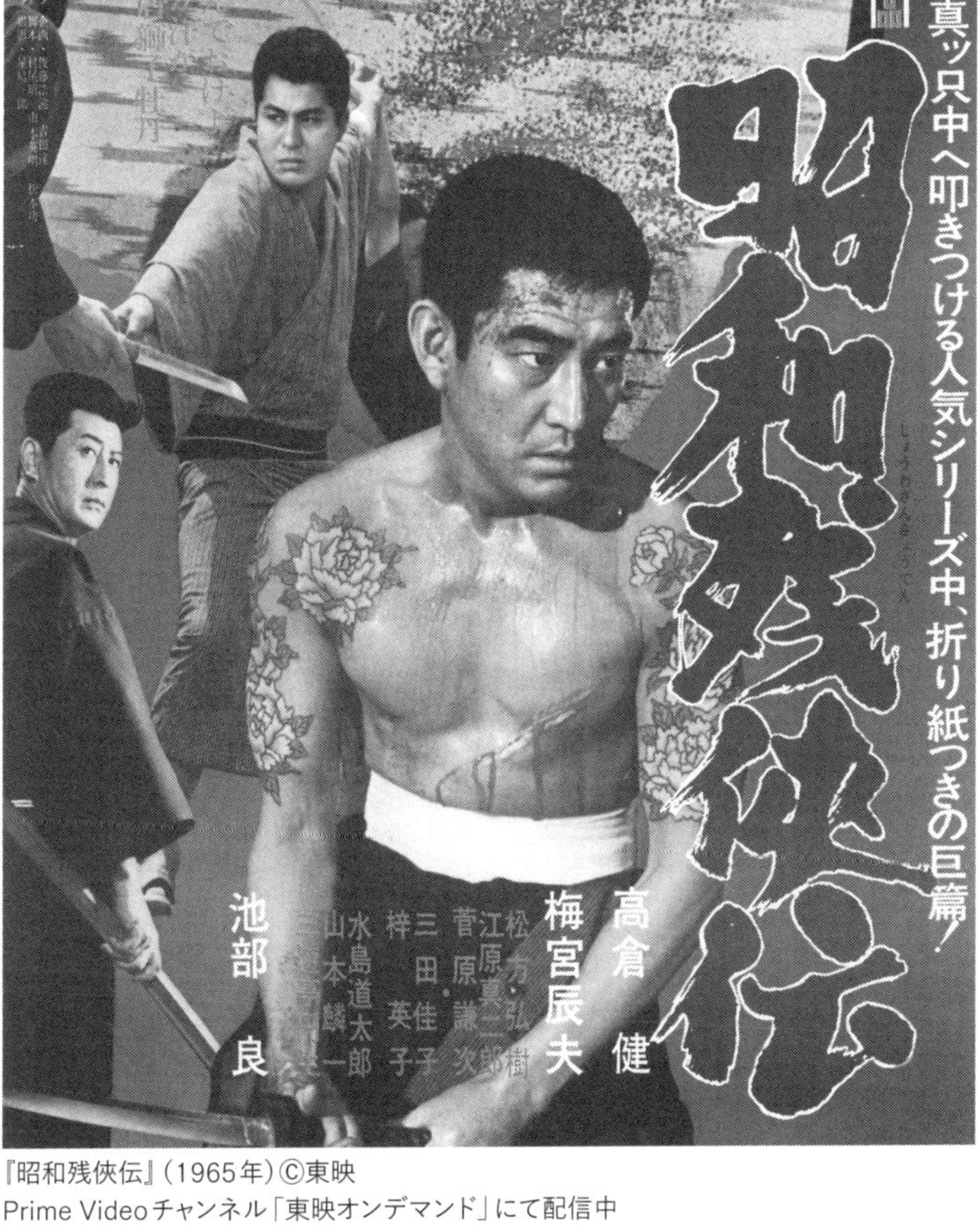

『昭和残侠伝』（1965年）Ⓒ東映
Prime Videoチャンネル「東映オンデマンド」にて配信中

い詰めていって、どうにもならなくなるやくざの話をやってみよう、と》（俊藤浩滋・山根貞男『任侠映画伝』講談社《こうだんしゃ》）

アシスタントプロデューサーの吉田達が俊藤から受けた要請も、「明治を舞台にした『日本侠客伝』を、昭和の時代に書き直して同じようにやれ」というもので、村尾昭、松本功《まつもといさお》、山本《やまもと》英明《えいめい》の3人の脚本家が「真似するのも嫌だな」とボヤきつつ、苦心惨憺《さんたん》、書き上げたのが『昭和残侠伝』だった。ラストの高倉健と池部良の相合い傘の道行きというのは、松本功と山本英明が工夫《くふう》を凝らした最たるところであった。「根本は忠臣蔵なのだから、ラストの討ち入りは集団でなく、二人であってもおかしくないだろ」と頭を捻《ひね》ったのである。

道行きの名場面でボルテージは最高潮に

暴虐の限りを尽くすワル親分たちの仕打ちに我慢に我慢を重ね、あくまで仁義を守り、任侠道を貫こうとする花田秀次郎。が、最後の一線を越えたとき、堪忍袋の緒が切れ、決然と殴り込みを決意する。その敵陣への殴り込みの途上、秀次郎を待ち受ける風間重吉。

だが、その場の台詞は、ヤクザ渡世に疎い脚本家には手に負えず、「そこはこれこれこういうふうに言わせせい」と教えてくれる俊藤浩滋の独壇場であった。

「ご一緒させていただきます。ここで行かなきゃ、一宿一飯の恩義も知らないヤツと笑われます。男にしてやっておくんなさい」

黙って見交わす目と目。雪が舞うなか、男同士の相合い傘で敵陣へと向かう花田秀次郎と風間重吉。

♪タンタタタンタン……と『唐獅子牡丹』の前奏が鳴り響き、健さんの主題歌がかぶさる道行きの名場面。ここで観客のボルテージは最高潮に高まり、「健さん、待ってました！」という掛け声、歓声、拍手が沸き起こり、館内は興奮の坩堝《るつぼ》と化した。全国の主だった都市部の、東映映画館の深夜興行で見られた馴染みの光景だった。

池部良を口説き落とした俊藤浩滋の熱意

俊藤浩滋が惚れた現代ヤクザの色気

『昭和残侠伝』第1作は、監督が佐伯清、キャストは高倉健、池部良の他に、三田佳子、梅宮辰夫、松方弘樹、江原真二郎、菅原謙次《すがわらけんじ》、三遊亭圓生《さんゆうていえんしょう》となかなかの豪華俳優陣であった。

とりわけラストの殴り込み、高倉健との道行きを演じた流れ者の風間重吉役の池部良が話題を呼び、シリーズの大きな目玉となった。

池部良と着流しヤクザ——という、普通ならおよそ結びつかない組み合わせに着眼したのは

池部良

俊藤浩滋プロデューサーで、それは確かに意表をつくキャスティングだった。

俊藤がその着想を得たのは、前年春（昭和39［1964］年3月）に松竹で封切られた石原慎太郎《しんたろう》原作の文芸作品『乾いた花』（篠田正浩《しのだまさひろ》監督、池部良主演）であった。同作品で池部良は、賭場へ通い詰める黒背広の現代ヤクザ役を演じていた。

まだその作品を観ていなかった東映東京撮影所所属のプロデューサー吉田達は、俊藤から、

「おい、達、面白《おもろ》かったでえ、『乾いた花』。池部良がええんや。ニヒルなヤクザでな。ありゃ、いけるでえ。鶴田にも通じる男の色気を感じさせる役者や。おまえも観なあかんで」

と勧められる。吉田は昭和37（1962）年、俊藤が初めてプロデュースした近藤節也《こんどうせつや》監督の『アイ・ジョージ物語　太陽の子』でついて以来、俊藤のアシスタントプロデューサーを務めるようになっていた。

『乾いた花』の翌年、『昭和残侠伝』の企画が出て、同作品でもコンビを組んだ吉田は、俊藤から、

「池部さんにぜひ出てもらわな。健ちゃんがなあ、青い着流しや。池部さんになあ、誰も着とらんぜ、黒い着流しを着てもらうんや」

と熱っぽく聞かされたものだ。

文芸路線の二枚目に「高倉を男に」と懇願

だが、そのオファーに対し、池部良は当初まるでその気を見せなかった。

俊藤が高倉健の相手役として、どれだけ池部良に強い思いを寄せ、執心したか、池部自身が日本経済新聞（平成9［1997］年8月30日付）の「私の履歴書」で伝えている。

《昭和の初期辺りまで、残っていた筋の通ったやくざ、侠客、ですがな。暴力団とは違いまっせ。義理と人情と掟には、心が厚いんですわ。言うてみれば、日本人の男は、そないな心の故郷を持っていると思います。それに男と男の友情を重ねたストーリーを池部はんと高倉とで、演《や》ってもらいたい》

俊藤は池部にそう申し出、「高倉を男にしてもらえまへんか」と映画そのもののような台詞まで口にしたというから、その惚れ込みようは大変なものだった。

それでも池部からなかなか「うん」との返事はもらえなかった。難攻不落の池部に対し、攻略は困難を極めたようだ。

なにせ池部良といえば、『青い山脈』『暁の脱走』『雪国』などの文芸物で知られる天下の二枚目スター。およそ着流しヤクザの役など、いまだ演じたことはなかったし、日本俳優協会の理事長を務める身でヤクザ役はどんなものか——とのためらいもあったかもしれない。

池部に何度断られても、俊藤は諦めなかった。吉田達ばかりか、池部が出た立教《りっきょう》大学の後輩にあたる進行主任の伊藤源郎《いとうもとお》まで動員してアタックを続け、俊藤はついに池部を口説き落とすことに成功したのだった。

『昭和残俠伝』で開いた俳優としての新境地

俊藤プロデューサーの狙いは見事に当たり、池部の風間重吉役はピタリ嵌《は》まって、観客にも大受けした。

池部も初めての東映の雰囲気を気に入り、俳優として新境地が開けたことを喜んだ。初号試写会のとき、池部は俊藤に出演させてもらえたことを感謝し、礼を述べている。

後年、淡島千景《あわしまちかげ》と連続ドラマで共演する仕事があって、テレビ局で吉田達とバッタリ会った際、池部は彼に、

「達ちゃん、オレは俊藤さんに、『お陰で仕事の役柄が、文学青年にヤクザが加わって倍になった』ってお礼を言ったけど、淡島さんには目つきが悪くなったって言われてるんだよ。普通

の青年の役をやってるのに、普通の目つきじゃない、って、毎週言われてるよ」
と苦笑したものだった。

頭角を現した若手脚本家たち

「任侠　人を制す」が村尾の任侠作品の核に

『昭和残侠伝』の脚本を担当したのは、村尾昭、松本功、山本英明の3人で、村尾は俊藤浩滋が初めてプロデュースした任侠作品、いわば任侠路線の原点ともなった『博徒』を書いた脚本家でもある。

村尾は『博徒』を書くにあたって、関西の名うての親分衆や多くの関係者に話を聴いて回った。また、監督の小沢茂弘やカメラマンの山岸長樹《やまぎしながき》とともに博徒のしきたりや仁義の口上を聞いたり、手本引《てほんび》きの賭場を見学したりするなど、精力的に取材している。

もとより、すべては斯界《しかい》に精通し太いパイプのある俊藤の紹介と根まわしがあってできた取材であった。

そうした取材で、とりわけ村尾が感服したのは、京都の中島会図越利一《なかじまかいずこしりいち》会長（後に三代目会津小鉄会《あいづこてつかい》会長）から聞いた話だった。

任侠の神髄ともいえるような文言として、図越会長が挙げてくれたのは、「任侠　人を制す」というものだった。〝兵隊竹《へいたいたけ》〟の異名を取った叔父貴分の中島竹次郎《なかじまたけじろう》から形見にもらった額に書かれた文言であるという。

村尾に閃くものがあり、さっそく『博徒』のシナリオに取り入れることにした。以来、「任侠　人を制す」の文言が、その後数多く書き続ける村尾の任侠作品の核となったのだった。

未知の世界へ挑んだ二人の若手脚本家

村尾の『博徒』のシナリオは、岡田茂、俊藤、小沢茂弘、京都撮影所企画部長、同課長らによる脚本読みの段階で、「うん、面白い！」と岡田が真っ先に褒め、誰のものであれ、まずケチョンケチョンにけなすことで知られる小沢をさえ、「ええで」と言わしめ、村尾に握手を求めてきた。

俊藤の評価も高く、かくて『博徒』のヒットへとつながったわけだが、以来、村尾は俊藤に重宝されるようになった。何か新しいものを始めるとなると、決まって引っ張り出される羽目にもなったのだ。

この村尾と組んで『昭和残侠伝』の脚本を共同執筆したのが、松本功と山本英明で、二人は昭和34（1959）年に東映入社組の8期生の同期。他に中島貞夫《なかじまさだお》、山口和彦《やまぐちかずひこ》、内藤誠《ないとうまこと》、鳥居《とりい》元宏《もとひろ》らがいて、「花の8期生」と呼ばれる。

松本、山本の脚本デビュー作品はやはり二人の共作で、村山新治《むらやましんじ》監督、水木襄《みずきじょう》主演の青春映画『二人だけの太陽』。『昭和残侠伝』は二人にとって2作目、ともに入社7年目、29歳のときの作品だった。

二人にすれば、まるで未知の世界の話に取り組んで完成させたわけだが、会社からの受けはよく、「若手でも結構やれるじゃないか。2作目からはおまえら二人でやってみろ」と指名されることになったのである。

隣同士の部屋で書かれた人形劇と任侠映画

かくて2作目の『昭和残侠伝　唐獅子牡丹』、3作目の『昭和残侠伝　一匹狼《いっぴきおおかみ》』、5作目の『昭和残侠伝　唐獅子仁義』は、松本と山本コンビが脚本を書いた。

高倉健演じる主人公の名が花田秀次郎となったのは2作目からで（シリーズ9本中、1作目と3作目だけが別名）、山本英明の命名だった。大学の同級生の姓名をそのまま拝借したのである。

松本功が名づけた池部良の風間重吉は、当初「重彦《しげひこ》」であった。俊藤から、「ヤクザらしくない名やな」と反対され、重吉に直したいきさつがあった。それでも松本は若い盛りであったから、

「けど、名前は親がつけるもので、最初からヤクザにしたいと思ってつけるわけじゃありませんから」

と反論すると、「そんなもん、おまえ、理屈やないか」と一蹴されたのだった。

ヤクザの世界がさっぱりわからない二人にとって、ヤクザの所作から台詞まで俊藤に教わることが多かった。

『昭和残俠伝』を書くために二人がこもったのは東京・目黒《めぐろ》の「佐々木《ささき》」という映画やテレビの脚本家や作家がよく使う旅館だった。松本と山本の隣の部屋にも、やはり二人組が缶詰めになっていた。彼らこそ、NHKの子ども向け人形劇『ひょっこりひょうたん島』の脚本を書いていた井上《いのうえ》ひさしと山本護久《やまもともりひさ》であった。

伊藤源郎から見た東映での池部良

大学の後輩という立場で池部良に可愛がられる

『昭和残俠伝』の進行主任を務めた伊藤源郎は、立教大学を卒業後、昭和34(1959)年に東映に入社した8期生。奇《く》しくも脚本を担当した松本功、山本英明と同期だった。

義兄が『十三人の刺客』『大殺陣《だいさつじん》』の監督の工藤栄一《くどうえいいち》だったこともあり、もともと時代劇監督志望であったが、東映からの「いや、君は製作担当向きだ」のひと言で製作部に配属された。入社5年目に小林恒夫監督、鶴田浩二主演の2・26事件を扱った『銃殺』で初めて進行主任を務め、その後いろんな作品を経て『昭和残俠伝』の担当となったのだった。伊藤は「もとお」が本名なのだが、活動屋の習性で「ゲンロウ」の愛称で通っていた。

『昭和残俠伝』の目玉として池部良のキャスティングに固執したのは俊藤浩滋プロデューサーだが、その交渉が難航していた時分、伊藤は俊藤から「ゲンロウ、池部はんは大学の先輩だったろ。じゃあ、一緒に来いや」と声をかけられ、俊藤と吉田達プロデューサーについて出演交渉のため何度か池部良の事務所に通ったことがあった。そのうちに心安くなり、大学の後輩として伊藤は池部から可愛《かわい》がられるようになっていた。

初日から中腰での仁義　二枚目がギックリ腰に

池部も最後は折れて、渡世人・風間重吉役を快く引き受けた。その出番はクランクインして4日目、浅草の老舗テキヤ一家に客人として草鞋《わらじ》を脱ぎ、仁義を切るシーンから始まった。「御当家、軒下の仁義、失礼ですが、お控えなすって」。その筋の専門の人からみっちり手ほどきを受けて臨んだのだが、池部は初めてのことで慣れておらず、撮影は午前中いっぱいかかった。それでも俊藤の狙い通り池部の渡世人役は風格があり、そこいらの俳優とは重みが違っていた。

だが、姿勢のいい役しかやったことのない二枚目スター、いきなり仁義を切り、ずっと中腰スタイルを通したことで撮影終了後、即座に腰に来た。急を聞いて、進行主任の伊藤が慌てて俳優控え室に駆けつけた。

「先輩、どうしました？　大丈夫ですか？」

「おまえな、いい加減にしろよ。初日からこれはねえだろう。腰が動かなくなったよ」

ギックリ腰になってしまったというのだ。

池部は翌日も出番があったのだが、とても無理と判断した伊藤は「わかりました。スケジュールを2、3日ずらしますから、ゆっくり休んでください」と、大事を取ってもらうことにした。

そんなアクシデントもあったが、池部にとって初めての東映撮影所の雰囲気は新鮮で、監督やスタッフ、他の俳優から何かと触発されるところもあったようだ。

クランクアップで拍手　池部を感激させた東映

高倉健も礼儀正しい男で、ベテランの先輩俳優・池部に対して最大の敬意を払い、直立不動で接してくれる。東宝《とうほう》で一緒だったことのある鶴田浩二も、撮影所に顔を出し「先輩」と立ててくれるのだから、池部にすれば心地よかったろう。

健さんと池部のラストの殴り込み、立ち回りシーンの撮影が文字通りクランクアップの日で、池部の胸を熱くさせる出来事があった。撮影が終了し、監督の「カット！ ＯＫ」の声がかかるや、セットにいた撮影助手、照明助手、大道具、小道具のスタッフから一斉に拍手が起きたのだ。東宝では一度もそんな経験がなかったので、池部は「なるほど、これが東映か……」と感激したという。

池部を相手役に迎えた高倉健が撮影中、何より気にして進行主任の伊藤源郎によく訊いたのは、「ゲンちゃん、池部さん、明日、何時開始？」ということだった。彼は極端に朝が弱かったので、大先輩に対して遅刻することを恐れたのだ。

「健さんと同じ10時になってますけど」と伊藤が答えると、「参ったなあ。池部さん、10時半にならないか」と言うほど、健さんは早起きが苦手だった。

昭和元禄と学生運動 興隆する東映任侠映画

殴り込み前の6時間の「ガマン」

『昭和残侠伝』のクランクアップ日の撮影は、お馴染みのラストの殴り込みシーンとなるのが常だった。

それは高倉健の要望でもあった。彼はその日に合わせて前3日間をジムにこもってトレーニングを続け、きっちり逆三角形の体と体力を作ってくるのだ。

当日早朝、極端に朝に弱い健さんのために自宅へ車で迎えに行くのはスタッフの役目だった。朝6時、練馬・大泉の東映東京撮影所入りするや、健さんはすぐに上半身裸になって、控え室に敷かれた布団にうつ伏せになる。

その背に唐獅子牡丹の刺青を描くのは、刺青絵師と呼ばれる職人スタッフだ。彼らは準備万端、筆を執り、健さんの背をキャンバスにして唐獅子牡丹を描き始める。

朝6時から始めて刺青が完成するのは正午。およそ6時間もの間、健さんは背中を筆でくすぐられ続ける。針で彫られる本物の刺青の痛みは想像を絶するとされ、ヤクザの間で、刺青が別名「ガマン」ともいわれるゆえんだが、健さんにしても、6時間の我慢は楽ではなかったろう。

唐獅子牡丹の刺青が完成したところで、健さんはもとよりスタッフ一同はようやく食事をとり、小休止となる。撮影開始は午後1時。映画のクライマックス——高倉健と池部良による迫力ある殴り込みシーンの撮影とあって、最も気合いの入るところだ。大概は朝まで徹夜の作業になったという。

高倉、鶴田の他、安藤が加わった東映任侠路線

そこで大勢のスタッフや役者のため、夜食を準備するのは、進行主任の伊藤源郎をはじめ製作部スタッフの役目となった。寒いときに喜ばれるのが豚汁で、伊藤たちは腕によりをかけて大量の豚汁を作り、スタッフや俳優たちの好評を博した。

健さんから「ゲンちゃん」の愛称で呼ばれ可愛がられた伊藤源郎は『網走番外地』シリーズでも8作目から10作目までラスト3本の進行主任を務めた（1作目から7作目までは白浜汎城《しらはまはんじょう》）。雪の北海道ではなおさら豚汁を作る機会が多く、「映画退《や》めたら豚汁屋やろうか」と冗談が出るほど、伊藤の豚汁はみんなに喜ばれた。

伊藤が進行主任を担当した『網走番外地』シリーズ8作目『決斗零下30度』、9作目『悪への挑戦』、10作目『吹雪の斗争』は3本とも昭和42（1967）年度中に作られ封切られた（それぞれ同年4月、8月、12月）作品。

この昭和42年という年は、他に健さんの看板シリーズ『日本侠客伝』の6作目『白刃の盃』、7作目『斬り込み』、『昭和残侠伝』シリーズ4作目の『血染の唐獅子』も作られ、さらには鶴田浩二の新たな『博奕打ち』シリーズが始まった。安藤昇《あんどうのぼる》も『懲役十八年』で東映デビュー。ラインナップに加わって、東映任侠路線はいよいよ充実。まさに日の出の勢いであった。

「ベトナム特需」に「否！」　学生運動は反戦へ

では、昭和42（1967）年はどんな時代であったのかといえば——。

任侠映画の最大の支持者ともいうべき活動家たちの学生運動が尖鋭化《せんえいか》していったのも、この年だった。インターン制度廃止を要求する東大医学部スト（1月26日〜3月27日）、明治大学の学費値上げ反対から発した紛争（41［1966］年11月〜42年2月）、法政《ほうせい》大学の団交がこじれて警官隊導入（9月14日）……。

一方で、わが国は経済成長がますます進んで、一億総中流時代、「昭和元禄《げんろく》」の掛け声はなお高まって世間は浮かれ気味、平和と繁栄に酔いしれていた。

だが、そうした日本の経済成長、平和と繁栄は、アメリカの遂行するベトナム戦争に伴う「ベトナム特需」と呼ばれる経済効果であり、それはベトナム人民の犠牲のうえに成り立ち、日本も加担しているのではないかとして、「否！」の声を上げたのが、学生運動の担い手たちだった。

学生運動の発端となった学内問題は、佐藤《さとう》内閣のベトナム戦争支持政策に反対する運動——ベトナム反戦運動と結びついていったのである。

第4章『博奕打ち 総長賭博』と名和宏

高度成長期の東映任侠映画 商業的、作品的評価の相反

ベトナム反戦運動が第1次・2次羽田事件へ

昭和42（1967）年、激しさを増した学生運動は、学内問題だけでなく、ベトナム反戦をも訴えてさらに尖鋭化する。それが爆発したのは、10月8日と11月12日の第1次・第2次羽田事件であった。とりわけ戦後学生運動史上特筆される日となったのは、活動家の間で「10・8（ジュッパチ）羽田闘争」とも称される第1次羽田事件である。

この日、三派《さんぱ》全学連《ぜんがくれん》2500人が、佐藤栄作《えいさく》首相のベトナム等への訪問を阻止しようと羽田に集結した。三派全学連とは前年12月に結成されたブント社学同《しゃがくどう》、革共同中核派《かくきょうどうちゅうかくは》、社青同解《しゃせいどうかい》放派《ほうは》の三派からなる全学連のことだが、全国各大学から集まった彼らは、早朝から首相通過地点の高速道路や空港内への突入を試みた。だが、機動隊に阻まれて果たせず、首相は予定通り

羽田空港を発《た》った。

その後も学生たちの実力行動は機動隊への投石、警備車への放火と激化していく。警察側も、放水やガス弾発射などを行なってこれに対抗、約3時間の攻防となった。この激突で、京大生・山崎博昭《やまざきひろあき》が警備車に轢《ひ》かれて即死、警察・学生双方に負傷者数百人を数える事態となった。

この闘争で学生側に初めてヘルメット、角材といった防具や武器が登場した。それまでは警官隊に追い詰められた抵抗手段として、石や旗竿《はたざお》を使う程度であったのが、今度ははっきりと機動隊への攻撃のために用意された武器だった。ヘルメットに覆面・角材という、いわゆるゲバ学生の定番スタイルが確立される始まりとなったのである。

反戦、自閉、景気謳歌、公害――経済発展の光と影

続いて11月12日、佐藤首相訪米阻止の第2次羽田事件でも、三派系・革《かく》マル系全学連が再び羽田で警官隊と衝突、双方で172人の重軽傷者を出した他、学生333人が逮捕されるに至った。若者のベトナム反戦運動はアメリカでも高まり、10万人が国防総省前に座り込んだとのニュースも伝わってきた。

この2年前に日本で結成されたベトナム反戦の市民組織・ベ平連《へいれん》もデモを行ない、反戦ティーチイン、ニューヨーク・タイムズへの反戦広告、反戦米兵の脱走援助……と幅広く活動を展

開。11月13日には、横須賀《よこすか》入港の米空母から兵士4人が脱走したと発表した。

その一方で、政治や社会に背を向け、アメリカのヒッピーを真似て閉ざされた自分の世界に埋没する「昭和元禄」の申し子のような若者たちも現れた。この年の夏、新宿駅周辺に出現した「フーテン族」がそれで、彼らは日がな一日シンナーを吸ったり、ボーッと通行人を眺めたり、無為に過ごした。ミニの女王といわれるツイッギーがイギリスから来日したのも同年10月で、ミニスカートが定着し、「ジャッキー吉川《よしかわ》とブルーコメッツ」や「ザ・タイガース」などのグループサウンズが流行した。

カー・クーラー・カラーテレビの3Cが「新三種の神器」と言われるなか、富山県のイタイイタイ病や阿賀野川《あがのがわ》流域の水銀中毒が工場排水によるとの事実が明らかにされ、また四日市《よっかいち》ぜんそく患者による訴訟が起こされるなど、高度経済成長のひずみも顕在化していた。

稼ぎ頭となるも作品的評価は得られず

そんな時代状況のなか、東映任俠路線は隆盛を極め、軒並み作品もヒット。いよいよ量産体制に入り、東映任俠映画一色に染まりつつあった。

昭和38（1963）年の『人生劇場　飛車角』がスタートとされる東映任俠映画は、翌39（1964）年夏に本格的第1弾『博徒』が登場し、他に『日本俠客伝』など同年中に9本作られた。翌40（1965）年になると、『網走番外地』『昭和残俠伝』、鶴田浩二の『関東』シリーズなど、一挙に増えて任俠映画は20本製作された。東映の同年製作本数本中20本であるから、ほぼ3割である。これが41（1966）年になると、26本（全体65本）となり、42（1967）年には、なんと東映全作品56本中37本が任俠映画というありさまで、半分どころかほぼ3分の2を占めた。

だが、当時の邦画界で客が最も入ったこの東映任俠映画、斎藤龍鳳など一部評論家の熱い支持はあっても、作品的には批評の対象にもされなかった。映画評論家や映画ジャーナリズムからは、まるで無視され続けたのだ。その状況が大きく変わるのは昭和43（1968）年、ある作品が登場してからのことである——。

世界的文豪が絶賛した岡田不服の〝ゲージツ〟作

『総長賭博』の不振に岡田茂がオカンムリ

昭和43（1968）年1月14日に封切られた『博奕打ち　総長賭博』（山下耕作監督、笠原和夫脚本、鶴田浩二主演、若山富三郎、藤純子共演）は、任俠映画の最高傑作、名作中の名作との評価も高い。何よりあの三島由紀夫が絶賛した作品として、つとに知られる。

同作は、前年の昭和42（1967）年1月の『博奕打ち』でスタートした鶴田浩二主演作で、『一匹竜』（同年5月）、『不死身の勝負』（同年7月）に続く4作目として製作された。1作目から3作目までの監督は小沢茂弘、4作目で初めて山下耕作が撮った（ちなみに同シリーズは昭和47［1972］年7月の『博奕打ち外伝』まで計10本作られた）。

だが、この『博奕打ち　総長賭博』、正月2週番組として鶴田、若山、純子が揃い踏みし、監督の山下耕作と脚本家の笠原和夫の初顔合わせとなる作品だったにもかかわらず、興行的にはいまひとつ当たらなかったようだ。そのため、当時の東映京都撮影所長岡田茂はすっかりオカンムリとなり、山下耕作と笠原和夫を所長室に呼び出し、こう叱咤《しった》したという。

「何だお前らは！　ゲージツみたいなのを作りやがって。ゲージツでは客は入らんぞ！」

これに対し両人が、「いや、別に芸術を作ったつもりはないんで、どうも筋を展開させているうちにああなったんですわ」と弁明しても、「ともかく、お前ら、これからちょっと気をつけないかんぞ。客が来なけりゃ飯は食えん」と、不機嫌なままに宣《のたま》ったという（笠原和夫『映画はやくざなり』新潮社《しんちょうしゃ》）。

見向きもされぬ作品に極めて強力な援軍現る

岡田茂や俊藤浩滋という東映任俠路線を切り開いた映画人は、「映画は当たってこそナンボ、客が入らなければ意味なし」との考えを強く持っていた。いかに客に受けるか、を至上命令としているようなところがあったのだ。それゆえいまひとつ客の入りが悪い『博奕打ち 総長賭博』に対し、岡田は何やら小難しい映画として半ば揶揄《やゆ》的《てき》に〝ゲージツ〟呼ばわりしたのだった。「チョンマゲのない時代劇」といわれ、スカッとカタルシスが得られる従来の勧善懲悪型の着流し任侠映画とは違う、少し異質のものを感じ取ったのであろう。

かといって、岡田が〝ゲージツ〟と呼んだ同作品、映画評論家諸氏からこぞって高い評価を受けたかと言えば、決してそうではなく、相変わらず所詮はヤクザ映画として批評の対象になることもなく、〝なんとかベスト10〟にランキングされることもなかった。

ところが、公開から1年後、ちょっとした異変が起きた。一部の高評価があったとはいえ、さして注目もされなかった同作に、極めて強力な援軍が現れたのだ。

三島由紀夫が雑誌で絶賛

『映画芸術』の小川徹《おがわとおる》編集長に勧められ、杉並《すぎなみ》区阿佐ヶ谷《あさがや》の場末の映画館でこの作品を観たという三島由紀夫が、同誌（昭和44［1969］年3月号）でこれを絶賛したのである。

《これは何の誇張もなしに「名画」だと思った。何という自然な必然性の糸が、各シークエンスに、綿密に張りめぐらされていることだろう。セリフのはしばしにいたるまで、何という洗

『博奕打ち 総長賭博』（1968年）Ⓒ東映
Prime Videoチャンネル「東映オンデマンド」にて配信中

練が支配しキザなところが一つもなく、物語の外の世界への絶対の無関心が保たれていることだろう。（略）何と一人一人の人物が、その破倫、その反抗でさえも、一定の忠実な型を守り、一つの限定された社会の様式的完成に奉仕していることだろう。（略）何という絶対的肯定の中にギリギリに仕組まれた悲劇であろう。しかも、その悲劇は何とすみずみまで、あたかも古典劇のように、人間的真実に叶《かな》っていることだろう》（「〝総長賭博〟と〝飛車角と吉良常〟のなかの鶴田浩二」）

この三島由紀夫の『博奕打ち　総長賭博』評が1年前であったなら、同作品の興行成績も大きく変わっていたかもしれない。岡田茂所長もカリカリすることはなかったであろう。

ともあれ、ノーベル文学賞候補にも目されていた世界的文豪が、良識派文化人に黙殺され続けてきたヤクザ映画を絶賛したのだから、それはひとつの〝事件〟に他ならなかった。

公開から55年、色褪せない『博奕打ち　総長賭博』

「あたかも古典劇のように人間的真実に叶った名画」

『博奕打ち　総長賭博』は下町の博徒一家の跡目相続を巡る個と組織の相克・人間の情念の葛藤ドラマといってよく、仲のよい兄弟分同士が殺し合わなければならないという悲劇を描いて白眉であった。

その激しくぶつかり合う兄弟分役を演じたのが、鶴田浩二と若山富三郎である。長男格でありながら外様《とざま》だからと身を引き、あくまで叔父貴たちが担ぎ出した跡目を立てる鶴田。それを認めず、自分たちの五厘下がりの兄弟分（名和宏《なわひろし》）が継ぐのは筋が違うと、その跡目をぶち壊そうとする若山。

実は、名和を担ぎ出したのは、跡目を傀儡《かいらい》にして総長賭博のテラ銭《せん》を丸々大陸侵攻の資金にしようと、叔父貴分の金子信雄《かねこのぶお》が仕組んだことだった。

まんまとその罠《わな》に嵌まって、最も心を許し合う兄弟分の鶴田と若山は衝突し、ラストの悲劇に向かってひた走っていく人間たちのドラマは、単なるヤクザ映画の域を超えており、三島由紀夫をして、「あたかも古典劇のように人間的真実に叶った名画」とまで言わしめたゆえんであろう。

プロデューサーを務めた俊藤浩滋もこう述べている。

《これほど人間の情念の葛藤をドラマチックに描いた任俠映画はあまりないだろう。そこが三島由紀夫を感動させたんだと思う。それはホンマモンのやくざも同じことで、情念にシビれ、だから登場人物に惚れて、「オレもあんな男になりたい」と憧れる。

このシャシンには、そういう名場面がいくつもあった》（『任俠映画伝』）

日本映画史に残る数々の名台詞、名シーン

鶴田が若山を説得する旅館の一室のシーンでは、若山のこんな名台詞も飛び出す――。

「こんなちっぽけな盃のために男の意地を捨てなきゃならねえのかい」。

盃とはむろん兄弟分の盃である。その台詞を襖《ふすま》の陰で聞いて、今度は若山の子分の三上真一郎《みかみしんいちろう》が暴走、鶴田が収めた話をぶち壊してしまう。叔父貴分にあたる名和宏を襲うのだ。

後に鶴田が心ならずも若山をドスで刺し殺さざるを得なかったとき、「人殺し」と悲痛の声を振り絞るように鶴田を罵る藤純子。その直後の放心しきった、絶望の極みといった表情の鶴田。

そして極めつきはラストシーン。すべてを失った鶴田が金子信雄を討とうとして、

「てめえ、叔父貴分のオレに向かってドスを向けんのか？　てめえの任俠道ってのは、そんなものなのか？」

と苦し紛れの金子の抵抗にあったとき、血を吐くように放つ鶴田の名台詞――。

「任俠道？　そんなものはオレにはねえ。オレぁただのケチな人殺しだ……」

まあ、任俠映画史、いや、日本映画史に残る名シーンであろうか。

ともあれ、この『博奕打ち　総長賭博』、公開から55年経ったいまも、伝説の任俠映画としてファンの間で語り継がれる作品となっている。

若い女性客も涙した傑作

市役所を定年退職した63歳の元公務員は、

「『博奕打ち　総長賭博』は忘れられない作品ですね。予備校に行ってるときに観たんですが、観ているうちに涙が止まらなくなり、泣いているのを他の人に知られたくないなと思って、まわりの様子を窺ってみると、なんと若い女性が同じように泣いてるんですよ。何かホッとしたような気がしたのを、いまも鮮明に覚えています。この手の映画を観て泣いたのは、後にも先にもこの作品だけ。まあ、紛れもなく傑作だと思いますね」

と振り返る。

平成23（2011）年3月11日に発生した東日本大震災で被災し、閉館を余儀なくされたが、かつて宮城県石巻《いしのまき》市の北上川《きたかみがわ》河口の中洲《なかす》に、幕末まで遡る歴史を持つ岡田《おかだ》劇場という港町の名物映画館があった。その昔、この古い劇場を紹介するテレビのドキュメント番組で、レポーター役を務めた作家の村松友視《むらまつともみ》の「ご自身が一番好きな映画は？」との問いに、年配の同館主が真っ先に挙げたのも『博奕打ち　総長賭博』で、その思い入れをたっぷり語ったものだった。

『総長賭博』で任侠映画に魅せられた元劇場支配人

断固たる黒澤派の任侠映画との出会い

三島由紀夫が絶賛した影響もあったのかどうか、『博奕打ち　総長賭博』を「わが生涯のナンバーワン映画」に挙げるファンも少なくない。

東京・中野《なかの》の「中野武蔵野《むさしの》ホール」（平成16［2004］年閉館）で支配人を務めていた石井保《いしいたもつ》（故人）も、そんな一人であった。

石井が都内の高校を卒業後、明治学院大学法学部に入学したのは、まさに『博奕打ち　総長賭博』が封切られた3カ月後の昭和43（1968）年4月のこと。とはいえ、その時分は任侠映画にはまるで興味がなかった。東宝撮影所に勤務していた父親の影響もあって、映画には早くから目覚めた。小学生のときに『椿三十郎《つばきさんじゅうろう》』を観て以来、黒澤明監督作品の多くをリアルタイムで観たという早熟な映画少年であった。

そんな彼が大学入学した昭和43年といえば、東映任侠路線は人気絶頂、量産体制に入っていた時期だが、断固とした黒澤派であった石井はヤクザ映画自体、1本も観たことがなかった。『博奕打ち　総長賭博』という作品の存在さえ知らなかったのだ。

ところが、大学入学後、間もなく始めたアルバイト先で、一緒に働く映画好きの女性から、

「あなた、日本映画が好きなら、ヤクザ映画を観なきゃダメよ」と言われ、「今度、池袋《いけぶくろ》の文芸地下で、深作欣二の『解散式』というのをやるから、とりあえずそれを観れば……」と勧められるのだ。『解散式』というのは、前年（昭和42年［1967］）4月に封切られた深作欣二監督、鶴田浩二の東映作品で、主流の正統派着流し任侠物というより、その傍流の現代ヤクザ物といってよかった。

暗闇のなかで襲われた叫びたくなるほどの衝動

当時、池袋駅東口前、地下1階にあった池袋文芸地下は、地上1階の「文芸坐《ぶんげいざ》」とともに東京では有名な名画座だった。文芸坐が洋画専門、文芸地下が邦画専門で、1週間交代の2本立て興行、200円（学割150円）という格安料金で大人気だった（土曜の夜は、健さん特集といった任侠映画の5本立て深夜興行を同館で行ない、お祭り騒ぎとなった）。

石井は邦画通の彼女に勧められるままに、池袋文芸地下へ生まれて初めてのヤクザ映画『解散式』を観に行った。もとより何の期待もしていなかった。

が、観るうちに、映画館の暗がりのなかで彼を襲ったのは、打ちのめされるような衝撃であった。あまりの感動に叫びたいような衝動を覚えたほどだった。

それは『解散式』に対してのものではなかった。併映のもう1本の作品に対するショックであった。

「こりゃ、凄《すご》い！　いったい何なんだ、これは……」

それが『博奕打ち　総長賭博』であった。

「まるでギリシャ悲劇を観ているようじゃないか！　……ヤクザ映画って、こんなにもいい映画があったんだ！」

と驚嘆せずにはいられなかった。

いっぺんで惚れ込み名画座に通い始める

石井にとって初めて観たヤクザ映画が『博奕打ち　総長賭博』であったことが、運命の岐《わか》れ目《め》となったのだった。まさかヤクザ映画を観て泣くことがあろうとは、それまで想像さえつかなかった。人物造型から悲劇的な状況へ持っていくドラマ作りの秀逸さ、台詞の端々に至るまで見事という他なく、鶴田浩二の女房役の桜町弘子《さくらまちひろこ》が自殺を遂げて以降、映画の後半のシーンには、石井はほとんど泣かされっ放しであった。

「黒澤明だけじゃなかった。山下耕作という名監督もいたんだな」——。

かくて石井はいっぺんで任俠映画に惚れ込んでしまったのである。それからというもの、ヤクザ映画を上映する名画座通いが始まった。

その時分、新宿にはヤクザ映画専門館としてファンの間で知らぬ者とてない有名な名画座があった。新宿駅東南口、場外馬券場近くの寂れた裏通りにあって、タイル張りで外観だけは少しモダンな映画館――その名も「新宿昭和館」と言った。

新宿昭和館の跡目を継承　中野の任侠映画専門館

世にも稀な専門映画館

新宿昭和館の歴史は古く、開館は昭和7（1932）年、戦時中の建物疎開で昭和19（1944）年にいったん取り壊され、再建されたのは戦後、昭和26（1951）年であった。

当初は洋画や新東宝作品が上映されていたが、ヤクザ映画専門になったのは昭和40年代（1965〜1974年）に入ってからのこと。3本立ての東映ヤクザ映画が週替わりでほぼ一年中上映されているという世にも稀《まれ》な劇場であった。たとえば、『網走番外地　大雪原の対決』『昭和残俠伝　血染の唐獅子』『兄弟仁義　関東三兄弟』などというアトランダムな、ファンからすれば夢のような豪華3本立てプログラムが組まれていたりするのだから、たまらなかった。

昭和43（1968）年初夏、池袋文芸地下で観た初めての任俠映画『博奕打ち　総長賭博』に衝撃を受けてヤクザ映画に目覚めた石井保も、それからというもの、ご多分に漏れず、新宿昭和館へ通い詰める日々となった。

そこで高倉健の『日本俠客伝』『網走番外地』『昭和残俠伝』各シリーズ、あるいは鶴田浩二の『博奕打ち』『博徒』『関東』各シリーズ、また、北島三郎、村田英雄の『兄弟仁義』『男の勝負』各シリーズを知り、名作『明治俠客伝　三代目襲名』『日本大俠客《にほんだいきょうかく》』と出会い、藤純子の魅力を再認識し、安藤昇や若山富三郎、菅原文太に酔い、待田京介、大木実、アラカンなどのバイプレイヤーや天津敏《あまつびん》、安部徹、金子信雄といった悪役陣に唸《うな》り、監督も山下耕作だけでなく、マキノ雅弘や加藤泰を知って魅了されることになるのだ。

新宿昭和館の跡目を継承

ともあれ石井は、心ゆくまで東映ヤクザ映画の世界を堪能するわけだが、それでもついぞ『博奕打ち　総長賭博』を超える映画にはお目にかかれなかった。それはその後、ヤクザ映画が作り続けられ——『仁義なき戦い』が登場し実録路線に切り替わっても、その評価は変わらなかった。

石井は大学卒業後、映画興行会社に就職、平成14（2002）年1月には東京・中野の名画座「中野武蔵野ホール」の支配人に就任した。だが、その3カ月後、石井の〝ヤクザ映画学校〟とも言うべき新宿昭和館が閉館と決まり、51年の歴史に幕を閉じた。

このうえない寂しさと同時に、何か巡り合わせのようなものを感じた石井は、そこで、「ヤクザ映画をやる劇場《こや》が、山の手に1館はあっていい」と名乗りを上げ、自身の中野武蔵野ホールを東映任侠映画専門館にすることに決めたのだった。いわば、新宿昭和館の〝跡目継承〟というわけである。

以後、同ホールでは毎週2本立てで多くの任侠映画を上映し続けた。観客動員ナンバーワンを記録したのは、『博奕打ち　総長賭博』『日本侠客伝　昇り竜』の2本立て興行のときで、石井は自身のベスト作品とあって、ことのほか嬉しかった。

〝入魂〟を超えた鶴田の神がかった演技

「女性にこそ任侠映画を観てもらいたい」との思いが強かった彼は、インターネットのホームページ（現在は閉鎖）で「女の子のための任侠映画入門」というコーナーを連載し続けた。石井はそのなかで、こんなことを語っていた。

「昔、加藤泰作品に登場した女性たちが私に教えてくれたように、今度は私が女の子たちに、日本の美しさ、日本的なものについて少し語っていきたいということです」

「『博奕打ち　総長賭博』を観ると観ないとでは、あなたの人生どれだけ違いが出るか、何をそんな大袈裟《おおげさ》なと思うかもしれませんが、ここはとにかく、〝トラスト・ミー〟としかいえない。私はこの映画を、自分の劇場でかけられる幸福感を心底感じているんです」

だが、この中野武蔵野ホールも平成16（2004）年、ファンに惜しまれつつ閉館となった。

ともあれ、石井だけでなく、この伝説的な東映任侠映画『博奕打ち　総長賭博』を熱烈に支持するファンは多いのだが、そんなもう一人の声――。

「山下耕作もいいし、笠原和夫の脚本も最高。なんといっても役者陣がみんなよかった。鶴田と若山の激しくぶつかり合う静と動の対照的な演技――とりわけ鶴田が誰よりも愛する妹藤純子の亭主で兄弟分の若山を刺し殺した後、藤純子から『人殺し』となじられたときのやるせない虚無の極地といった表情、あれは入魂の、というより、神がかった演技、鶴田以外の役者にはできないと思う」

花札勝負から生まれた『博奕打ち　総長賭博』

断トツの成績なるも入社試験でハネられそうに

『博奕打ち　総長賭博』を監督した山下耕作は昭和5（1930）年1月10日、鹿児島県阿久《あく》根《ね》市琴平町《ことひらちょう》の生まれ。昭和19（1944）年、出水《いずみ》中学2年のときに熊本県陸軍幼年学校に入学。終戦後、出水中学に復学し、第七高等学校（現鹿児島大学）へ進学。その後、京都大学法学部に入学した。

昭和27（1952）年、同大卒業後、東映京都撮影所に入社するのだが、大学の成績も断トツ、入社試験もズバ抜けていたにもかかわらず、当初ハネられそうになった。全学連活動家だった経歴が災いしたのだ。社長の大川博《おおかわひろし》が大の共産党嫌いであったことも影響したという。

それが一転して採用となったのは、選考担当者の一人だった岡田茂が、「一番の者を落とすのはおかしい。試験制度の意味がない。優秀な人材は入れるべきだ」と異を唱え、山下を強く推したからともいわれる。

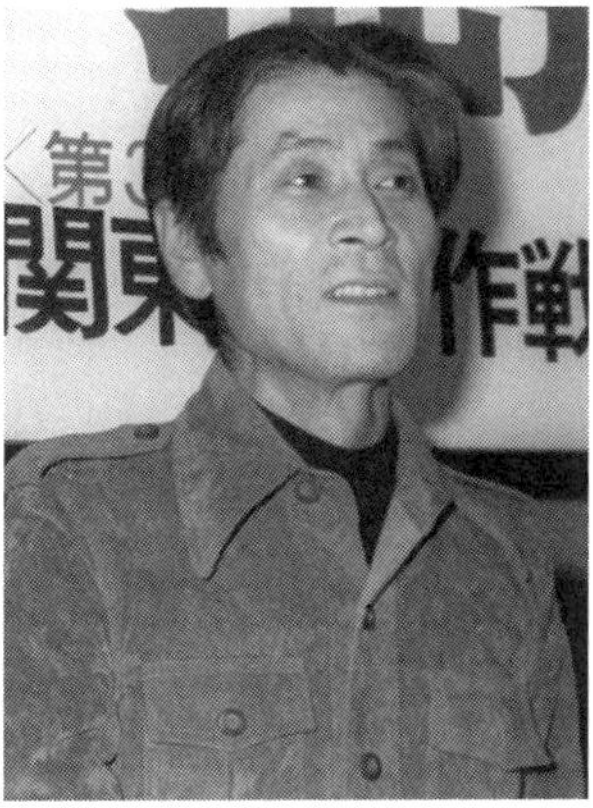
山下耕作

東映入社当時から「将軍」の愛称で呼ばれたのは、陸軍幼年学校出身であることや、ものに動じない態度と相俟《あいま》って、同じ姓の山下奉文《やましたともゆき》陸軍大将にちなんだものという。
マキノ雅弘、内田吐夢《うちだとむ》監督らのもとで助監督を経て、昭和36（1961）年、『若殿千両肌《わかとのせんりょうはだ》』で監督デビュー。38（1963）年、監督3年目にして傑作『関《せき》の彌《や》太《た》ッぺ』を撮り、以後も『兄弟仁義』シリーズなど任侠路線で才能が開花。『博奕打ち　総長賭博』は18作目の監督作品であった。

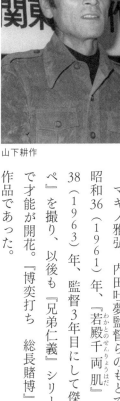

300万円をカタに監督の意図を聞き出す

『博奕打ち　総長賭博』のシナリオを書き、山下耕作と初めて組んだ脚本家の笠原和夫は昭和2（1927）年5月8日、東京生まれ。新潟県長岡《ながおか》の旧制中学を卒業後、海軍特別幹部練習生となり、大竹《おおたけ》海兵団に入団。復員後、さまざまな職を経て、昭和29（1954）年、東映宣伝部に入る。

昭和33（1958）年、『母つばめ』で脚本家デビュー。美空ひばりの主演作や時代劇『日本俠客伝』シリーズなど任侠作品を数多く執筆。『博奕打ち　総長賭博』は自身の56作目となった。

笠原は同作品の脚本を書くにあたって、まず山下に、「何をやりたいんだ？」と単刀直入に訊ねた。監督の意向を知ることから始めたのだが、無類の無口で通る山下は、なかなか口を開こうとしなかった。山下にしても、そんなことを訊いてくる脚本家は初めてだったから、とまどいもあったのだ。

「………」

「何か言ってくれなきゃ始まらんぞ」

「………」

山下は黙り込んだままでいっこうにラチが明かず、そのうち二人で時間潰しに始めたのが、花札だった。博奕となれば、一日の長がある笠原のほうが断然強かった。3日続けてやり続け、なんと笠原は300万円も勝ってしまったという。

ここぞとばかりに笠原が強気に出て、「これ、全部チャラにしてやるから、何を撮りたいのか、言えよ。でなきゃ、300万円払え」と迫ったというから、無茶な話である。

これにはさすがの将軍も、従わざるを得ず、「……うん、実はな、『兄弟仁義』の反対をやりたいんだ」とようやく重い口を開き、意とするところをボツボツ喋《しゃべ》り出したという。

型通りの任俠ドラマの逆張りで意気投合

それによると、義理と人情の我慢劇、兄弟分同士が、何も言わずにわかり合い、最後の殴り込み、死出の道行きに同行する――といった型通りの任俠ドラマを作ることに飽き飽きしてしまったというのだ。そうではなくて、反対に兄弟分同士が殺し合いに行き着くしかないようなものをやりたい、と。

この山下の話に、むしろ、わが意を得たりという思いがあったのは、笠原である。偶然にも笠原もまた、この時分、何十本と書き続けてきたステレオタイプのヤクザ映画に、飽き足りなさを感じている最中だったのだ。

《よし、「兄弟仁義」の逆手でいこう、ギリギリの人間が憎悪をぶつけ合う葛藤《かっとう》劇にしようとたちまち合意ができた。会社のイメージとはずいぶん違うが、面従腹背は世の習い、たまにはこちらの好きにさせて貰おう》（『映画はやくざなり』）
と、笠原も山下も肚《はら》を括《くく》って、『博奕打ち 総長賭博』に取り組んだのだった。

『博奕打ち 総長賭博』の桜町弘子と名和宏

自殺する気持ちがわかった〝東映城のお姫様〟女優

笠原和夫が書き上げた『博奕打ち 総長賭博』の脚本は、山下耕作が読んでも申し分なかった。まさに自分が撮りたい兄弟分同士の葛藤ドラマ、真実の人間ドラマを描いて傑作であった。

山下の持論は、「台本は、1度目は感覚で読め、2度目はそれを理屈に返し、3度目にもう一度、感覚に訴える。そうすれば、いい映画が撮れる」というもので、笠原の『総長賭博』の台本は、自分の感覚にピタリとくる作品になっていた。ただし、3度読んでも1カ所だけわからない箇所があった。

鶴田浩二の女房役を演じた桜町弘子が手首を切って自殺する場面だった。亭主から大事な兄弟分（若山富三郎）の子分（三上真一郎）を預けられながら、夫の留守中に逃してしまう。そのことに責任を感じてのものだが、自殺の理由としては少し弱いような気がした。

「これで女が自殺するだろうか？」
そこで演じる本人に聞こうということになり、山下がこう述べている。
《「今、笠原さんにわからんって文句言ったんだけど、この自殺する気持ちってわかる」って言ったら「私わかります」って言うんだよ。「それならいい」って。「櫻町さんはいい女優さんだ」って笠原も感激してんだ。役者の強さってそういうところあるんだ。監督ってどうしても肉体で表現しないから頭の中で。役者って自分でそれを演じるから。お客さんに身体《からだ》で表現して見せる。これがわかるって言うんだから。引き下がるしかないんです》（山下耕作・円尾《まるお》敏郎《としろう》『将軍と呼ばれた男　映画監督 山下耕作』ワイズ出版）
〝東映城のお姫様〟女優といわれた桜町弘子も、同作品では男の世界であくまでも耐える女、控えめでしとやか、それでいて艶っぽくもあでやか、かつ激しい女の情念を見事に演じて素晴らしかった。しかし、光った演技を見せたのは彼女だけではなかった。脇役陣がそれぞれところを得て、個々のキャラに適《かな》った好演を見せている。

雨の墓地で土下座し絶叫　暴走子分の名場面

まず若山富三郎の子分役を演じた三上真一郎。親分を思うあまりとことん暴走し、果ては世話になった先輩（曽根晴美《そねはるみ》）を殺し、最後は鶴田のドスを自分の腹に突き刺して死んでいく若者を演じて秀逸だった。

桜町弘子を死なせてしまったことに責任を感じ、鶴田に土下座する雨の墓地のシーンで、「足を洗うんだ」と鶴田に諭されると、「オレには松田《まつだ》の親父《おやじ》が決めた道をついていくしかねえ。ヤクザのオレにはそれしかできねんです。叔父貴だってオレにそう教えてくれたじゃねえか！」と絶叫する場面は、『総長賭博』のなかでもとりわけ印象に残る名シーンであろう。

ちなみに、封切りから1年後、『映画芸術』誌に載った三島由紀夫の『総長賭博』論を、いち早く読み、同誌を真っ先に山下耕作に届けたのも三上真一郎であったという。それだけ三上にとっても、同作品は思い入れの強い作品であったのだろう。

能楽師の跡取りから日活ニューフェイスへ

そしてもう一人、鶴田、若山の五厘下がりの兄弟分役に扮し、陰謀家たちに利用され跡目に担ぎ出されたものの、後でそれと知って命懸けの意地を通すという、重要な役を演じた名和宏もよかった。

名和宏は昭和7（1932）年、九州・熊本の生まれ。実家は能楽師の家元で、名和が日大芸術学部演劇学科へ入学したのも、その跡を継ぐためだった。

だが、昭和29（1954）年、大学4年のとき、日活の第1期ニューフェイス募集があり、友人たちから、「冷やかしで受けてみろよ。受からなくてもともとだろ」と唌《けし》けられ、名和もその気になった。

書類選考、1次、2次試験があって、約1万人の応募者のうち、受かったのは男7人、女13人の20人で、500倍の倍率だった。

なんと名和はそのなかに入ってしまったのだ。宍戸錠《ししどじょう》もその一人だった。

日活入社3年目の昭和31（1956）年、名和は平林《ひらばやし》たい子《こ》原作の『地底の歌』（野口博志《のぐちひろし》監督）に主演した。この作品で、名和の弟役を演じた新人俳優がいた。石原裕次郎であった。

時代劇から任侠映画へ 名和宏の新たな役者人生

念願の時代劇は興行不振　同期の裕次郎は人気爆発

名和宏の目に、石原裕次郎は素人も同然、ヌーボーとした感じで、他人事ながら、果たしてこれから先役者が務まるのだろうか――と、つい心配になった。

日活第1期ニューフェイスの名和が丸3年間在籍した日活から松竹京都撮影所へ移籍するのは昭和32（1957）年のことで、時代劇をやりたい一心からだった。文芸作品や青春物、アクションなど現代劇が主流の日活と違って、松竹京都撮影所は時代劇を中心に撮っていたのだ。

『嵐を呼ぶ男』が大ヒットして裕次郎人気が爆発、一躍時代の寵児《ちょうじ》となるのは、名和が日活を離れて間もなくのことで、彼は、「裕ちゃんがよもやあんないい役者になるとは……」と驚くとともに、かつての仲間の活躍が嬉しかった。

松竹京都へ移った名和は、念願の時代劇俳優として主役を張ったが、いかんせん、しばらくすると、時代劇人気に陰りが見え出した。興行不振のため京都撮影所を閉めるという話まで出てきたのは、移籍して6年ほど経ったときのことだった。

人気絶頂の裕次郎とは反対に、仕事もグンと減って、名和は無聊《ぶりょう》をかこつようになっていた。

そんな折、かねて知り合いの東映プロデューサーの俊藤浩滋から、「落ち目の松竹にいたってしょうがないやろ。どや、鶴田浩二の仇役ならやれるやろ。うちへ来んか」と、声をかけられた。俊藤が岡田茂とともに開拓し推し進めてきた東映任俠路線がいよいよ軌道に乗り出したところで、俊藤は路線を担えるいい俳優を求めていたのだ。

東映任俠映画に活路見出し叩き斬られる役者人生へ

名和が俊藤を知っていたのは、京都木屋町《きやまち》のクラブ『おそめ』によく遊びに行っていたからだった。『おそめ』は俊藤の生涯の伴侶となる女性が経営するクラブで、政財界のお偉方や作家、プロ野球監督、芸能人など各界の有名人が集う店としてよく知られていた。

彼女――おそめさんは後に東京に進出し、銀座《ぎんざ》にもクラブ『おそめ』を開いて大成功、彼女をモデルに川口松太郎《かわぐちまつたろう》が書いた小説『夜の蝶《ちょう》』は大映《だいえい》で映画化され、話題を呼んだ。東映プロデューサーになる以前、俊藤は『おそめ』の裏方を担当、店のプロデューサーとして仕切っていた。

名和は俊藤とはそんな時分からの知り合いで、俊藤が相手役として名ざした鶴田ともよく知る間柄であった。同じ松竹に所属し、渡辺邦男《わたなべくにお》監督の『天保水滸伝《てんぽうすいこでん》』で共演したこともあったからだ。名和は七つ年上の鶴田を「鶴田はん」と呼んで心安くしていた。

俊藤の誘いはありがたく、名和に否やはなかった。快くそれを受けたときから、東映任侠路線を支える名バイプレイヤーの一人としての、名和宏の新たな役者人生が始まったのだった。天津敏、河津清三郎《かわづせいざぶろう》、安部徹、金子信雄、遠藤辰雄、山本麟一《やまもとりんいち》、渡辺文雄……といった面々とともに、鶴田や高倉健に叩《たた》き斬られる仇役として、任侠路線の馴染みの顔となったのである。

ヤクザ経験者が闊歩　エキストラに指名手配犯

噂《うわさ》に聞いていた東映京都撮影所は、名和にとって見るもの聞くものビックリすることばかりだった。歩いている人間は誰もいないといわれる同撮影所は、なるほどみんなが忙《せわ》しなく駆け回っているようで、当たっている映画会社特有の活気があった。

何より驚かされたのは、スタッフにせよ役者にせよ、本物のヤクザと見紛《みまが》うばかりの連中がそこら中を闊歩《かっぽ》していることだった。実際、ヤクザ映画を撮るにあたって、昔の親分が博奕の指導に来ていたり、関係者がエキストラとして出演したりして、元や現役を含めて少なからず本物が出入りしているのは間違いなかった。なかにはエキストラのなかに指名手配中の者がいて、たまたまその映画を観た刑事が気づいて御用になったという嘘《うそ》のような話もあったほどだ。

勝手の違いにとまどう名和に、俊藤は、「ヤクザ映画やからって、〝ヤクザヤクザ〟しなくてええんや。普通に芝居しとりゃええで、普通に」と言った。

そんな名和にとっても、『博奕打ち　総長賭博』は忘れられない作品となったのである。

天皇護持——右も左も刺激した『総長賭博』

鶴田や若山にノメリ込んだ学生運動の闘士たち

どんな作品ができようと、批評の対象にもならず、映画評論家やジャーナリズムから黙殺され続けてきたヤクザ映画に惚れ、一貫して支持を表明し続けてきた物書きの一人に、斎藤龍鳳がいる。

龍鳳は昭和46（1971）年3月26日夜、東京・中野のアパートで誰にも看取《みと》られず、ひっそりと43年の生涯を閉じた。死因は薬物中毒による心臓麻痺《まひ》で、枕元にはアトラキシンやハイグレランの瓶が転がっていたという。部屋の壁に貼ってあったのは、毛沢東と緋牡丹お竜さん――藤純子の写真だった。

革命を夢見、女とクスリに明け暮れたこの無頼派左翼は、毛沢東を信奉したのと同様に、スクリーンに咲いた任俠の花・藤純子をこよなく愛し、エールを送り続けた映画批評家であった。

彼が亡くなる9日前、東映京都撮影所を訪ね、『日本女俠伝　血斗乱れ花』を撮影中の山下耕作監督に会い、山下の紹介で初めて憧れの藤純子とも会っている。

龍鳳は山下監督とは2カ月前にも同撮影所で会ってじっくり話しているのだが、そのとき彼はこう述べたという。

「ボクは、『博奕打ち　総長賭博』が、あれほど評判になったのは、時代的背景と無縁ではないと思う。左翼が日韓闘争に敗れ、バラバラになってショボクレ、急激に心情の方に傾斜して行ったものが多かった。そういう時に『博奕打ち　総長賭博』が出た。ショボクレた左翼は、あの映画に、というより、あの映画の鶴田、或《あ》いは若山に、心情的にノメリこんだ。しかし、それは左翼だけでなく、右翼にとっても、同じような意味であの映画は、天皇制護持の映画として受取られた。『博奕打ち　総長賭博』は、そういう危険性をもった映画だと思う」（『将軍と呼ばれた男　映画監督　山下耕作』）

『博奕打ち　総長賭博』が激化させた両翼の運動

では、『博奕打ち　総長賭博』が公開された昭和43（1968）年という年は、いったいどんな年、どんな時代であったのかといえば――。

戦後史を語るとき、いまだにこの年は、〝1968年〟と特筆されるほど大きな政治的事件や社会的事件が相次いで起こり、世界的な規模で〝怒れる若者たち〟の叛乱があり、確かに世の中全般が殺気立ち騒然としていた。

『博奕打ち　総長賭博』が封切られた5日後の1月19日には、長崎・佐世保《させぼ》に米原子力空母エンタープライズが入港。その寄港阻止運動が、全学連各派を中心に、反戦青年委員会、労組、市民団体など21万人が参加し、全国325カ所で15日から7日間にわたって繰り広げられた。

なかでも反代々木《よよぎ》系三派全学連は、「佐世保を第3の羽田にせよ」を合い言葉に、九州大学教養学部を中継地点として激烈な反対闘争に入り、佐世保で警官隊と衝突、1週間の運動参加者は延べ6万4700人（学生4000人）という60年安保闘争以来の高まりを見せ、負傷者519人（学生229人）、逮捕者69人（学生64人）を出した。

新左翼の学生運動が過熱　新宿では市街戦勃発も！

このエンタープライズ闘争を皮切りに、新左翼運動が激しく燃え上がり、各地で機動隊と衝突を繰り返したのがこの年だった。1月のエンプラ闘争に続く成田《なりた》空港建設反対運動——いわゆる〝三里塚《さんりづか》闘争〟、3月の王子《おうじ》野戦病院開設阻止闘争、4・28沖縄デー闘争、そして10・21国際反戦デー闘争——。この日は、社会党・総評系・共産党系、新左翼系など全国46都道府県約560カ所で約30万人が集会やデモを行なう大規模なものとなった。

なかでも大量動員をかけた新左翼各党派の都内における街頭実力闘争は、よりラジカルを極め、かつてない激烈さとなった。

ブント・社学同は1000人が防衛庁に突入した。火炎瓶の代わりに長さ4メートルの丸太が9本用意され、それを3人ずつ抱えて防衛庁正面鉄扉から突撃したのだ。

社青同解放派900人は国会突入を図り、中核派は米軍タンク輸送車実力阻止を掲げ、ML派、第四インターなどと1500人で新宿駅を占拠、駅構内や周辺で群衆2万人を巻き込む市街戦となった。この新宿騒乱、ついには深夜、騒乱罪が適用され、一斉検挙で769人が逮捕された。

第5章 『極道』と若山富三郎

全国に広がった学園闘争 世界中で若者が異議唱える

東大闘争から日大闘争 全学連から全共闘へ

この年――昭和43(1968)年は全国の大学に学園闘争が燎原の火のように広がった年でもあった。前年10月の佐藤栄作首相東南アジア訪問阻止運動――〝10・8羽田闘争〟以来、全学連の闘争はヘルメット・角材(〝ゲバ棒〟と称した)の独特のスタイルが定着した。

東大では医学部の問題が口火となって、3月28日、医学部全闘委が安田講堂を占拠、卒業式が中止となり、翌年の入試も中止という事態となった。いわゆる〝東大闘争〟の勃発である。

日本大学では、5月27日、20億円の使途不明金事件に関し、経営公開・学園民主化・全理事の総退陣などを要求して、全学共闘会議(全共闘)が結成され、〝日大闘争〟へと発展する。以後、東京・神田の学生街ではしばしば学生と警官隊との衝突が起きている。

これらの大学闘争が画期的だったのは、それまでの全学連（全日本学生自治会総連合＝60年安保闘争の最大の担い手でもあったその名は、〝ゼンガクレン〟として世界的に有名になった）に代わって、全共闘が闘う主体として登場したことだった。日大闘争に如実に見られるように、セクト（党派）やマルクス・レーニン主義とも無縁の一般学生有志までもが、大学の内部問題の告発に向かって参加したのが全共闘運動であった。

この学生運動の担い手たちこそ、東映任侠映画の最も熱心なファンであり、支持者だった。彼らは土曜日の夜ともなれば深夜映画館に押し寄せ、「そうだ！　鶴田（浩二）、行け！」「（高倉）健さん、待ってました！」と熱い声援を送り、拍手喝采し、その高揚のままに映画館を出て街頭デモへと赴いたのだった（もっとも、東映任侠映画はセクト色の薄い活動家にこそ受けたが、ガチガチのセクト系からは「組織論としてナンセンス」と不評だったとの説もある）。

活動家＝とめてくれるな　ノンポリ＝とめてください

この年秋、東大で開催された恒例の駒場祭《こまばさい》には、もろに東映任侠映画人気を反映したポスターまで登場した。双肌脱《もろはだ》いだ渡世人らしき背中にはいちょうの刺青が彫られ、《とめてくれるな　おっかさん　背中のいちょうが　泣いている　男東大どこへ行く》とのコピーつきイラストポスター。明らかに東映任侠映画のパロディーであった。

作家の橋本治《はしもとおさむ》の東大生時代の作といわれるこのポスター、バリケードに立てこもる学生たちにキャラメルを配り、〃キャラメルママ〃といわれた東大生の母親の作とされる《暴徒とも反逆ともいはるる　青年の　涼しきひとみに　われはとまどふ》との短歌を受けての作品であったといわれる。

ちなみに、東大全共闘を称《たた》えたとも揶揄したともどちらにもとれるこの橋本治のコピー、さらには〃ノンポリ〃学生によってこうからかわれることになる——。

《とめてくださいおっかさん　背中のいちょうも　笑っている　男東大どこへも行けない》

既成の体制に世界中の若者〃異議申し立て〃

ヘルメット・ゲバ棒スタイルで機動隊と激しい攻防戦を繰り広げる〃ゲバ学生〃が注目を集める一方で、それを冷笑するだけの無関心派も多く、彼らはノンポリと呼ばれた。まわりで何が起きようとも我関せずと、ひたすら女の子のケツを追いかけ、酒を飲み、麻雀《マージャン》や競馬に興じるノンポリ学生も、紛れもなく存在したのである。

だが、時代はおしなべて激動しており、若者の反逆・叛乱は、何も日本だけのものではなかった。

この時代——パリの五月革命、アメリカのスチューデント・パワーや黒人解放闘争、イタリアの赤い旅団、あるいは旧チェコスロバキアのプラハの春、中国の文化大革命など、既成の体制に対する若者の〝異議申し立て〟〝実力闘争〟は世界的な傾向にあったのである。

大井川《おおいがわ》上流寸又峡《すまたきょう》の旅館ふじみ屋に人質を取って立てこもった金嬉老《きんきろう》事件（2月）、東京・府中《ふちゅう》での三億円強奪事件（12月）など、世間をアッといわせる社会的大事件が起きたのも、この年、昭和43（1968）年であった。

俊藤浩滋に抜擢された若山　悪役&ズッコケでブレイク

クスブりかけた男が任侠路線第3の男に

激動の昭和43（1968）年——この年は、東映任侠路線も新スターが誕生したり、新機軸も生まれたりしてブームは頂点に達し、エポック・メーキングといっていい年になった。

1月の『博奕打ち　総長賭博』で主役の鶴田浩二とガップリ四つに組んで素晴らしい演技を見せた若山富三郎が、3月公開の『極道』で初めて東映任侠映画の主役を張って大ヒットし、人気シリーズが誕生した。

さらにこの年に封切られた『前科者』（5月）、『極悪坊主』（8月）といった主演作品も当たってシリーズ化され、若山は鶴田浩二、高倉健に次ぐ東映任侠路線第3の男として急浮上してくる。

若山富三郎は昭和5（1930）年、東京・深川《ふかがわ》の生まれ。父親は杵屋流《きねやりゅう》長唄の師匠・杵屋勝東治《かつとうじ》。20歳のとき、長唄の和歌山富十郎《わかやまとみじゅうろう》に弟子入りし若山富三郎を名乗るようになった。

昭和30（1955）年、新東宝に誘われ、『忍術児雷也《じらいや》』（加藤泰監督）で映画デビュー。主演作が続いたが、人気は出なかった。その後、東映に移り、『人形佐七捕物帖《にんぎょうさしちとりものちょう》』など一貫して時代劇を中心に白塗りの二枚目として主役を張るも、あまり成功しなかった。

昭和37（1962）年に大映に移り、実弟の勝新太郎《かつしんたろう》と共演した『続・座頭市《ざとういち》物語』で注目を浴び、城健三朗《じょうけんざぶろう》と改名したものの、ここでもいまひとつパッとしなかった。

俊藤が勝新に、若山を「必ず男にしてみせる」

そんなクスブりかけていた男が、不死鳥のように甦《よみがえ》るのは、俊藤浩滋プロデューサーに引っ張られ再び東映に戻ってからのこと。昭和41（1966）年――時あたかも任俠路線が軌道に乗ろうとしていたころだった。

《勝新太郎と新幹線で一緒になって食堂でメシを食べたさい、話題が若山富三郎のことになり、私は言うた。

「あんたとこの兄貴、なかなかええ役者やから、俺なら必ず男にしてみせるな」

そんなことのあったあと、当の若山富三郎がひょっこりやってきたわけや。私は勝新太郎との話をすぐ思いだした。若山は内心仕事を頼みに来たはずだけど、そんな話は一言もしない。そこで私は彼に、悪役をやってみる気はあるかと聞いた。すると「ええ、何でもやります」と。

こうして若山富三郎が任俠映画の戦列に加わってくれた。私としては彼が大きな戦力になるという確信があった》（『任俠映画伝』）

東映に復帰するや、芸名も元の若山富三郎に戻し、記念すべきその第1作は、中島貞夫監督、村田英雄主演の『任俠 柔《やわら》 一代』（昭和41［1966］年10月）。続いて『お尋ね者七人』（小沢茂弘監督、鶴田浩二主演）、『兄弟仁義　関東三兄弟』（山下耕作監督、北島三郎主演）、『博奕打ち』（小沢茂弘監督、鶴田浩二主演）、『懲役十八年』（加藤泰監督、安藤昇主演）と出演し、いずれも徹底した悪役を演じた。

とりわけ『博奕打ち』では、若山自身のアイデアという丸いメガネをかけた凶暴なワル代貸役を演じ、最後、鶴田に斬られ息絶える寸前、血だらけで柱の電話にすがり、「すんまへん」と親分に詫《わ》びるシーンは、多くのファンを唸らせた。

破天荒、ズッコケで大暴れ　主演『極道』が大ブレイク

極めつきは『博奕打ち　総長賭博』の熱演で、それは俊藤プロデューサーをして、「若山は

一人立ちや」と確信させ、「こいつに喜劇をやらせたら面白いやろな」との逆転の発想を生ませたのだった。

こうしてできたのが、昭和43（1968）年3月の若山主演の『極道』で、若山はこの作品で大ブレイクする。

若山の役どころは、大阪・西成《にしなり》の愚連隊出身の親分・島村清吉《しまむらせいきち》。鶴田や健さん演ずるストイックなカッコいいヤクザ像とはひと味違う、ダボシャツ、ステテコ、腹巻きに黒い山高帽スタイル、滅法強いが、義理人情に弱くて涙もろく、多分に破天荒でズッコケモード満載。若山一家の子分衆には、山城新伍《やましろしんご》、潮健児、佐藤京一《さとうきょういち》、待田京介、菅原文太らが扮し、ラストでは手榴弾《しゅりゅうだん》や機関銃まで手にして大暴れした。

兄弟分役には大木実、金筋《きんすじ》博徒の役で鶴田浩二がゲスト出演。特筆すべきは女房役の清川虹子《きよかわにじこ》だった——。

型破りな『極道』の脚本にやる気になった鳥居元宏

銀幕外でもよき友人だった『極道』の名コンビ

『極道』では怖いもの知らずの若山富三郎が、ただ一人、頭の上がらぬ相手として登場するのが、女房役を演じた清川虹子である。

そのコンビは絶妙で、「かあちゃん、キスしよか」と二人でブチュッとキスした後で、若山が「オエーッ」と吐く真似をするシーンに、観客は大笑いしたものだった。美男美女コンビならぬ不細工なオッサンオバハンコンビ（失礼！）がユーモアとペーソスを醸し出し、独特の味わいを出した。

若山と清川は私生活も終生よき友人関係であったようで、彼女は若山が亡くなる直前まで一緒に雀卓《ジャンたく》を囲んでいたという。

その日、平成4（1992）年4月2日、京都市左京《さきょう》区の自宅マンションに集まったのは清川虹子の他、勝新太郎・中村玉緒《なかむらたまお》夫妻、若山の女性マネージャー。昼食会の小宴を終えてからも若山と清川はかつて『極道』で夫婦役を演じた際のキスシーンで、「どっちが先に舌を入れた？　虹子だろ？」「富さんよ」などという他愛《たわい》ない話に花が咲いた。

その後、若山と女性3人で麻雀をやろうということになって、4人が卓を囲むや否や、若山が倒れたのだった。すぐに病院へ運ばれたが、医師たちの手当ても甲斐《かい》なく、名優・若山富三郎は急性心不全のため62年の生涯を閉じた。

若山が逝ったちょうどその時刻、ホテルで待機していた清川虹子は、鏡を見て驚いた。自分の鼻からきれいな桜色の鼻血が出ていたからだ。生まれてこの方一度も鼻血など出したことがないのに何だろう——と思っていたその時間こそ、若山のご臨終であった。

「ムチャクチャやるヤツ」と俊藤が注文した脚本

『極道』での共演以来、二人は不思議な縁で結ばれていたわけである。

ともあれ、昭和43（1968）年3月の『極道』は従来の正統派任侠映画のパロディーといってもいいコミカルタッチな作品となって、これが大ヒットした。ただちにシリーズ化され、同年中に『帰って来た極道』『兵隊極道』、翌44（1969）年には『待っていた極道』『旅に出た極道』と立て続けに作られ、昭和49（1974）年の『極道VS不良番長』まで計11本も続く人気シリーズとなった。

この『極道』の脚本を担当し、以来、シリーズ11本のうち、そのほとんどの脚本を書いたのが、鳥居元宏と松本功の同期コンビである。

鳥居元宏が俊藤浩滋のプロデュースによる任侠映画の脚本を初めて担当したのは、中島貞夫と共同で書いた41（1966）年7月の『男の勝負』（中島貞夫監督、村田英雄主演）で、その後も『昭和残俠伝　血染の唐獅子』（鈴木則文《すずきのりぶみ》との共作）をはじめ何本か手がけ、梅宮辰夫主演の『俠客の掟』（宮川一郎《みやがわいちろう》、村尾昭と共作）では脚本だけでなく、自らメガホンまで取っている。

『極道』は、俊藤プロデューサーが鳥居と松本に、

「いままでの金筋の侠客からはちょっと外れたところで、ムチャクチャやるヤツ、とんでもないことをしでかすヤツの話をやりたいんや。どや、書いてくれへんか」

と脚本を依頼して始まったものだが、それは二人にとって、渡りに船のような企画であった。

若山富三郎の配役で鳥居が俄然やる気に

東映京都撮影所所属の鳥居にすれば、正統派着流しヤクザの、男のなかの男ばかりを描くことに少々飽きがきていた。ここいらで従来のヒーロー像とは違う一風変わった親分——思いきり羽目を外すようなヤクザ像に挑戦してみたいとの意欲が湧き出てきたところだったからだ。

「主役は誰がやるんですか？」

俊藤に訊ねると、「若山富三郎や」との意外な答えに、鳥居は内心で〝ホウッ！〟と唸った。このところ、鶴田の作品を中心に主役を食いかねない演技で目ざましい活躍を見せているとはいえ、まだ東映復帰して主役は1本もなかった。

〈そりゃ、いいなあ。富さんなら脱線も可能なんじゃないか。こら、面白いものができるかもしれないなあ〉

鳥居はイメージを掻《か》き立てられ、俄然《がぜん》やる気になった。

『極道』の若山富三郎は〝釜ケ崎のアル・カポネ〟

主人公のイメージは〝ヤクネタ〟石川力夫

『極道』の脚本を鳥居元宏と共作することになった東映東京撮影所の松本功も、その企画がきたとき、真っ先にイメージが浮かんできたヤクザ像があった。

ヤクザ界の反逆者としてその名が語り継がれている、関東に実在したヤクザで、その名を石《いし》川力夫《かわりきお》という。

石川が「和田《わだ》マーケット」で有名な新宿の和田組一門となって売り出したのは、戦後間もなくのことである。が、それも束の間、自分の親分に背いて刃を向け傷を負わすというヤクザの不文律を犯し、関東所払い10年の制裁を受けることになる。

いったんは大阪に出たが、間もなくしてその禁を破って上京、今度は自分の兄弟分を射殺し、その妻まで撃って重傷を負わせる事件を起こしてしまう。重ね重ねの掟破りに一家の怒りは爆発、石川射殺命令が下った。

石川は再び自首し、殺人・殺人未遂罪で懲役10年を言い渡され、府中刑務所に服役した。だが、出所間近い昭和31（1956）年2月2日、府中刑務所の屋上から15メートル下のコンクリートに身を躍らせ、31年の生涯を閉じた。

独房に残された遺言の最後は、《大笑い　三十年の　馬鹿さわぎ》の句で結ばれてあった。

やることなすことデタラメ、ムチャクチャ、手に負えない御仁のことを指すヤクザ界の隠語

若山富三郎
『極道罷り通る』(1972年)Ⓒ東映

——〝ヤクネタ〟そのものといっていいヤクザだった。

松本功が、この石川力夫のことを知っていたのは、たまたま東映本社の企画部に、彼のことを熱心に取材している人がいたからだった。その人から話を聞いていたので、松本もかねて、〝ずいぶん破天荒な、異色のヤクザもいるもんだな〟と、甚だ興味を持っていたのだ。いつかこれを使えないものか、と。

だから、『極道』の企画を聞いたときはすぐに、

〈これだ！　石川力夫をベースにして、これを換骨奪胎し、コメディタッチにすれば、俊藤さんが思い描いているようなもんが作れるんじゃないか〉

と、閃いたのだった。

会心のシナリオに俊藤が示した反応

こうして鳥居元宏にとっても松本功にとっても、それは脚本家として待ち望んでいた、久しぶりに乗れる企画であった。おのずと力も入り、会心のシナリオができあがる——はずだった。

ところが、二人の書き上げた第1稿に、俊藤浩滋プロデューサーは首を傾《かし》げた。

「何や、これは？　違うやないか……」

二人の最初のシナリオは、俊藤が意図したものとは大きな開きがあったのだった。

「いくら西成の元愚連隊やいうても、企《たく》みがセコすぎるんと違うんか。これなら、そこいらのチンピラのやることと変わらんやろ。もっとどでかいことやらさなあかん」

俊藤の指摘に、二人ともなるほどとうなずいて、全面的に書き直すことになった。松本も鳥居同様、俊藤とは何本か一緒に仕事をやってきて（『昭和残俠伝』から始まって『解散式』『北海遊俠伝』『俠骨《きょうこつ》一代』）、そのドラマ作りの芯とするところは、だいぶわかるようになってきたつもりだった。

試写で得たヒットの予感「これはいけるでえ！」

かくて二人は、よりスケールの大きな『極道』を作り上げた。釜ケ崎《かまがさき》上がりの極道・島村清吉が、「ワイは釜ケ崎のアル・カポネや」とタンカを切り、大阪中を自分の縄張りにしようと大きな野望に燃え、虫けらのように踏みにじられても、根性むき出しの闘志で巨大組織に立ち向かい、それをぶち破っていくというシリーズの定番となるスタイルを完成させたのだ。

そんな鳥居と松本が、『極道』に確かな手応えを感じ取り、〈当たるんじゃないか〉と直感を得たのは、京都撮影所の第1試写室で初号の試写を観たときだった。

「これはいけるでえ！」

俊藤も同様に、試写を観て第一声を放った。

盟友・大木実と富三郎のトンボ切り

私生活でも〝兄弟〟だった大木実と若山富三郎

『極道』のヒットで、東映任侠路線は若山富三郎という主役を張れる大看板がまた一枚加わって、さらに厚みを増した。

実際、その後の若山の活躍は目ざましかった。『極道』が公開された昭和43（1968）年中には、早くも『前科者』（同年5月、山下耕作監督）、『極悪坊主』（同年8月、佐伯清監督）という新しいシリーズが生まれたばかりか、以後も『賞金稼ぎ』『舶来仁義　カポネの舎弟』『シルクハットの大親分』『日本悪人伝』といった若山のシリーズ物が次々と製作され、ヒットを飛ばした。

『極道』で若山扮する島村清吉の子分役を演じた山城新伍、潮健児といった役者は、普段でも若山を「おやっさん」と呼ぶ若山一家の一員で（さしずめ山城新伍が一家の代貸か）親分子分のような強い絆《きずな》で結ばれていた。

二人は若山の子分役として、女房役の清川虹子とともにシリーズ1作目から全篇を通してレギュラー出演、他に毎回のようにゲスト出演していたのが大木実で、若山の兄弟分役が多かった。

『極道』シリーズに限らず、若山主演作品で共演が多かった大木のことを、若山は私生活でも「兄弟」と呼び、親交を結んでいた。

大木実はもともと松竹大船《おおふな》撮影所の二枚目俳優として鳴らし、1年先輩の鶴田浩二（年齢は大木が1歳上）とは同じ大曽根辰保《おおそねたつお》（辰夫《たつお》とも）監督を師とする兄弟弟子に当たった。松竹に10年在籍して出演本数は92本、大映に移り2本出演した後に東映に移籍し、1作目が昭和38（1963）年3月の『忍者秘帖《ひちょう》 梟《ふくろう》の城』（工藤栄一監督、大友柳太朗《おおともりゅうたろう》主演）という時代劇だった。

時あたかも時代劇から任侠路線への転換期で、ちょうどそんな最中、東映へ飛び込んだ大木実は任侠映画に数多く出演、名バイプレイヤーとして常連俳優となっていく。脇役でも大きな役で目立ったゆえか、当時の大川博社長をして、「嵐寛寿郎と大木実は出すぎじゃないか」と言わしめたというが、大木はいつも善玉親分や代貸といった役どころで、途中で殺されてしまうことが多かった。その分、加藤泰監督の名作『明治侠客伝　三代目襲名』や山下耕作監督の『緋牡丹博徒』で演じた珍しいワル親分役は、めったにやらない役だけに逆に酷薄さが極だっていた。

銀幕外でも破天荒　高級車も2週間で〝消滅〟

若山とは共演も多く、相性もよかったのか、仕事を離れても親しくしていた大木の目に、若山は『極道』の島村清吉のキャラクターそのままに映った。

ある日、真っ赤なキャデラックに乗って、

「兄弟、どうや、この車ええやろ。ファンのプレゼントや」

と大木に自慢したかと思いきや、10日ほど経ったら、その影も形もないので、大木が、「車、どないしたんや?」と聞くと、「あれな、どっか行ってしもた」と答えるのが若山だった。その伝で、購入したばかりのゴールドのロールス・ロイスが2週間で消えてしまったこともあったという。

自慢のトンボ切りを弾雨のなかでも強行

ともかくカネには無頓着、実弟の勝新太郎同様、若山もまた、俳優というより役者と呼ぶにふさわしい役者魂の塊のような男だった。撮影に入る前から役になりきり、四六時中芝居のことばかり考えているようなところがあり、監督や殺陣師《たてし》にしょっちゅうアイデアを出した。太目ではあっても体は柔らかく運動神経抜群で、アクションスターさながらにトンボを切ることもできた。

が、それがクセになっていて、ときとしてトンボを切らなくていい場面でも切りたがるので、殺陣師の上野《うえの》隆三《りゅうぞう》が、困ってしまうこともあった。『極道』のラストの殴り込みシーン、敵が

機関銃で追いかけてくるのにそれをやろうとするから、

「若山さん、ここでトンボを切ったら、逆効果ですよ。逆に撃たれてしまいます」

と上野が止めても、若山の体は一回転、宙に舞うのだ。そのため、ダイナマイトを爆破する仕掛けを引っかけてしまったり、トンボを切りそこねて右肩を負傷したりすることもあったほどだ。そんな体当たりの演技で、東映第3の男は、任侠路線を活気づかせ引っ張ったのも確かだった。

第6章 『緋牡丹博徒』と藤純子

岡田茂が鈴木則文に執筆を命じた〝女剣戟物〟

ブームの頂点で颯爽と登場 いきなり仁義切る初主演作

昭和43(1968)年、東映任俠映画ブームは東大駒場祭のポスターにも反映されて社会的な現象となった感さえあった。ブームは頂点に達したといってもいいが、その極めつきともいえる作品こそ、この年に誕生した『緋牡丹博徒』であったろう。

ご存じ、女博徒〝緋牡丹お竜〟に扮した藤純子の初主演映画で、その登場は颯爽《さっそう》として鮮やか、凜《りん》としてあでやか、全国の東映任俠映画ファン、藤純子ファンを唸らせ、シビれさせ、熱狂させて止まらなかった。

昭和43年9月、東映初見参のお竜さんは、まだメインのタイトルも出ていない冒頭から、いきなり仁義を切って登場する。

『緋牡丹博徒』（1968年）Ⓒ東映
Prime Videoチャンネル「東映オンデマンド」にて配信中

《御当家の親分さん、おあねえさん。陰ながらお許しを蒙《こうむ》ります。向いまする上様とは今日向《きょうこう》初の御意《ぎょい》を得ます。したがいまして下拙《げせつ》ことは肥後《ひご》熊本にござんす。熊本は五木《いつき》の生まれ、名前の儀は矢野竜子《やのりゅうこ》、通り名を緋牡丹のお竜と発しまして御視見《ごしけん》の通りしがなきものにござんす。幾末《いくすえ》お見知りおかれましてお引立を願い仕《つかまつ》ります》（『なにが粋かよ　斎藤龍鳳の世界』創樹社《そうじゅしゃ》）

このお竜さんの仁義に、映画評論家の斎藤龍鳳はこう賛辞を送った。

《闇の中で私は今後、長く長くつきあおうと一人誓い、あたりをみまわしましたが、暗い場内をみわたした時、私の目にうつった人々の表情もまた、私同様、真剣なまなざしで貴方《あなた》の切る仁義に聞き惚れ、腰を落した貴方の凛々《りり》しい姿に魅いられ、画面いっぱいに咲いた牡丹の花と、時として愛嬌《あいきょう》をかいまみせる右の片えくぼと、決して崩れることのないきりりとした貴方をみとれているのが、はっきりとうかがえました》（前掲書）

鈴木則文に申し渡された封切り3カ月前の脚本依頼

自室の壁にも毛沢東とお竜の写真が貼ってあったという熱烈な藤純子ファンだった斎藤龍鳳。もとよりお竜さんに魅了されたのは彼ばかりではなかった。全国のファンから喝采で迎えられた『緋牡丹博徒』はシリーズ化され、『一宿一飯』『花札勝負』『三代目襲名』『鉄火場列伝』『お竜参上』『お命戴《いただ》きます』『仁義通します』と昭和47（1972）年1月まで8本作られた。

『緋牡丹博徒』を企画発案したのは、優れた映画プロデューサーでもあった当時の京都撮影所所長の岡田茂であった。岡田はまず俊藤プロデューサーに、「女の任侠映画を藤純子でやろう」と提案し、『明治侠客伝　三代目襲名』や『兄弟仁義』など任侠映画の脚本を何本も書いていた鈴木則文を所長室に呼び出すと、

「女剣戟物《おんなけんげきもの》をやりたいんだが、おまえ、『女狼《めろう》』というタイトルで書いてみろ」

と申し渡した。それが『緋牡丹博徒』封切りの3カ月前のことだった。

演ずる女優が藤純子と聞いて、鈴木則文はなおさら感慨深いものがあった。彼女のことは家も近く、実の妹のように可愛がっていただけでなく、一人の女優としても、鈴木は誰より買っていた。

鉄火芸者の名を継いで　仇を求めてさすらう女

〈純ちゃんを主役にした女任侠版か……よし、やってみよう〉――鈴木の脳裏にパッと浮かんできたのは、2年前の昭和41（1966）年3月、マキノ雅弘監督、鶴田浩二主演の『日本大侠客』で藤純子が演じた鉄火芸者お竜の役であった。笠原和夫の脚本で、実在した九州の大親分・吉田磯吉《よしだいそきち》をモデルにした作品だが、小気味よい博多弁《はかたべん》の台詞とともに、彼女の珍しい鉄火芸者役が強烈に印象に残っていた。

〈お竜か……純ちゃんは任俠の花ともいうべき女優……その花が、あたかも竜のごとく天空に向かって一挙に上昇していく……そうだ、彼女が演じるニューヒロインの名は、やはりお竜――竜子がいい〉

鈴木則文がそんなふうに考えたのは、『女狼』のヒロイン像を、それまで藤純子が演じてきたさまざまな薄幸の女たちの無念や怨念を象徴して闘う女にしたい――との思いがあったからだった。

父の仇を求めてさすらう女ヤクザ――との設定も、迷うことなく決まった。

松竹が誘い東映でデビュー　藤純子が見せた女優根性

卒業式とぶつかった『車夫遊侠伝　喧嘩辰』

鈴木則文が藤純子と一緒に映画の仕事をしたのは、昭和39（1964）年4月の加藤泰監督、内田良平《うちだりょうへい》主演の『車夫遊侠伝　喧嘩辰《けんかたつ》』が初めてだった。鈴木則文はチーフ助監督、藤純子は女優として9本目の映画出演となった。

鈴木がチーフ助監督を務めた『車夫遊侠伝　喧嘩辰』への純子の出演は、彼が強く推してのことだが、この撮影中、鈴木が驚いたことがあった。このとき彼女は高校3年生、それも卒業間際のことで、たまたま撮影が卒業式とぶつかってしまった。

「スケジュールは調整するから卒業式には出なさい」と鈴木が許可しても、彼女は、「いえ、出ません。私のことでみなさんに迷惑はかけられません」ときっぱりと答え、プロ根性を見せた。

これには鈴木も甚だ感心し、彼女がデビューして以来のこの1年間の頑張りを身近に見て知っていただけに、なおさら卒業式へは行かせてあげたくなった。

藤純子は昭和20（1945）年12月1日、疎開先である和歌山県御坊《ごぼう》市の生まれ。父は俊藤浩滋。その後、大阪に移り住み、大阪で中学、高校へと進んだ後、京都へ越し、京都女子高校へ転校した。

そんな彼女が松竹京都撮影所から、「ぜひうちの女優に」とスカウトされたのは、高校3年生になって間もない春のことである。姉とともに大阪テレビの歌謡番組『ハイハイ、マヒナです』にカバーガールとして出演しているのを目に留められたものだった。

女優にする気のない父と乗り気の娘

父の俊藤浩滋とともに訪れた松竹京都撮影所で、父娘は松竹の専務とプロデューサーから正式にその旨を申し込まれた。

父娘は返事を保留のまま同撮影所を辞したが、二人の気持ちは対照的であった。娘を女優にするつもりなど毛頭ない父と違って、純子のほうはやってみたいという気持ちが強かった。

その帰り道、娘を連れて近くの東映京都撮影所に顔を出した俊藤に、「どないしたんや?」と声をかけてきたのが、次回作を準備中のマキノ雅弘だった。

俊藤が事情を話すと、マキノは、「それだったら、ここで女優にせんか」。事もなげに言ってのけた。さらに続けて、「そや、ちょうどいい。今度のシャシンに使おう」。唖然《あぜん》とする俊藤ものかは、マキノは有無を言わさず決めてしまったのだった。

その〝シャシン〟——作品が、マキノ雅弘監督、片岡千恵蔵主演の『八州《はっしゅう》遊侠伝 男の盃』(昭和38［1963］年6月)で、藤純子の記念すべきデビュー作となった。ここに女優藤純子は誕生、芸名をつけたのもマキノ雅弘で、マキノが女優藤純子の生みの親となり、育ての親ともなったのだった。

デビュー後1年で映画8本 テレビにもレギュラー出演

それから1年(実質9カ月)の間に、彼女は『柳生《やぎゅう》武芸帳 剣豪乱れ雲』『めくら狼』『次郎長三国志』『十三人の刺客』『柳生武芸帳 片目の忍者』『大笑い殿さま道中』『隠密剣士』と立て続けに8本の東映映画に出演、それればかりか、テレビの『スチャラカ社員』(大阪・朝日《あさひ》放送)

などにレギュラー出演する超多忙の女優となった。

それなのに高校のほうもきちんと両立させ、落第せず卒業できたのだから、その根性たるや見上げたものだった。それだけ頑張ったのだから、せめて高校の卒業式くらいは出たいはずなのに、あえて出ないと言いきる健気《けなげ》さ。

彼女の9本目で初めて一緒に仕事をすることになった鈴木則文は、改めてその女優根性に惚れ直した。

「純ちゃん、大丈夫だよ。撮影のことは何も心配いらない。誰にも迷惑かけないよ。卒業式は一生に一度のことだから、行っておいで」

と送り出したのだった。

竜子、矢野、九州弁、火の国　連想から生まれた女博徒

鈴木則文初監督作は藤純子の2本目の出演映画

晴れて高校を卒業し、女優業に専念できるようになった藤純子の活躍は目ざましかった。

昭和39（1964）年5月の『新吾《しんご》番外勝負』から40（1965）年9月の『明治侠客伝　三代目襲名』まで、1年半の間に17本（計27本）の映画に出演。そしてデビュー以来28本目の作

品となったのが、同年10月の『大阪ど根性物語　どえらい奴《やつ》』であった。

それは鈴木則文の監督デビュー作品で、鈴木が強く望んでの彼女の起用となった。この作品で、純子は主人公に扮した藤田《ふじた》まことのしたたかな女房役を演じている。

鈴木則文は昭和8（1933）年11月26日、静岡の生まれ。もともとは作家志望で、太宰治《だざいおさむ》に傾倒していた。立命館《りつめいかん》大学経済学部3年のとき、東映京都撮影所で小道具のアルバイトをしたのがきっかけで、映画の魅力に取りつかれ、映画監督を志すようになったのだった。

同撮影所でのアルバイトが面白く、夢中で仕事を続けているうちに大学を中退し、そのまま東映に入社。折しも時代劇の黄金期で、松田定次《まつださだつぐ》、沢島忠、内田吐夢監督らにサード、セカンドの助監督としてつき、チーフ助監督になってからは加藤泰監督につくことが多かった。

『大阪ど根性物語　どえらい奴』は東映入社10年目で射止めた初監督作品であったが、その前作が世に名高い加藤泰監督の『明治侠客伝　三代目襲名』で、鈴木はチーフ助監督を務めたばかりか、村尾昭とともに脚本も書いた。

この作品には純子も出演、彼女にとって女優として大きく飛躍を遂げる転機ともなった作品である。彼女は薄幸の娼婦・初栄《はつえ》役で渡世人鶴田浩二との叶わぬ恋を好演、川辺で鶴田に故郷の桃を渡す情感たっぷりの名シーンは評判を呼んだ。

いままでの脇役の無念さを代表して闘う女、〝お竜〟

その後も、鶴田の『関東』シリーズ、高倉健の『日本俠客伝』『昭和残俠伝』シリーズをはじめ数多くの任俠映画に出演。死地に赴く男の陰でジッと耐える妻や恋人、あるいはヤクザの親分の娘であったり、薄幸の遊女、寂しく死んでいく女、『俠骨一代』（昭和42［1967］年11月）では大陸へ売られてゆく芸者役、『博奕打ち　総長賭博』では任俠道の筋を通すために実の兄鶴田に夫若山富三郎を殺されるという悲劇の女役を演じるなど、純子はさまざまな脇役を演じてきた。

その藤純子主演の女博徒版を書いてみろとのお鉢が回ってきたとき、鈴木則文が考えたのは、いままで彼女が演じてきたそうした多くの無名の脇役たちの無念さを代表して闘う女にしたいということだった。

お竜――竜子というヒロインの名も、彼女が2年前に『日本大俠客』で演じた馬賊芸者からとってすぐに決まった。任俠の花・藤純子の花のイメージは、緋牡丹をおいてなかったから、通り名を緋牡丹お竜。

では、姓を何にしようかと考えたとき、文学青年・鈴木則文の脳裏に浮かんだのは、愛読していた小説のヒロインの姓だった。小島政二郎《こじままさじろう》の『人妻椿《ひとづまつばき》』の女主人公で、矢野嘉子《やのよしこ》といい、鈴木憧れの作中人物であった。

〝火の女〟の連想から出身地は火の国・熊本に

その高貴さ、高潔さ、そして可憐《かれん》さ。ヤクザという荒《すさ》みきった男社会に凜と咲く緋牡丹の花一輪……。

そうだ、矢野がいいなあ、矢野竜子——鈴木は、スクリーンで仁義を切る純子の姿を思い描いた。姓名の儀は矢野竜子、人呼んで緋牡丹のお竜と発します。

では、緋牡丹お竜をどこの出身にしようか？　鈴木はまた思案した。

やはり『日本大侠客』のお竜の博多弁の印象が強烈で、そのときから鈴木は、

〈純ちゃんの九州弁は最高だな。彼女がヒロインを演じるようになっても、標準語じゃないほうがいいかもしれないなあ〉

との思いをずっと抱いてきた。

鈴木が個人的にも九州に思い入れが強かったのは、そのころ、たまたま鹿児島出身の娘に思いを寄せていたことにもよる。彼女の話す九州弁も好きだった。

結局同じ九州でも最終的にお竜の出身を熊本に決めたのは、〝火の女〟から連想して火の国・熊本へと思いが至ったからだった。

『緋牡丹博徒』初メガホン〝花の山下〟の総決算

ダム反対運動、沈みゆく村　鈴木則文のイメージを喚起

鈴木則文がお竜を熊本の五木村の生まれ――としたのも、昔から五木の子守唄が好きで、特別な思い入れがあったからだ。

〽おどま盆ぎり盆ぎり盆から先ゃおらんど

あの唄こそ日本の民衆の挽歌《ばんか》ではないか、とさえ思っていた。

鈴木はさっそくシナリオ・ハンティングと取材を兼ねて熊本・五木村へと飛んだ。わずかの日にちで熊本弁のマスターは無理にしても、そのニュアンスや地元の雰囲気に少しでも触れたかった。

五木村へ赴くと、偶然にも「ダム反対」の看板が立ち、ダム建設反対運動が盛り上がっている最中だった。その運動の先頭に立つ村の若者たちは、「オレたちが闘わずして誰が闘うのか」と不退転の決意で闘う気概を見せていた。

いきなり映画的な場面に遭遇し、鈴木も血が沸き立つ思いがした。そうした闘う青年たちに加えて、ダムに沈んでいく村の娘とお竜とが二重写しになったりして、何かとイメージを掻き立てられた。

〈今度の脚本はいけるぞ！〉

鈴木は確信を持ったほどだった。

果たして京都へ帰って書き出すと、いままでになくスラスラと筆が進むのを感じた。五木村で着想したお竜が五木の子守唄を歌うシーンも、しっかり書き込んだ。先代から仕える子分の山本麟一から、いまわの際に「お嬢さん、歌ってくれ」と頼まれたお竜が、それを山本の枕辺で歌うシーンだった。山本麟一は五木の子守唄を聴きながら、まだ〝緋牡丹お竜〟になる以前の、無垢《むく》で可憐な少女時代のお竜の姿を回想しながら死んでいくという場面だった。

タイトルづけの名手　岡田茂の真骨頂

脚本を書き上げた鈴木は、最後にタイトルを考えた。仮題とはいえ、岡田茂が提示した『女狼』ではいかにもつまらなかったからだ。鈴木がつけたタイトルは、『女博徒緋牡丹お竜』であった。

完成したシナリオを持って京都撮影所長室に赴くと、岡田茂は待ち兼ねていたようにそれに目を通した。読み終えると満足した表情になり、鈴木の考えた『女博徒緋牡丹お竜』というタイトルをマジックペンで大きく紙に書かせた。しばらくそれに見入っていたかと思うと、「うん、これは『緋牡丹博徒』にしよう」と言った。

「映画はタイトルが大事や」とかねがね口にし、タイトルづけの名手として知られる岡田茂の真骨頂であった。語呂もよく、〈こりゃこっちのほうがええわー〉と、鈴木も内心で唸った。

さて、では『緋牡丹博徒』を撮る監督となると、誰が適任なのであろうか。

監督を決める岡田や俊藤浩滋から、その人——山下耕作の名が挙がったのは、ごく自然なことだった。

「緋牡丹なら山下耕作。〝花の山下〟の総決算だ」

というわけである。

木槿、彼岸花——『関の彌太ッぺ』の名場面

山下耕作が〝花の山下〟と称されるようになったのは、山下作品には、〝花〟が欠かせないと言われるほど、作品中に印象的に花が使われることが多いからで、花好きの監督としてつとに知られていた。

そんな花へのこだわりを見せた彼の最初の記念すべき作品とされるのが、昭和38（1963）年の『関の彌太ッぺ』（中村錦之助主演）である。

関の彌太ッぺの錦之助が、10年前に助けた少女・お小夜《さよ》ちゃんの十朱幸代《とあけゆきよ》と再会し、垣根越しに、

「……お小夜ちゃん、このシャバにぁ、悲しいこと、辛《つ》れえことがたくさんある。だが、忘れるこった。忘れて日が暮れりゃ、明日《あした》になるんだ……」

との台詞を言う場面は、同作品の名シーンとして有名である。

この垣根越しいっぱいに咲く花が木槿《むくげ》の花だった。そしてラストの真っ赤な彼岸花。

この作品でチーフ助監督についたのも、鈴木則文だった。山下の指名であった。

木槿から緋牡丹へ　監督とチーフの〝花コンビ〟

農家の庭先に、ひっそりと咲く名も知れぬ花

もともと山下耕作と鈴木則文は、内田吐夢監督のもとで鍛えられた兄弟弟子のような間柄だった。親しくなったのは、内田吐夢監督の『浪速《なにわ》の恋の物語』(昭和34［1959］年、中村錦之助主演)でセカンド助監督を山下、サードを鈴木が務めたのがきっかけという。

山下にとって『関の彌太ッぺ』は3本目の監督作品。この作品であまりに有名になったのが木槿の花であった。錦之助の彌太ッぺと十朱幸代のお小夜ちゃんの二人の間の越えられない一線を象徴する花として使われたのだが、当初は紫陽花《あじさい》の予定であったという。が、撮影は秋なので、紫陽花では季節的に合わない。

そこで山下監督、鈴木則文チーフ助監督らスタッフが京都撮影所から亀岡《かめおか》方面へ車を走らせ、別の花を探すことになったのだった。

山下耕作もこう述べている。

《農家の庭先ばっかり見て走ってた。監督とキャメラマンとチーフ助監督と美術監督と進行で車に乗って廻《まわ》るんですけど、亀岡のところ走ってたら道路沿いにポッと、垣根はしてたんだけど庭に、気が付いたらそこにポンと。「ちょっと止めろ」って言って、入って行って「ごめん下さい。この花なんていう花ですか」。名前知らないんですよ。そしたら、木槿だった。桂《かつら》さん（引用者注＝美術監督）が「わかった。これに決めよう」って。「これ造花も作りやすそうやないか」って言うんで。これでワーッと垣根にして。俺はどうしてもこの花の中にお小夜を置きたい。こっちから一歩も入れない、境界線。これ思い付いた時、嬉しかった、自分で。この花は絶対使わんとあかん》（『将軍と呼ばれた男　映画監督　山下耕作』）

『関の彌太ッぺ』から5年　『緋牡丹博徒』に山下美学

このとき、山下の意を酌んだ鈴木則文は、彼が腰を抜かすほどの垣根を作ろうと、木槿の花を2000本発注したという。結果は大正解。かくて『関の彌太ッぺ』は、映画のなかで花を象徴的に使うという山下流映像表現、山下美学とも称されるその後の彼の作風を決定づけるターニングポイントとなった。

それから5年後、山下耕作と鈴木則文は『緋牡丹博徒』で再び顔を合わせる。今度は監督と脚本家として。『関の彌太ッペ』のときところも同じ京都・木屋町の高瀬川《たかせがわ》沿いの旅館『花《はな》柳《やなぎ》』で、二人は鈴木の書いた準備台本をもとに打ち合わせに入るのだ。

鈴木則文が当時をこう回想している。

《読んで一日なのに『緋牡丹博徒』についての山下さんのイメージはかなり固まっていた。赤い牡丹、白い牡丹、黒い牡丹を使うつもりだ……純子の立廻りはスローモーション……白い足と赤い蹴出しから出る……どうや！　と意欲満々であり「いよいよ花の山下の総決算ですねえ」と言うと「まあ、今度は題名から花やからのう」と満更でもない様子であった》（「『関の彌太ッペ』の頃——白い木槿から赤い緋牡丹へ——」『映画芸術』1999春号）

『〜彌太ッペ』の鐘は東映時代劇への弔鐘か？

ところで、「山下耕作時代の到来」を予感させる記念すべきスタート作品となった『関の彌太ッペ』が公開されたのは、昭和38（1963）年。もうこのころになると、さしも栄華を誇った東映時代劇人気もすっかり影を潜め、客が入らなくなっていた。

そんな時期に生まれた時代劇の傑作が『関の彌太ッペ』であったわけで、いわば東映時代劇黄金時代の掉尾《ちょうび》を飾る作品となったのだった。錦之助が三度笠《さんどがさ》を投げ捨てて敵陣に殴り込みに向かうラストシーン、道に彼岸花が咲き、寺の鐘がゴーンと鳴るのは、死にに行く錦之助への弔鐘というより、東映時代劇へのそれであったのかもしれない。

この『関の彌太ッペ』と同じ年に登場したのが、東映任俠映画の走りとされる『人生劇場飛車角』であったのは、ほとんど象徴的なことであったろう。

ともあれ、〝花の山下〟の総決算との思いを込めて、山下耕作は『緋牡丹博徒』に取り組んだ。脚本を書いた鈴木則文とは『関の彌太ッペ』以来の〝花〟つながり、木槿から牡丹に変わっても誰よりわかり合える名コンビだった。

女博徒、三枚目親分 極めつきのワル、強力助っ人

『極道』のズッコケを強化　女には弱い三枚目親分

『緋牡丹博徒』はキャスティングも豪華だった。

お竜さんの強力助っ人となる兄貴分役の四国・道後《どうご》の熊坂虎吉《くまさかとらきち》、熊虎親分に扮したのは若山富三郎。この年（昭和43［1968］年）3月公開の東映復帰初主演の『極道』が当たってシリーズ化され、『前科者』『極悪坊主』の新シリーズもスタート、鶴田浩二、高倉健に次ぐ第3の

男として東映任俠路線に欠かせぬ大看板となっていた。

若山がこの『緋牡丹博徒』で演じた熊虎親分は、『極道』のズッコケ親分ぶりをさらに徹底させたコミカルな役で、これがまた人気を呼びシリーズの目玉となった。なにしろ鼻の頭を真っ赤にして、ちょび髭《ひげ》を生やし、（第1弾には登場しないが）シルクハットという出《い》で立《た》ちで、腕は滅法立つが、からっきし女には弱い三枚目親分。妹分のお竜さんにはことのほか弱く、その前ではまるで恋い焦がれるウブな少年のように、「お竜はん……」と身も世もあらぬという体《てい》でデレデレになるのだが、打って変わってお竜さんと対立する悪人どもには凄腕《すごうで》を発揮、これほど頼もしい兄貴分もなかった。

この熊虎役の若山の他、お竜さんを助ける流れ者役の高倉健をはじめ、清川虹子、待田京介、山城新伍、山本麟一、金子信雄といった芸達者な俳優陣を配し、仇役に扮したのが大木実であった。

『明治俠客伝　三代目襲名』でこそワル親分役を演じたが、めったにないことで、大木実の悪役というのも極めて珍しかった。しかも、それが天津敏や安部徹でもここまでやるかというほどの極めつきのワルだった。

極悪ぶりに困惑した大木実の「兄貴……」

五木村で幸せに暮らし嫁入りも決まった純情可憐な娘・竜子を、〝緋牡丹お竜〟に変えたのも、彼女の父親である矢野親分を大木が辻斬《つじぎ》りしたのが発端。あまつさえ、その罪を兄弟分の高倉健になすりつけたばかりか、お竜の恩ある一家に対し奸計《かんけい》を尽くして潰しにかかり、果てはお竜さんを手籠《てご》めにしようと謀る。

あまりに救いようのない悪役ぶりに、「健ちゃんに斬られるとき、ひと言、〝兄貴〟って、言わせてもらえませんか」と山下耕作監督に頼んだのは、大木実であったという。これには山下も「あっ、それはいいね」と同意し、「兄貴……」と絞り出すように吐くシーンとなり、最後に元の兄弟分の心を取り戻すという、救われる部分となったのだった。

強力助っ人となる高倉健演じるゲスト役は、お竜さんがほのかに思いを寄せる相手ともなって、『緋牡丹博徒』シリーズの定番となって毎回登場、シリーズ8本中、高倉健が3本、鶴田浩二が3本、菅原文太が2本演じることになる。

『緋牡丹博徒』を世に出すにあたって、果たして女の任侠映画という賭けが吉と出るか凶と出るか、勝負に打って出た東映にとっても初見参のお竜さんにとっても、高倉健ほど心強い助っ人もなかったであろう。

人気絶頂の高倉健　〝任侠ウエスタン〟も

この時期（昭和43［1968］年9月）の健さんは、東映任侠路線のエースとして絶頂期を迎えていた。『日本侠客伝』『網走番外地』『昭和残侠伝』という3本のドル箱シリーズを抱え、前年は主演7本、ゲスト出演2本、この年は9月までに主演4本、ゲスト出演1本とフル回転の出演で、世は〝健さんブーム〟の真っ只中にあるといってよかった。

『緋牡丹博徒』が封切られる3カ月前（同年6月）には、高倉健主演の『荒野の渡世人』（佐藤純彌監督、石松愛弘《いしまつよしひろ》脚本）が公開されている。

これはオーストラリアでオールロケしたという、健さんが親の仇を討つストーリーの西部劇、〝マカロニ・ウエスタン〟ならぬ〝任侠ウエスタン〟とでもいうべき異色作だった。健さんの出で立ちも着流しとは打って変わったガンマンスタイル。

新しもの好き、変わったものをやりたがる性分の俊藤浩滋プロデューサーの企画であった。

大穴を当て映画もヒット　俊藤浩滋の任侠ウエスタン

高倉健主演の和製西部劇　製作費は通常の倍近くに

ご多分に漏れず、俊藤浩滋プロデューサーも子どものころ（昭和初期）に熱中して観たアメリカ映画は西部劇で、強い憧れを抱いていたという。

そこから生まれた企画が、高倉健主演の和製西部劇『荒野の渡世人』（昭和43［1968］年）であったのだが、製作費をざっと見積もったところ、当時のお金で7500万円。その時分、平均的な映画製作費は3500万円から4500万円であったから、俊藤の企画に、「うーん、これは通らないかもしれませんね」と、東京撮影所の今田智憲所長も難しい顔になった。そこで俊藤と今田は二人、大川博社長に直談判することにした。

その結果、二人は、「儲《もう》かるのか？」と語る大川を説き伏せ、なんとか企画を通したのだった。社長室にソロバンを置いていることで知られるシビアな大川を相手に、そこまでできるプロデューサーとなれば、任俠路線が当たりに当たって飛ぶ鳥を落とす勢いにあった俊藤しかいなかったであろう。

この『荒野の渡世人』を撮った監督の佐藤純彌と、脚本を書いた石松愛弘はともに昭和7（1932）年生まれ、東大文学部出身の同級生であった。

石松愛弘はもともと大映東京撮影所所属のシナリオライターで、『黒の試走車』（増村保造《ますむらやすぞう》監督、田宮二郎《たみやじろう》主演）をはじめとする田宮の『黒』シリーズ、江波杏子《えなみきょうこ》の『女賭博師』シリーズ、渥美《あつみ》マリの『いそぎんちゃく』『しびれくらげ』といった一連のお色気ものなど、多くの脚本を書いた。

ロケハンでシドニーへ　数日の滞在で費用尽きる

だが、大映が斜陽になって次第に仕事もなくなりギャラの支払いも怪しくなり出した。そんなとき声をかけてくれたのが、東大時代の同級生佐藤純彌だった。佐藤に俊藤を紹介され、その勧めで東映で初めて書いたシナリオが、同42（1967）年6月の『続組織暴力』（佐藤純彌監督、丹波哲郎主演）であった。

それが俊藤にも認められ、再び佐藤純彌監督との同級生コンビで、自身東映2作目となる『荒野の渡世人』の脚本に取り組むことになったのである。

オーストラリアでオールロケすることが決まって、そのロケハン（ロケーションハンティング）に、俊藤・矢部恒《やべひさし》プロデューサー、佐藤純彌とともに石松も、シナリオハンティングを兼ねて同行できることになった。石松にとって生まれて初めての海外旅行だった。

いまと違って、昭和43（1968）年当時は、まだ日本人が気軽に海外旅行できる時代ではなかった。オーストラリア行きの直行便もなく、羽田から香港《ホンコン》で乗り換えてシドニーへ飛ぶというコースだった。

「競馬で当ててシノごう」　有り金を残らず俊藤に託す

4人はシドニーへ着き、ロケハンを開始、あっちこっち動き回り、数日間滞在するうちにたちまち路銀が尽きた。日本からの送金もかなりの時間を要する時代だったので、間もなくホテル代も払えなくなった。

そんな苦境に立ったとき一計を案じたのが俊藤だった。「競馬で当ててなんとかシノごう」という、いかにも活動屋らしい発想であったが、競馬をやるのは俊藤一人だけだった。

そこでみんなが有り金を残らずはたいて俊藤に託し、その勝負運に懸けることにした。一行はメルボルンの競馬場へと直行した。

佐藤純彌が競馬予想紙を翻訳し、それをもとに佐藤がパドックでじっくり馬を観察し続けた。やがて俊藤が賭ける馬を決めると、矢部と石松が馬券を買いに走った。

各馬一斉にスタートし、4人が固唾を呑《の》んでレースを見守っていると、なんと俊藤の賭けた馬があれよあれよという間に、トップでゴールを駆け抜けた。翌日の新聞で報道されるほどの大穴となった。

俊藤の博才が凄いというより、当たっているときは何をやってもうまくいくという証明のような話だった。お陰で4人はホテル代を払えたばかりか、ロケ地に予定していた奥地の砂漠へも車でロケハンすることができたのだった。

その勢いを駆って、映画も大ヒット。〝健さんブーム〟になお拍車をかけた。

投げ技、かんざし、小太刀　横溢する緋牡丹お竜の色気

片肌脱ぐぐらいの度胸　ベッドの後ろの十カ条

東映京都撮影所の岡田茂は、『緋牡丹博徒』を企画したとき、藤純子にも直接会って、「いいか、今度のは主演だぞ。どうだ、やるか?」と気持ちを確かめた。

「はい。やらせてください」

純子に迷いはなかった。岡田は、

「よし、やるからには裸になれとは言わないが、片肌脱ぐぐらいの度胸がなかったらできないぞ。いいな」

ともハッパをかけた。

「やります」

彼女の凛とした返事に、岡田は満足そうにうなずき、「うん、その意気込みがあれば大丈夫だ」と確信を持った。

もともと藤純子は、生半可な気持ちで女優の門を叩いたのではなかった。5年前、18歳で『八州遊侠伝　男の盃』でデビューしたときから、その覚悟のほどは並々ならぬものがあり、女優になるのを反対していた父・俊藤浩滋との間でもある約束事を交わしていたという。

《何年というたか忘れたが、何年間はちゃんと映画をやります、お金をいくらいくら貯《た》めます、と、たしか十ヵ条ぐらいあって、自分のベッドのうしろの壁に書いて貼っていた。

いま思うと、その約束をほとんど実行しよった。子どものころから芯の強い頑張り屋やったから》（『任侠映画伝』）

「片肌脱ぐぐらいの度胸」という周囲の求めにも、藤純子はきっちりと応え、女優根性と度胸のよさを見せつけた。

その場面が登場するのは、シリーズ2作目、鈴木則文監督、鈴木・野上龍雄脚本の『緋牡丹博徒　一宿一飯』。

恋人の出所を前に、天津敏のワル親分に凌辱《りょうじょく》されて、絶望に打ちひしがれる若い娘に対し、お竜は片肌脱いで刺青を見せ、

「女だてらにこぎゃんもんば背負《しょ》って生きとっとよ。だけん……（中略）肌に墨は打てても、心にゃあ誰も墨を打つこつはでけんとです」

との名台詞を吐いて、娘を諭すのだ。

砂川闘争が生んだ名台詞　隠しようもない女らしさ

この台詞は鈴木則文の作だが、昭和30（1955）年から32（1957）年にかけて起きた米

軍立川《たちかわ》基地の飛行場拡張反対運動――〝砂川《すながわ》闘争〟の際、反対派のプラカードにあった、「土地に杭《くい》は打てても心に杭は打たれない」という文言に触発されて生まれたものだった。大きな流血事件も引き起こした砂川闘争は、鈴木則文がちょうど東映に入社したばかりの時期に起きたもので、その文言が文学青年・鈴木の心を捉え、ずっと胸に残っていたのだ。

だが、藤純子のお竜が片肌脱ぐシーンはシリーズでもこれが最後、同作で打ち止めとなった。ファンも彼女が片肌ですら脱ぐことなど決して望んではいなかったろう。そんなものを見せなくても、女だてらに横笛仕込みの小太刀を振り回し、どれほど男の真似をしようとも、その溢《あふ》れんばかりの色気、やさしさ、女らしさは隠しようもなかったからだ。

上野隆三が腐心したお竜ならではの立ち回り

『緋牡丹博徒』シリーズ7作目と8作目の擬斗《ぎとう》を担当した殺陣師の上野隆三も、緋牡丹お竜の立ち回りで最もポイントを置いたのは、いかに彼女の色気を出すかということだった。

お竜の立ち回りといえば、相手の手首を逆手に取って投げ飛ばす合気道じみた術、手裏剣ならぬかんざし投げ、それに、横笛仕込みの小太刀を逆手に構えて自在に斬ったり突いたりするという三本柱。

そうした立ち回りで上野が工夫したのは、お竜に斬られた仇役を、着物の裏地が目にも鮮やかなお竜の足もとへ倒れ込ませたり、彼女の足の美しさを際立たせるために足だけの殺陣を取り入れたりすることだった。鶴田や健さんとはひと味違った女の色気を出すための殺陣であった。

俊藤プロデューサーも、「よかったで」と、そんな上野の色気ある殺陣を褒めた。「純子さん、色気ありますね」と上野が思っていることを口にすると、俊藤も満更でもないというふうに、

「あいつ、あるかなあ」

プロデューサーから父親の顔になった瞬間だった。

スタッフを唸らせた巨匠・内田吐夢の駆け引き

3年ぶりの監督作は『キネマ旬報』邦画第9位

『緋牡丹博徒』の1カ月後、昭和43(1968)年10月に封切られた『人生劇場　飛車角と吉良常』(内田吐夢監督、鶴田浩二主演)が画期的な作品となったのは、同年度の『キネマ旬報』の邦画ベスト・テン第9位に選出されたことだった。それは東映任侠映画史上初めての快挙というか、市民権を得る出来事であった。

昭和38(1963)年3月の『人生劇場　飛車角』が始まりとされる東映任侠路線。スター

内田吐夢

トしてすでに5年、それがどれほどヒットを飛ばしブームになろうと、一部を除く映画評論家やジャーナリズムからは徹底して無視、黙殺されてきたのが任侠映画だった。

　当然のように毎年行なわれる『キネマ旬報』に代表されるクオリティ映画誌のベストテンなるものからは常にランキングの対象外、一般紙・誌にも批評はもとより、作品紹介が載ることさえなかった。

　それが『人生劇場　飛車角と吉良常』において、任侠映画がかつてないような高い評価を受けたのだから特筆すべきことであったろう。

　東映の力の入れようも最初から違っていた。社長の大川博が自ら〝製作〟として名を連ねたばかりか、巨匠の内田吐夢がメガホンを取り、飛車角に鶴田浩二、宮川に高倉健、小金親分に若山富三郎、おとよに藤純子、青成瓢吉に松方弘樹、お袖《そで》に左幸子《ひだりさちこ》、他に大木実、中村竹弥《なかむらたけや》、山本麟一、吉良常に辰巳柳太郎《たつみりゅうたろう》——という極めつきのオールスターキャストとなった。

　内田吐夢は昭和36（1961）年から中村錦之助主演の大作『宮本武蔵《みやもとむさし》』5部作を毎年1本撮り続け、40（1965）年9月の『宮本武蔵　巌流島《がんりゅうじま》の決斗』で完成させていた。内田は寡作の大作主義ともいうべき監督で、昭和36年以降の作品としては他に、不朽の名作との呼び声も高い『飢餓海峡』（昭和40年1月、水上勉《みずかみつとむ》原作、鈴木尚之《すずきなおゆき》脚本、三國連太郎《みくにれんたろう》、伴淳三郎《ばんじゅんざぶろう》、左幸子、高倉健出演）などがあるくらいで、『人生劇場　飛車角と吉良常』は3年ぶりの監督作品であった。

なぜか動かない巨匠「俊ちゃんに連絡しろ」

同作は前述の任侠路線の原点とされる『人生劇場　飛車角』のリメイクで、原作は言わずもがな尾崎士郎『人生劇場　残侠篇』、脚本は棚田吾郎《たなだごろう》、プロデューサーは俊藤浩滋、大久保忠《おおくぼただ》幸《ゆき》、吉田達の3人だった。

だが、内田吐夢にものを申せるプロデューサーとなると俊藤以外になく、他の二人にとって巨匠は御しがたい存在であった。それかあらぬか、クランクインになってもなかなか撮影にかかろうとしない内田に対し、吉田たちスタッフは困惑しても何も言えず、ただジッと待つしかなかった。

それでもいつまで経っても動かない巨匠に、吉田もついに業を煮やし、岡田茂に訴えた。

「すぐに俊ちゃんに連絡しろ」との岡田の指示が出て、初っ端から「俊ちゃん」＝俊藤浩滋の出番となったのだった。

連絡を受けた俊藤が練馬・大泉の東京撮影所に駆けつけてきて、同撮影所スタッフルームでさっそく、内田と二人だけで話し合いを持った。

やきもきするスタッフ　長引く話し合いの末……

巨匠はなぜ撮影に取りかかろうとしないのか、何が不満なのか、吉田をはじめ、チーフ助監督の三堀篤《みほりあつし》たちにもさっぱりわからなかった。いずれにしろ、俊藤が巨匠を説得してくれるだろうと、彼らはスタッフルームの外で、やきもきしながらもジッと待った。

が、二人の話し合いは結構長引いた。外で待つ彼らには、話の中身はとんとわからなかったが、時々大きな笑い声が聞こえてきた。深刻な話になっていないことだけは確かで、それが彼らをホッとさせた。

やがて話し合いを終えて、二人が部屋から出てきた。俊藤が案じ顔の三堀に目を留め、「来週の月曜日から撮影開始するって、巨匠が言ってるから、三堀、頼むよ」と真っ先に声をかけてきた。吉田が俊藤に、「どうでした?」と訊ねると、「うん、あと250万足してくれれば撮影を開始するって言うんや」との答えが返ってきた。250万というのは、製作費の上乗せのことだった

〈あっ、こりゃうまいな！〉

吉田と三堀は、演出より先に、巨匠の駆け引きのうまさに参ってしまった。

第2部

三島由紀夫と任侠

第7章 鶴田浩二を愛した三島由紀夫

〝時代〟とシンクロ 東映任侠映画ブーム
『飛車角と吉良常』封切り前 大荒れの国際反戦デー

『博奕打ち 総長賭博』『極道』『荒野の渡世人』『侠客列伝』『緋牡丹博徒』『人生劇場 飛車角と吉良常』などの作品が次々に公開され、東映任侠映画ブームが頂点と化したかに見えたこの年——昭和43(1968)年は、その最も熱心な支持者であったゲバ学生たちの政治運動も、その激しさはピークに達した感があった。

『人生劇場 飛車角と吉良常』が封切られる4日前の10月21日——3度目の国際反戦デーとなったこの日、東京・新宿では、米軍タンク輸送列車実力阻止を訴える反日共系全学連各派約4500人のデモ隊と、1万人以上の群衆が集結、〝新宿騒乱事件〟が勃発している。

彼らは午後8時45分ごろから国鉄(現JR)新宿駅の鉄壁と看板を倒し、線路・ホーム・駅舎に乱入。排除しようとする警官隊や停車中の電車、列車、事務所、信号機に投石、駅前の警察車両を横倒しにして放火、列車ダイヤを麻痺させたのだ。

ここに至って、警察庁は22日午前0時15分、学生デモに初めて騒乱罪適用を指令、734人を検挙した。負傷者は140人。22人が騒乱指揮、同助勢罪、12人が威力業務妨害罪で起訴され、妨害罪の12人、騒乱罪の12人が有罪となった。

この日は全国でデモや集会が行なわれ、1030人が検挙され、デモ隊・警官双方ともに多数の負傷者を出す騒動となった。まさに群衆をも巻き込んで、世は革命前夜とも言える様相を呈したのだった。

東映任侠映画ブームは紛れもなくそんな〝時代〟とシンクロしている感があった。

全国民が注視した東大安田講堂攻防戦

そうしたラジカルな若者叛乱の季節は、翌44(1969)年になってもいっこうに収まりがつかず、なお高まりを見せようとしていた。

昭和44年が明けて早々、8500人の機動隊が東大に出動して発したのが、いわゆる安田講堂攻防戦であった。

東大紛争は前年の昭和43(1968)年3月、医学部の登録医制反対ストに端を発して起き、全共闘系学生が安田講堂を占拠したのは同3月28日のこと。それがついに44年1月18日、機動隊が大量出動する事態となったのは、東大全共闘が外人部隊（他大学活動家等）を動員し安田講堂を占拠したままであったため、大学側が3度目の機動隊導入を決めたからだった。

18日、実力排除にかかる8500人の機動隊に対し、安田講堂に籠城する全共闘系学生は投石や火炎瓶などで激しく抵抗した。攻防は夜になっても続き、警察側は安田講堂を投光器で照らし出し、ガス弾や放水を浴びせ、4機のヘリコプターから催涙弾も投下した。

封鎖が解除されたのは、19日午後5時45分。2日間での東大構内の逮捕者は631人を数えた。

攻防の一部始終はテレビ局が生中継で放映、NHKテレビはなんと視聴率44・6％を上げたという。

〝勝利〟〝中止〟――最後の〝時計台放送〟

一方、籠城学生が中継を続けていた〝時計台放送〟も、

「われわれの闘いは勝利だった　全国の学生・市民・労働者の皆さん　われわれの闘いは決して終わったのではなく　われわれにかわって闘う同志の諸君が　再び解放講堂から時計台放送を真に再開する日まで　一時　この放送を中止します」

との最後のメッセージを残して終えた。
また、東大安田講堂のなかには、壁などにさまざまな落書きが残されていた。
《君もまた覚えておけ　藁《わら》のようにではなく　ふるえながら死ぬのだ　一月はこんなにも寒いが　唯一の無関心で通過を企てるものを　俺が許しておくものか》
《静寂は闘いの中に　平和は戦争の中に　秩序は闘争の中に》
世に最も有名になったのは、次の一節であったろう。
《連帯を求めて孤立を恐れず　力及ばずして仆《たお》れることを辞さないが　力を尽さずして挫《くじ》けることを拒否する》

鶴田浩二にぞっこん 三島由紀夫と東映任侠映画

安田講堂攻防戦で三島由紀夫が恐れたこと

昭和44（1969）年1月18、19日の両日にわたって繰り広げられた東大安田講堂攻防戦を、誰よりもある危機感を持って見守っていた文化人がいた。

それも文化人特有の、学生たちの身を案じて——などというヒューマニズムの観点からのものではなかった。彼が何より恐れたのは、学生たちが、彼らの掲げる〝安田砦《とりで》死守〟〝最後の

三島由紀夫

決戦〃というスローガン通り、大量に動員された機動隊を前にして、その身命を賭した行動に出ること、すなわち、死を以《もっ》て抗議すること——具体的に言えば、安田講堂から飛び降り自殺を敢行することだった。

そうなれば、一般大衆の学生たちを見る目は変わり、たちまち熱い共感を寄せ、彼らを支持するようになって、世論はいっぺんで学生たちの味方になるであろう——というのが、彼の見方であった。

彼——とは誰あろう、民兵組織・楯の会を主宰し、ノーベル文学賞候補にまでなっている国際的作家・三島由紀夫その人であった。

三島は、「もし共闘派が本気なら、あの講堂は難攻不落だよ。機動隊が迫ってきたら誰か一人塔の上から飛び降りればいい。そうすれば世論はパッと変わって、機動隊も金縛りで手が出せなくなってしまう」と語り、1月19日夕方、安田講堂攻防戦の指揮を執っていた佐々《さっさ》淳行《あつゆき》警視庁警備第一課長宛に、「学生を飛び降りさせないよう、慎重にしてほしい。お返事はいらない」との伝言電話さえ入れる念の入れようだった。

だが、全共闘や後の赤軍派に関心を抱き、わずかならず彼らにシンパシーを抱いていた三島の、それは買いかぶりといっていい懸念であった。攻防戦は全員が投降して幕が下りた。三島のように〝本気〟で闘争に命を懸け、死のうとしている者など、学生たちのなかには誰もいなかったのだ。

《教授達の「愚かさ」》と《鶴田の「愚かさ」》

三島由紀夫が『映画芸術』編集長の小川徹に勧められ、東京・杉並区阿佐ヶ谷の場末の映画館で『博奕打ち　総長賭博』を観て、同誌の依頼でその作品評を書いたのは、安田砦攻防戦が終わって間もなくのことだった。

《東大安田城攻防戦のテレビを見ていて、これを見守っている教授達の顔に、私は何ともいえない「愚かさ」を感じた。それは到底知的選良の顔といえる代物ではなかった。人間はいくら知識を積んでも、いくら頭がよくても、これほどに「愚かさ」を顔に露呈し、しかもその「愚かさ」にはみじんも美がないということに、私はむしろおどろいた。鶴田の示す思いつめた「愚かさ」には、この逆なもの、すなわち、人間の情念の純粋度が、或《あ》る澄明な「知的な」思慮深さに結晶する姿が見られる。考えれば考えるほど、殺人にしか到達しない思考が、人間の顔をもっとも美しく知的にするということは、おどろくべきことである。

一方、考えれば考えるほど、「人間性と生命の尊厳」にしか到達しない思考が、人間の顔をもっとも醜く愚かにするということは、さらにおどろくべきことである》（「〝総長賭博〟と〝飛車角と吉良常〟のなかの鶴田浩二」『映画芸術』昭和44［1969］年3月号）

鶴田＝最も感情移入が容易　高倉＝ただのデク人形

鶴田浩二びいきの三島は、前年（昭和43［1968］年）10月の『人生劇場　飛車角と吉良常』を封切りで観ていたが、同年1月の『博奕打ち　総長賭博』は観ておらず、「三島さん、あれはぜひ観てくださいよ」という小川徹の強い勧めもあって、封切りからおよそ1年遅れて阿佐ヶ谷の2番館で同作を観たのだった。

三島は同作ばかりか、『人生劇場　飛車角と吉良常』も高く評価し、とりわけ、最も感情移入が容易な俳優として鶴田をベタ褒めし、

《私が鶴田びいきになったのは、殊に、ここ数年であって、若いころの鶴田には何ら魅力を感じなかったが、今や飛車角の鶴田のかたわらでは、さしも人気絶頂の高倉健もただのデク人形のように見えるのであった》（前掲誌）と、ぞっこんぶりを吐露している。

鶴田派の三島由紀夫 高倉派の横尾忠則

生まれが1カ月違い〝戦中派〟の三島と鶴田

昭和44（1969）年2月に刊行された月刊誌『映画芸術』（3月号）に「〝総長賭博〟と〝飛車角と吉良常〟のなかの鶴田浩二」という鶴田浩二論を書き、『博奕打ち 総長賭博』を絶賛した三島由紀夫は、同論で、

《思えば私も、我慢を学び、辛抱を学んだ。そう云《い》うと人は笑うだろうが、本当に学んだのである。自分ではまさか自分の我慢を美しいと考えることは困難だから、鶴田のそういう我慢の美しさを見て安心するのである》

とも書いている。

三島が私兵組織・楯の会隊長として陸上自衛隊市ヶ谷駐屯地の東部方面総監室へ乗り込み、自衛隊員にクーデターを呼びかけた後で割腹自殺するのは翌昭和45（1970）年11月25日のことだが、おそらく三島はこの時点で、むろん具体的な計画は何も決めていなかったにせよ、己の遠からぬ決起と自決を決断していたのは間違いあるまい。

それだからこそ、鶴田を最も感情移入の容易な俳優とし、その我慢の美しさを見て安心する――との心境吐露も思わず出てきたのであろう。ともあれ、三島の鶴田への入れ込みようは大

変なもので、

《その撫《な》で肩《がた》、私服姿のやや軟派風な肩が、彼をあらゆるニセモノの颯爽さから救っている。そして「愚かさ」というものの、何たる知的な、何たる説得的な、何たるシャープな表現が彼の演技に見られることか》（前掲誌）

とも論じている。

鶴田は大正13（1924）年12月生まれなのに対し、三島は大正14（1925）年1月生まれで、二人は1カ月違いの同期生であり、敗戦のときはともに20歳だった。〝戦中派〟と称されるゆえんだが、両者は『週刊プレイボーイ』（昭和44年7月8日号）誌上で対談もし、意気投合している。

高倉のサイン入り色紙で無重力状態の横尾忠則

《鶴田　昭和維新ですね、今は。

三島　うん、昭和維新。いざというときは、オレはやるよ。

鶴田　三島さん、そのときは電話一本かけてくださいよ。軍刀もって、ぼくもかけつけるから。

三島　ワッハッハッハッハッ、きみはやっぱり、オレの思ったとおりの男だったな》（「対談『刺

客と組長』〕）

鶴田と三島に共通するのは、戦中派の情念ともいうべき、戦争へのこだわりであったろう。東大安田講堂攻防戦が起き、世は騒然とし殺気立って、東映任俠映画ブームも頂点に達していたこの時期、東映の2大任俠スターの人気も過熱気味で、ファンの間でも鶴田派と高倉健派とに分かれている感があった。

鶴田びいきの筆頭が三島由紀夫なら、健さん派の代表格はイラストレーターの横尾忠則《よこおただのり》であった。横尾は人づてに高倉健からのサイン入り色紙を手にしたときの感動を、

《一瞬フワッと体の重心が狂い、足もとがフーッとすくわれるように、無重力状態のようになった。軽い脳震盪《のうしんとう》を起こしたように、目の前がくらむのを、やっとおさえるのが精いっぱいだった》（横尾忠則「高倉健——男友＝高倉健への恋慕——」楠本憲吉《くすもとけんきち》編『任俠映画の世界』荒地《あれち》出版社）

と述べているのだから、なんともはや。

『網走〜』に味を占め、復活を熱望した館主たち

東映任俠路線はこの年——昭和44（1969）年の正月作品において、高倉健の大ヒットシリーズ『網走番外地』を装いも新たに新シリーズとしてスタートさせている。

昭和40（1965）年4月に1作目が公開された石井輝男監督・高倉健主演コンビによる『網

走番外地』シリーズ（プロデューサーは1作目が大賀義文《おおがよしふみ》、2作目以降は片岡千恵蔵の甥である植木照男《うえきてるお》が務めた）は、3年間で10本も作られ、昭和42（1967）年末封切りの正月作品でいったんは打ち止めになっていた。

だが、東映の館主の面々にとって、『網走番外地』となれば客がワンサカ押し寄せてきて、映画館が満員となるあの味が忘れられなかった。

「なんとかもう一度、あのシリーズを復活させてもらいたい。俊藤浩滋プロデューサーという格好の人物もいるではないか」

との強い要望を東映に対して出すことになったのだった。

マキノ雅弘を起用した俊藤浩滋の意気込み

難色を示すも引き受けた〝任俠映画のドン〟

「俊藤浩滋プロデューサーの手による『網走番外地』シリーズの復活を！」という東映館主会の強い意向に応えて生まれたのが、『新網走番外地』シリーズであった。

そのあたりの事情を、俊藤浩滋がこう述べている。

《館主会といえば、お客さんに映画を売ってくださる人の集まりだから、その意向をええかげんには扱えない。当時、映画本部長だった岡田茂氏が私に頼みにきた。

「こういうわけや。ぜひ引き受けてくれ。『網走番外地』というのはなかなかおもろい素材やろ」

「冗談やない。ひとのやった企画をいまさらやれるかいな」

「いや、それは困る。館主会の決定なんや。いままでとはちょっと変わったものをつくってほしい」

押し問答の末、昭和四十三年の年末封切りの『新網走番外地』をプロデュースした》（『任侠映画伝』）

俊藤にすれば、当初は岡田に対して難色を示したことからもわかるように、それがどれほどやりにくい仕事であったことか。なにしろ、他人が企画した大ヒットシリーズ、しかも石井輝男という稀代《きだい》のエンターテインメントの名手が作り上げた、石井ワールドとも呼ぶべき強烈なイメージができあがった作品のリメイクなのだから。普通なら、〝できない〟となって当然であろう。

だが、そこはやはり俊藤浩滋という〝任侠映画のドン〟、並のプロデューサーとは違っていた。

まず『新網走番外地』の監督に起用したのは、石井とはおよそ作風も傾向もガラリと異なるマキノ雅弘であったから、ファンにすれば、「えっ、マキノ雅弘が『網走番外地』を?!」と、その意外性に驚いたことだろう。と同時に、大物監督を起用する俊藤の新生『網走』に取り組む意気込みもわかろうというものだった。

マキノ雅弘

『新網走～』の脚本も馴染みの村尾昭を指名

そのうえで、同作品の脚本担当として指名したのが、村尾昭であった。俊藤は、初の任侠作品『博徒』をプロデュースして以来、新シリーズの1作目となると、村尾に脚本を頼むことが多かった。『日本侠客伝』『昭和残侠伝』『兄弟仁義』『博奕打ち』『極悪坊主』など人気シリーズの1作目は、共作も含めてすべて村尾が担当した。それほど俊藤が信頼する脚本家でもあった。

村尾が俊藤から『新網走番外地』の話を受けたのは昭和43（1968）年秋のことで、ちょうどこの年に始まった若山富三郎の『極悪坊主』シリーズの第2弾『極悪坊主　人斬り数え唄』（同年11月）を書き終えたばかりだった。

京都の旅館での缶詰め生活から解放され、東京へ帰ろうというとき、村尾はたまたま上京する俊藤と同じ新幹線になった。東映京都撮影所作品だけでなく、東京撮影所作品も数多くこなしていた俊藤は、京都と東京を行ったり来たりの生活であった。

「ちょうどいい。村尾、新幹線で『網走』の打ち合わせをしよう」と俊藤は言い、二人は隣り合わせの座席を取った。

新幹線での打ち合わせ　寝顔で村尾の奮起促す

ところが、座席につくや否や、俊藤はよほど疲れていたのだろう。そのまま倒れ込むように寝入ってしまった。なにしろ超多忙の身、この年、昭和43（1968）年だけで担当した作品は25本（任侠作品ばかりか、『人間魚雷　あゝ回天《かいてん》特別攻撃隊』『あゝ予科練』といった戦争ものも手がけ、なおかつ『荒野の渡世人』ではオールオーストラリアロケまでやってのけているのだ）、日本一、いや世界一忙しいプロデューサーであったかもしれない。
隣で死んだように眠っているその寝顔を見遣《みや》りながら、村尾も、
〈無理もないなあ。寝る間も惜しんで、あれだけ何もかも一人でやってられるんだから。よし、今度の『網走』はできるだけこの人に負担かけないよう、いいものを書かなきゃ……〉
と、決意を新たにするのだった。

盆と正月公開の新シリーズ 主人公にマドンナ絡める

オールスター作品を併映 『新網走〜』大ヒット

昭和43（1968）年暮れに封切られた正月作品『新網走番外地』は大ヒットした。人気シリーズの1年ぶりのリニューアル復活であるのに加え、併映が鶴田浩二主演の『博徒列伝』で、小沢茂弘監督、笠原和夫脚本、共演は若山富三郎、藤純子、北島三郎、大木実、菅原文太、高倉健という東映オールスター作品となれば、当たらないほうがおかしかった。

この東京撮影所作品と京都撮影所作品の正月番組2本立てのどちらをプロデュースしたのも、俊藤浩滋であったから、この当時、寝る暇とてなかったというのもオーバーではなかったろう。

こうしてスタートした『新網走番外地』シリーズは、年2回、正月と盆に公開されるのが慣例となり、昭和47（1972）年の盆作品まで計8本作られた（旧シリーズと合わせれば18本となる）。

1作目の『新網走番外地』をマキノ雅弘、3作目の『新網走番外地 さいはての流れ者』を佐伯清監督が撮った以外、後の2、4、5、6、7、8作目の『流人岬《るにんみさき》の血斗』『大森林の決斗』『吹雪のはぐれ狼』『嵐呼ぶ知床岬《しれとこみさき》』『吹雪の大脱走』『嵐呼ぶダンプ仁義』という6本すべての監督を務めたのが、降旗康男であった。後年、高倉健との名コンビで『冬の華』『駅 STATION』『居酒屋兆治《ちょうじ》』『夜叉《やしゃ》』『あ・うん』『鉄道員《ぽっぽや》』『ホタル』、そして健さんの遺作

となった『あなたへ』など、数々の傑作を手がけた監督である

降旗康男が東大文学部仏文科を卒業後、東映に入社したのは昭和32（1957）年4月のことで、同期には『仁義なき戦い』シリーズのプロデューサー・日下部五朗《くさかべごろう》がいる。降旗が初めて進行役として携わった作品が、入社した年6月の美空ひばり主演、春日八郎《かすがはちろう》、高倉健共演、小林恒夫監督の『青い海原』で、健さんとの最初の出会いとなった。

二枚目半強調の主人公　任侠映画の色濃い殴り込み

監督デビュー作品は、昭和41（1966）年3月の緑魔子《みどりまこ》主演の『非行少女ヨーコ』。続いて監督2作目が、同年10月の『地獄の掟に明日はない』という高倉健主演の作品で、十朱幸代と共演した健さんが原爆症のヤクザを演じた。監督と主演俳優として降旗・高倉コンビの最初となる記念すべき作品で、いわば二人の実質上の出会いとなった映画である。以後、健さん主演作品は『獄中の顔役』（昭和43［1968］年4月）を撮り、『新網走番外地』シリーズ2作目の『新網走番外地　流人岬の血斗』が3作目のコンビとなった。

1作目の『新網走番外地』の脚本を書いた村尾昭は、シリーズ8本中7本を担当、メインスタッフはもとより共演者もそれまでとは変わり、山本麟一、今井健二《いまいけんじ》が仇役の常連組となり、三橋達也《みはしたつや》、宍戸錠、若山富三郎、安藤昇といった大物ゲストも登場するようになった。高倉健

の役名も橘真一《たちばなしんいち》から末広勝治《すえひろかつじ》に変わって二枚目半的なキャラはより強くなる一方で、定番の歌がかぶさるラストの殴り込みシーンはいかにも俊藤プロデューサー調、任侠映画的な色合いはより濃くなった。

マドンナ役に美人女優　健さんの好みは水前寺清子

また、この新シリーズの大きな特徴は、寅《とら》さん映画のように毎回、二枚目半的な健さんがほのかに思いを抱くマドンナが登場することだった。マドンナ役を務めたのは、松尾嘉代《まつおかよ》、岩崎《いわさき》加根子《かねこ》、星由里子《ほしゆりこ》、ジューン・アダムス、野添《のぞえ》ひとみ、生田悦子《いくたえつこ》らの女優陣で、シリーズに華を添えた。

が、素顔の健さんが好む女性は、どうも美人タイプではなかったようだ。それを端なくも北海道・層雲峡《そううんきょう》のロケ現場で知ることになったのは、俊藤と脚本家の村尾。『新網走番外地　吹雪のはぐれ狼』のときで、撮影中のジューン・アダムスを3人で眺めていた際、「きれいやなあ」と俊藤が思わずつぶやくと、「いやあ、もう圧倒されてしまって……僕にはとても太刀打ちできませんよ」と健さん。

村尾がすかさず、「じゃあ、健さんはどんな女優さんがいいの?」と訊くと、照れ気味な健さんから返ってきたのは、「水前寺清子《すいぜんじきよこ》がいいな」という意外な名であったという。

第8章　菅原文太の登場

『網走〜』最終作で初出演　東映第4のスター

ファッションモデルという意外な前職から映画界へ

正月作品『新網走番外地』『博徒列伝』が大ヒットしてスタートしたこの年——昭和44（1969）年は、東映任侠路線にとって、鶴田浩二、高倉健、若山富三郎に次ぐ第4のスターの誕生を見た画期的な年となった。

それは東映ヤクザ路線の新たな方向性を示唆する形で、正統派・鶴田、高倉の前衛にもなりうる一人の俳優の主役デビューであった。

菅原文太その人で、彼の東映主演作品となったのが、この年2月に封切られた『現代やくざ与太者の掟』（降旗康男監督、村尾昭脚本、若山富三郎、藤純子、待田京介共演）だった。

昭和8（1933）年8月16日、宮城県仙台《せんだい》市で生まれた菅原文太は、早稲田大学中退後、

菅原文太

ファッションモデルを経て、昭和33（1958）年、石井輝男監督の『白線秘密地帯』で新東宝から俳優デビューした。

菅原文太は本名で、モデル時代は仲間に〝ファンファン〟こと岡田眞澄《おかだますみ》がいて、ファッションショーなどで彼が舞台に登場すると、女の子たちから「キャアー」と黄色い声が上がるのに、「次は菅原文太」と紹介されると、一斉に失笑が起きた——と、文太は後年、テレビ（『徹子《てつこ》の部屋』テレビ朝日）でコボしている。

新東宝時代は吉田輝雄《よしだてるお》、寺島達夫《てらしまたつお》、高宮敬二《たかみやけいじ》とともに、〝ハンサム・タワーズ〟で売り出したが、あまりパッとせず、昭和41（1966）年、新東宝の倒産によって松竹に転じた。

『血と掟』『男の顔は履歴書』などの出演で知り合った安藤昇の紹介で、東映に移籍したのは昭和42（1967）年秋のことである。

『血と掟』で主役デビュー以来、松竹で撮っていた元安藤組組長としても知られる俳優の安藤昇が、俊藤浩滋プロデューサーにスカウトされ、東映で初めて『懲役十八年』（昭和42年2月）を京都撮影所で撮るとき、安藤から、「おう、文ちゃん、遊んでるんなら一緒に京都に行かないか」と誘われ、気軽についていったのが始まりだった。

クスブる文太に目を留めた俊藤浩滋と石井輝男

京都で安藤のマンションに居候し、撮影所にもくっついていくうちに、俊藤が文太に目を留め、「クスブってんなら、うちに来るか」と声をかけられ、「ぜひお願いします」という話になったのだった。

文太の記念すべき東映初出演は、高倉健の看板シリーズ10作目の『網走番外地　吹雪の斗争』（昭和42〔1967〕年12月、石井輝男監督、安藤昇、梅宮辰夫共演）であった。

文太も『網走番外地』シリーズは好きで、よく観ており、常々、〈ああ、オレもこんな映画をやりたいなあ〉と思っていた。その『網走番外地』のシリーズ作が東映初出演であったから、文太にすれば、感慨もひとしおだったのではと思ってしまうのだが、実際はそうでもなかったようだ。

なにしろ文太の役は、網走刑務所で健さんを目の敵にする同房の牢名主の手下役で、ポスターの名前も小さいチョイ役だった。文太によれば、

「あれは石井（輝男さん）が個人的に呼んでくれたんだ。新東宝でオレは一緒に何本もやってるから。ブラブラしているのなら出てみないかと誘われ、出ただけの話でね」

とのことだった。

富三郎の『極道』で不気味な子分役を得る

俊藤プロデューサーによって文太が初めてキャスティングされたのが(『網走番外地』シリーズは俊藤のプロデュースではなかった)、若山富三郎主演の『極道』(昭和43〔1968〕年3月、山下耕作監督)であった。

待田京介や山城新伍と同じ若山の子分役として起用されたのだが、文太の俳優としてのランクは、東映ではまだ彼らより下だった。文太は台詞がひと言もなく、ナイフ投げの名手という不気味な役どころで出演している。

最初は脚本になかったのが、文太のために後から急遽《きゅうきょ》キャスティングされた役柄であった。

〝若山一家の代貸〟は12作目で主役の座に

〝文太を男に〟――若山の特別出演&歌唱披露

『極道』で演じた若山富三郎の子分役は、歌謡映画などのチョイ役で松竹でクスブっていた菅原文太にすれば、自分の持ち味を十分生かせた役であったろう。

文太を起用した俊藤浩滋プロデューサーをして、「ちょっと変わっていて面白い。使い方次第ではいける」との感触を得さしめたのだった。

これ以降、文太は立て続けに東映映画に出演、『前科者』『怪猫《かいびょう》　呪いの沼』『極悪坊主』『兄弟仁義　逆縁の盃』『兵隊極道』『ごろつき』『緋牡丹博徒　一宿一飯』『極悪坊主　人斬り数え唄』『博徒列伝』と、この年（昭和43〔1968〕年）だけで10本、すべて脇役だが、大きな役ばかりだった。このうち半分は、若山富三郎主演作品である。

当時、東映の東京撮影所所属の俳優として、若山富三郎の付き人をしていた竹垣悟《たけがきさとる》氏によれば、

「そのころ、菅原文太という人は、若山作品に出演が多かったせいか、若山富三郎に可愛がられ、山城新伍とともに若山一家の客分というか代貸クラスという感じでしたね。私の印象は、やはり元ファッションモデルだけあって、スタイリッシュなところが目につきました」

とのこと。ともあれ、東映移籍後1年半、出演12本目にして文太初の主演作となったのが、昭和44（1969）年2月の『現代やくざ　与太者の掟』であった。若山富三郎、藤純子のゲスト出演は、新スターとして文太を売り出そうとする東映の力の入れようが窺える。

もっとも、この作品、当初は文太ではなく、待田京介の主役もあったとの話も伝わっている。

前出の若山の付き人・竹垣氏もこう言う。

「私が後から聞いた話では、本当は待田京介主演の予定で、『恐喝の街』というタイトルまで決まっていたのが、若山は『オレはギャラはいらんから、文太を男にしたってくれ』と俊藤プロデューサーにかけ合い、主役が交代になったという話でした。実際、若山はこの作品に特別出演し、珍しく『夜霧に消えたチャコ』という歌まで披露してるくらいですから」

反逆児の台頭に消えた幻の待田京介主演作

真偽のほどは定かではないが、幻の作品となった待田京介主演の『恐喝の街』はポスターが先行してできあがっていたようで、その現物を東映封切館で〝近日上映〟という形で見た記憶がある人も少なくない。

俊藤プロデューサー自身、こう述べている。

《あとで考えたら、文太はタイミングが良かった。主役をやれるやつは誰かいないか、誰かいないかと思うてるときに、彼がうまくぐぐっと出てきたから。もしもそうじゃなかったら、文太の位置に待田京介を持ってきたやろう》（『任俠映画伝』）

かくて文太は35歳で東映初主演の座を射止めたのである。この初主演作『現代やくざ　与太者の掟』はシリーズ化され、昭和47（1972）年5月の『現代やくざ　人斬り与太』まで計5本作られた。文太のここでの役どころは、一匹狼の愚連隊として組織に牙を剝く反逆児、

《なぜ吠える　なぜ暴れるか　野良犬文太！》の惹句に代表されるようなキャラで、鶴田浩二、高倉健路線とは一線を画した。

健さんと一緒に殴り込み　主演2作目はいまやお宝作品

続いて文太2作目の東映主演作が、昭和44（1969）年5月の『懲役三兄弟』（佐伯清監督）で、文太の兄弟分に若山と待田が扮し、ゲスト出演したのが高倉健。若山、待田の兄弟分二人が殺され、ラストのお決まりの殴り込みシーンは、文太と客分の健さん二人によるもの。それは圧巻で、文太兄ィと健さんコンビの殴り込みシーンが実現したのは、二人の共演作品が多々あるなかでも、後にも先にもたった1本、この『懲役三兄弟』だけ。いまとなっては、これぞお宝ものの作品であろう。

同じ年の11月に封切られたのが、鈴木則文監督の文太主演作『関東テキヤ一家』。これはほぼ従来の正調任俠路線に沿った作品で、シリーズ化され、昭和46（1971）年12月の『関東テキヤ一家　浅草の代紋』まで計5本続いた。

こうして文太は、シリーズあるいは単発の主演ものを撮る一方で、鶴田、高倉、若山、藤純子主演作品にも数多くゲスト出演して瞬く間に売り出していく。

全共闘から連合赤軍　学生運動からテロへ

学園紛争が急速に鎮静化

任侠路線を担うべく第4の男・菅原文太が、『現代やくざ　与太者の掟』で東映初主演し、ローテーション入りを果たした昭和44（1969）年も、任侠作品は東映全作品66本中、28本も公開される盛況ぶりで、その人気は衰えを知らなかった。

アポロ11号が月面着陸しニール・アームストロング船長らが人類初の月面着陸に成功したこの年、変わらぬ東映任侠映画ブームとリンクするように、わが国の世情も、70年安保を直前にして騒然とし、沸き立っていた。

年が明けて早々に起きた東大安田講堂攻防戦に象徴されるように、学園紛争は東大・日大闘争を経て全国に飛び火し、この年、ピークに達した感があった。東大と体育学部以外の東京教育大学（現筑波《つくば》大）の入試が中止となったばかりか、国立38、公立7、私立21の合計66校もが紛争中というありさまで、学園紛争は戦後最大規模に達した。

そして学生運動の集大成ともいうべき集会が催されたのは、同年の9月5日のことだった。東大、日大、京大など全国178大学の全共闘と、他8党派の計2万6000人が東京の日比《ひび》谷《や》野外音楽堂に集まり、全国全共闘連合の結成大会を開いたのだ。議長には山本義隆《やまもとよしたか》東大全共闘議長、副議長には秋田明大《あきたあけひろ》日大全共闘議長が選ばれ、〝70年安保粉砕、沖縄闘争勝利〟などのスローガンが採択された。

だが、それは学生運動の核として注目された割には、大きな政治的ムーブメントとなりえず、必ずしも成功とは言いがたかった。あたかも燃え尽きる寸前の蠟燭《ろうそく》の炎が、ひときわ輝かしい光芒《こうぼう》を放って消えゆくように、全国全共闘連合の結成は、戦後学生運動史に咲いたひとつの徒花《あだばな》であったのだろう。

この年8月、大学運営臨時措置法が制定されたことで、大学紛争は急速に鎮静化し、学生運動は低迷の一途を辿《たど》ってゆくのだ。

時代は武装闘争へ

代わって、新左翼学生運動は一部でより尖鋭化し、よりラジカルな方向へと進んで、武装闘争・爆弾闘争を呼号する過激党派も登場してくる。

そんなウルトラ過激派として名をなした二つの組織が誕生したのも、この年のことである。ひとつが赤軍派（共産主義者同盟赤軍派）であり、もうひとつが革命左派（日本共産党〝革命左派〟神奈川県委員会）で、何より2年後に合併し、かの大量粛清事件やあさま山荘銃撃戦で日本中を震撼《しんかん》させた連合赤軍を結成するのも両派だった。

もはや牧歌的な学生運動の季節は終わりを告げ、武器もゲバ棒や火炎瓶から、銃やダイナマイト、ピース缶爆弾、鉄パイプ爆弾を手にするまでになっていた。殺気立った武装闘争の季節、テロ志向の時代へと変わっていたのだ

高倉健もテロリスト役に

この年10月に封切られた東映の『日本《にっぽん》暗殺秘録』（中島貞夫監督、笠原和夫・中島貞夫脚本）は、まさにそんな時代であったればこそ作ることができ、世に受け入れられ、正調任侠映画同様、左右両翼の若者から熱狂的に支持される作品となった。

同作は文字通り、幕末の桜田門外《さくらだもんがい》の変《へん》から昭和の2・26事件まで、幕末、明治、大正、昭和にかけて起きた種々の要人暗殺事件とテロリスト群像をオムニバス形式で描いた作品。キャストも片岡千恵蔵、鶴田浩二、高倉健、若山富三郎、菅原文太、藤純子、田宮二郎、千葉真一《ちばしんいち》、待田京介、吉田輝雄、高橋長英《たかはしちょうえい》……といった豪華オールスターであった。

この『日本暗殺秘録』は、脚本を書いた笠原和夫と中島貞夫の狙いも、「任侠映画の極致でいこう、徹底的な情念映画にしてしまおう」ということであったように、紛れもなく任侠路線の延長上に作られた作品で、あの時代——多くの若者が闘いに参加した熱く高揚した時代にピッタリ嵌まったのだった。

『日本暗殺秘録』（1969年）Ⓒ東映
Prime Videoチャンネル「東映オンデマンド」にて配信中

笠原は同作についてこう述べている。

《僕は自分ではできなくて卑怯《ひきょう》なようだけども、テロリズムというものに惹《ひ》かれるんですね。(中略)まあ、やくざ映画のやくざだって最後はテロリストになりますからね。あれは全部、テロリズムですよね。で、ここでは実在のテロリストたちが持っていた光芒というか、その輝く様を出したいという、ある種、観念的な主題で始めたんです》(笠原和夫・荒井《あらい》晴彦《はるひこ》・絓秀実《すがひでみ》『昭和の劇 映画脚本家 笠原和夫』太田《おおた》出版)

第9章 『日本暗殺秘録』と千葉真一

任侠映画の極致、徹底的な情念映画『日本暗殺秘録』

自刃や処刑、血と殺戮 いまならR15指定間違いなし

『日本暗殺秘録』はオムニバス作品だが、最も重点的に描かれているのは昭和7（1932）年に起きた血盟団《けつめいだん》事件で、井上準之助《いのうえじゅんのすけ》前蔵相を暗殺した血盟団員の小沼正《おぬましょう》を演じた千葉真一が主役と言っても差し支えない映画であった。

小沼の師で、〝一人一殺〟を唱えた国家主義者井上日召《いのうえにっしょう》役が片岡千恵蔵、2・26事件の青年将校磯部浅一《いそべあさいち》役が鶴田浩二、昭和10（1935）年、陸軍省の永田鉄山《ながたてつざん》事務局長を刺殺した相《あい》沢三郎《ざわさぶろう》中佐に高倉健、桜田門外の変で井伊直弼《いいなおすけ》を暗殺した水戸《みと》浪士が若山富三郎、大正10（1921）年、安田《やすだ》財閥の創始者安田善次郎《ぜんじろう》を刺殺した国粋主義者朝日平吾《あさひへいご》役を菅原文太、大隈《おおくま》重信《しげのぶ》に爆弾を投じて片足を奪い、最後に首を掻き切って自裁する来島恒喜《くるしまつねき》役に吉田輝雄……と

千葉真一

いった役どころであった。

また、同作品は右翼テロばかりでなく、大正末期のアナーキストグループによるギロチン社事件も描かれている。25歳の若さで死刑となった事件の首謀者・古田《ふるた》大次《だいじ》郎《ろう》という青年テロリスト役を演じたのが高橋長英で、淡々とした静かな熱演が光った。絞首台に赴く際、その獄中記『死の懺悔《ざんげ》』の独白とともに彼の挫折した青春の心象風景が流れるシーンはリリシズムに溢れていた。

自民党幹事長から2度の製作中止要請

ともあれ、同作品は全篇これテロル、自刃や処刑、血と殺戮《さつりく》の連続で、とんでもない過激な代物、いまならR15指定間違いなし。なぜこんな作品が喝采で迎えられたのか、時代の勢いというしかないのだが、脚本を書いた笠原和夫もこう回想している。

《やくざ映画全盛のなか、こんな〈危険〉な企画がどうして生まれたのか、いまもって不思議で、たしか当時の自民党の保利《ほり》（引用者注＝茂《しげる》）幹事長から二度大川（前）社長に製作中止の要請があったと聞いている。それでも映画化を強行したのは、東大安田講堂事件など反体制の新左翼運動が激化していた時勢に便乗しようとしたのか、あるいはテロリストもやくざと同様のアウトローだから、おなじ路線の商品だと割りきっていたのか》(『鎧を着ている男たち』)

ときの権力が危険視し、潰すことまで企図したこの映画を、新左翼以上に熱烈に歓迎し、支持したのは、右翼民族派学生運動家たちであった。

「たったひと言、『天誅《てんちゅう》!』と発して永田鉄山を斬殺する健さんや安田善次郎を突き刺す文太は、まるで任俠映画そのもので、そりゃシビれましたね。あのころ、右翼の集会となると、決まって『日本暗殺秘録』が上映されたのをよく覚えています。2・26の青年将校磯部浅一を演じた鶴田浩二もよかったですけど、なんといっても白眉は、血盟団のテロリスト小沼正役の千葉真一に尽きるんじゃないですか。海に入ってひたすら南無《なむ》妙《みょう》法《ほう》蓮《れん》華《げ》経《きょう》を唱えて開眼するシーンは、強烈な印象として残っています」

とは、団塊の世代で、民族派学生運動のOBでもある60代の会社員。

「ビンビンに伝わってくる映画」

当時、右翼学生運動のリーダーであり、バリバリの武闘派だった評論家の鈴木邦男《すずきくにお》も、小沼正を演じた千葉真一に最も感情移入して同映画を観た一人だった。

「農民の窮状を見るに見かねて、それを救うために自分たちが立たなきゃならないんだ——と思い詰めていく姿。そして大洗《おおあらい》で一人一人がピストルを渡される場面。言論の自由がない時代で、言葉で訴えることができないのなら、もはや自分の命を投げ出してテロをやるしかないんだ、肉体言語で訴えるしかないんだ、と。そういうのがビンビンに伝わってくる映画でしたね」

また、別の元民族派学生関係者も、

「70年安保を目前にして、左翼との最後の決戦も辞さずという気分でいたころに公開された映画でしたから、そりゃ空気を入れられましたね。自分たちもああいうふうに闘い、死んでいくのだ、と。けど、何のことはない、空気を入れられたのは左翼も同じだったんですね」

では、左右の学生活動家に影響を与え、時の権力をも警戒させた、この作品――「任俠映画の極致、徹底的な情念映画」としての『日本暗殺秘録』は、どのようにして生まれたのであろうか。

テロル映画のきっかけはセックスドキュメント

ギリシャ悲劇研究会から東映の時代劇へ

『日本暗殺秘録』を撮った中島貞夫監督は、昭和9(1934)年8月8日、千葉県生まれ。

東大文学部美学美術史学科卒業後、34（1959）年に東映に入社し配属されたのは、時代劇黄金期の東映にあってそのほとんどを製作していた京都撮影所であった。

時代劇志望でもない中島が、なぜ京撮だったのか——その理由が振るっていた。

新人研修が終わるころ、配属を決める面接があって、中島が東大時代〝ギリシャ悲劇研究会〟という学生劇団活動をしていたことを知った人事課長が、

「ギリシャ悲劇？　それじゃ時代劇だな。京都撮影所へ行ってもらう」

と決めてしまったのだった。

これには中島も、ギリシャ悲劇と時代劇がどう結びつくのか——と、呆気《あっけ》に取られた。

中島が東大同級生の倉本聰《くらもとそう》、村木良彦《むらきよしひこ》らとともに旗揚げしたギリシャ悲劇研究会が一躍脚光を浴びるようになったのは、4年生時の5月、東京の日比谷公園野外音楽堂で仮面劇公演を行なってからだった。

オイディプス王をテーマに中島が戯曲の翻訳と演出を担当した。この仮面劇、3000人もの観客を集め、新聞の文化欄にも取り上げられ、高い評価を受けた。以来、東大ギリシャ悲劇研究会の仮面劇公演は、毎年夏に日比谷公園野外音楽堂で開催されるのが恒例となり、話題を呼んだ。ちなみに中島同様、東映で監督となり、『女囚さそり』シリーズを撮った伊藤俊也《いとうしゅんや》や小平裕《こひらゆたか》も同研究会の出身である。

中島貞夫は東映入社6年目の昭和39（1964）年10月公開の『くノ一忍法』で監督デビュー、以来、時代劇からチンピラ映画、任侠映画、戦争映画、お色気ものなどさまざまなジャンルの作品を撮り、多くのヒット作も生まれた。

『尼寺㊙物語』当たらず「大島の映画以下」と酷評

そんな中島が13作目にあたる監督作品『日本暗殺秘録』を撮るきっかけとなったのは、前作『にっぽん'69 セックス猟奇地帯』（昭和44［1969］年1月）というドキュメンタリー映画が大ヒットしたことによる。

この企画は、東映と太いパイプのあったルポライターの竹中労《たけなかろう》によって持ち込まれたものだった。竹中は反権力・反体制のスタンスで〝喧嘩屋〟の異名を取る反骨のジャーナリストとして知られていた。

その時分の中島は、『大奥㊙物語』（昭和42［1967］年7月）、『続・大奥㊙物語』（同年11月）、『尼寺㊙物語』（43［1968］年2月）という〝㊙〟シリーズを立て続けに撮ったばかりだった。

このうち、『大奥』シリーズはヒットしたが、『尼寺』はまったく当たらず、中島は会社からも、「おまえは大島《おおしま》の映画以下だ」と腐される始末だった。

東映はかつて松竹ヌーベルバーグの旗手といわれた大島渚《なぎさ》監督を起用、大川橋蔵《おおかわはしぞう》主演の

『天草四郎時貞《あまくさしろうときさだ》』（昭和37［1962］年3月）という時代劇を製作したのだが、まるで客が入らず興行的に大失敗した苦い経験があった。
その大島の映画以下——とけなされ、中島もさすがに腐ってしまった。

ドキュメントに方向転換　岡田茂も半信半疑

そんなこともあって、中島が方向転換を模索していた折、たまたま竹中労から持ち込まれた企画が、『セックス猟奇地帯』というドキュメントなのだった。

さっそく中島は4人の撮影スタッフとともに16ミリカメラを手に東京から関西、復帰前の沖縄と日本中を奔走、撮影に臨んだ。乱交パーティー、ヌードスタジオ、浮世風呂、フーテン集会、アングラ芝居、猟奇儀式、ボディペインティング、赤線地帯、ブルーフィルム撮影現場、関西ストリップ、沖縄でB－52がベトナム行きの爆弾を積む現場……等々、危険地帯の盗み撮りまで含めて体当たり撮影を敢行したのだ。

この企画にOKを出した東映本社映画本部長の岡田茂も、撮影の出発前、本社に挨拶に来た彼らを、「刑事事件だけは起こすなよ」と笑って送り出したものの、その実、〈こんなドキュメントが商売になるのか？〉と半信半疑であった。

だが、みんなの予想に反して、この『にっぽん'69　セックス猟奇地帯』、思わぬ大ヒットとなった。

「エロの次はテロ」　大川博社長も乗り気に

原価の10倍の配収　笑いが止まらない経営陣

スターはおろか役者そのものが出演しない中島貞夫監督のドキュメンタリー映画『にっぽん'69 セックス猟奇地帯』（昭和44［1969］年1月）の大ヒットに、誰よりも喜んだのは東映経営陣だった。なにしろ製作費がわずか1千数百万円という安さなのだから、笑いが止まらなかった。

ところが、しばらくして東映本社から中島に呼び出しがかかり、岡田茂映画本部長のもとへ顔を出すと、中島は、

「おい、大川（博）社長が呼んでるぞ。今度こそクビだな」

と、岡田に開口一番脅かされる羽目になる。

「なんでですか？」

「あんな映画作りやがってと、もうカンカンに怒ってるぞ」

まるで逆の大川の反応を知っている岡田は、〝問題児〟の中島をからかって内心で楽しんで

いたのだ。

そんなこととは思いもよらない中島は、映画が当たっていることを知っているだけに、首を傾げた。中島にすれば、クビにするとか辞めるという話はいまに始まったことではなかったから、さして驚きはしなかったが、社長が怒っているというのがどうにも不可解だった。

そんな中島の困っている様子を見て、岡田はいよいよ面白がり、「とっとと社長室へ行ってこい」と追い立てた。

が、恐る恐る社長室に顔を出した中島を待っていたのは、大川博のとびきりの笑顔だった。

「チミィ、よくやってくれた」

「はあ？」

「今度のチミのシャシンだよ。お陰で大当たりだ。役者が一人も出ないで、原価の10倍の配収だ。これは凄いことだよ」

と中島を褒め称えた。社長室にまでソロバンを置いて俳優のギャラに頭を悩ませていた大川とすれば、役者不在でもヒットする映画に驚き、かつ甚だ感心していた。

次はテロドキュメント源流、本場の水戸へ

よほど嬉しかったのだろう、大川は中島に金一封を贈呈し、上機嫌のままに、「で、いまは

何をやっているのかね？」と訊ねた。

中島は『にっぽん'69　セックス猟奇地帯』ヒットの勢いに乗って、「よし、エロの次はテロだ」と企画を出し、それが通ってテロのドキュメンタリー映画の準備を推し進めている最中であった。

構成を脚本家の笠原和夫に依頼し、二人で構想を練り、右翼の赤尾敏《あかおびん》を訪ねたり、右翼テロだけでなく左翼のゲバルトを取り入れたりすることも考え、テロのいろいろな素材を探し求めた。

その果てに、二人が辿り着いたのは、

〈水戸だな、テロの源流で本場ともいうべきところは〉

というものだった。幕末の井伊直弼暗殺に加わった水戸浪士の思想的バックボーンとなり、明治維新の起爆剤となった水戸学を生み昭和に入って五・一五事件に参加した愛郷塾《あいきょうじゅく》の発祥の地となった水戸こそキーポイント――という結論に達したのだ。

中島と笠原は取材のため水戸に飛んだ。

「頑張ってくれたまえ」発奮する中島

中島が大川博社長に呼び出されたのはそんな矢先で、現況を訊かれ、中島はここぞとばかり

に、

「はい、実はいま、取材を進めて準備に取りかかっている企画があります。テロを扱ったドキュメンタリーなんですが、これはいけます。こんな面白い材料はありません」

と新作の構想を、社長に熱っぽく語った。

大川も興味深そうに聴いていて、「ほう、そら確かに面白いな」と乗り気になったのは、中島も心強かった。社長室を引き揚げるときには、大川から、「まあ、頑張ってくれたまえ」とのお墨つき同然の言葉をもらって、中島はさらにやる気になった。

結局、この企画が『日本暗殺秘録』へとつながるわけだが、最初はドキュメンタリーの予定で、中島と笠原は再び水戸へ赴き、愛郷塾関係者に取材したり、精力的にシナリオハンティングを行なったりしていた。

そんな折、中島はまたも東映本社の岡田茂に呼び出された。

予想外のオールスター作で思い出される『男の勝負』

「社長がえらい乗り気」意外な展開に中島も驚愕

岡田茂映画本部長は、東映本社にやってきた中島貞夫の顔を見るなり、「おまえ、大川社長に何を吹き込んだんだ？」と、ニヤッとして訊ねた。

「はあ、いまやろうとして準備してるテロのドキュメンタリーの内容を、ありのままに話しただけですが……」

　中島が正直に答えると、果たして岡田は、

「ホンマかい。実はな、おまえのやろうとしとるヤツ、社長がえらい乗り気でな、ドキュメンタリーじゃなく、オールスターキャストでやることが本社の会議で決まったぞ」

　と、耳を疑うようなことを言ってきた。

「えっ⁉　オールスターですか？」

　意外な展開に、中島も喫驚した。スターどころか俳優も使わず、カネもかけずにテロルをテーマにしたドキュメンタリーを撮る予定が、オールスターキャストでテロを軸にしたドキュメンタリータッチのドラマの大作を作ろうというのだから、だいぶ話が違ってきた。

　難しくはあるが、もともと自らが立てた企画。中島も肚を括ってやるよりなかった。

　そこで中島が真っ先に俊藤浩滋プロデューサーに話を持っていったのは、東映のオールスターとなれば、鶴田浩二、高倉健、若山富三郎、藤純子、菅原文太……と、ほとんど俊藤お抱えの役者陣。彼の協力なくしてできるものではないからだ。

マキノ監督の代打で初の正統任侠映画を監督

中島貞夫が監督として初めて俊藤プロデューサーと組んだのは、昭和41（1966）年7月の『男の勝負』（村田英雄主演、天知茂、北島三郎、藤純子、長門裕之、藤山寛美《ふじやまかんび》、高倉健）で、彼にとって監督5作目となる作品だった

中島貞夫監督作品としては極めて珍しい本格的な任侠映画となったのだが、もともと同作はマキノ雅弘監督が撮る予定であった。中島は同期の鳥居元宏とともに脚本での参加だった。だが、中島と鳥居が脚本を書き終え、撮影に入ろうかというとき、マキノは体調を崩し倒れてしまった。

そこでとりあえずマキノが復調するまでの間、中島が補助的に撮ることになった。それはマキノ監督の助監督でついていた時分にも、よくあることだった。

さして重要でないカットしか残っていないとなれば、夕方にはさっさと帰ってしまう御大マキノは、「あと撮っといてくれ」と助監督の中島に撮らせた。それによって若い中島はずいぶん鍛えられたのも事実だった。

その伝で、マキノの体調が回復するまで、無難なところを撮ることにしたのだった。4、5日もしたら、現場に復帰できるだろうと予測してのことだが、いかんせんマキノの体調不良は長引いた。結局、この仕事は無理となって、ピンチヒッターのお鉢が中島に回ってきたのは当

然であったろう。

これに慌てたのは、中島である。そのパターン化されたドラマツルギーに馴染めず、到底自分の体質に合うとは思えない任侠映画を撮る羽目になろうとは、考えたこともなかったからだ。

岡田と俊藤から説得されても、「できません、勘弁してください」と中島が断ると、ついにはマキノのところまで二人に引っ張っていかれた。

公開まで20日弱、連日徹夜 ヒットしシリーズ全4作に

「なんでおまえは撮れへんのや？」

「いや、ちょっと脚本がもうひどいですわ」

中島はマキノによって脚本を10回も書き直させられた経験があった。

「馬鹿モン！」

若造が10年早い——とばかりに巨匠の雷が落ちた。

かくて中島は、苦手な正統任侠ものの監督を引き受けざるを得なかった。封切りまで20日もない時期で、中島はろくに考える暇もなく、徹夜の連続で撮り続け、この試練を乗り切った。

こうして完成したのが『男の勝負』であった。

同作品はヒットしてシリーズ化され、村田英雄主演で『男の勝負 仁王の刺青』（昭和42〔1

967〕年3月、鈴木則文)、『同　関東嵐』(42年9月、山下耕作)、『同　白虎《びゃっこ》の鉄』(43〔1968〕年1月、同)と4本撮られた。

時代劇ミュージカルならぬ豪華配役の〝テロドラマ〟

初監督作を俊藤が評価

プロデューサーとして中島貞夫監督に早くから興味を示していたのは、岡田茂だけでなく、俊藤浩滋もその一人だった。

中島が30歳のときに撮った監督デビュー作『くノ一忍法』(昭和39〔1964〕年10月、野川由美《のがわゆみ》子《こ》、芳村真理《よしむらまり》)を観て、

「あれ、面白かったたな。君となら何か思いきったことをやれそうだな。どや、今度、時代劇ミュージカルをやろうや」

と中島に言ってきたのも、俊藤であった。

〝任侠映画のドン〟として見られがちだが、俊藤は根っからの映画好き。邦画洋画を問わず、ミュージカルからギャングアクション、SF、コメディ、パニックもの、メロドラマ(自身、昭和41〔1966〕年4月公開、佐藤純彌監督、佐久間良子、三田佳子主演の『愛欲』をプロデュースしてい

た）まで、多岐にわたるジャンルの映画を観てよく勉強していた。後年、スティーブン・スピルバーグの『ジョーズ』や『ポセイドン・アドベンチャー』を、自身の任侠映画にも通じると評していたのはよく知られている。

『アイ・ジョージ物語　太陽の子』（昭和39年9月、近藤節也監督、アイ・ジョージ主演）でプロデューサーデビューしたことからも窺えるように、音楽も好きで楽器にも詳しかったがゆえの時代劇ミュージカルの発想であったのだろう。だが、任侠路線の爆発的ヒットでついぞその構想は日の目を見なかった。

慌てて倉本聰と脚本を共作

『くノ一忍法』は奇想天外でエロティックな忍術合戦が繰り広げられる山田風太郎《やまだふうたろう》の小説を映画化した作品だが、そもそもは中島の企画であった。

昭和39（1964）年2月、東京撮影所から再び京都撮影所に戻ってきた所長の岡田茂が、専ら田坂具隆や今井正《いまいただし》、マキノ雅弘といった巨匠作品の助監督を務めていた中島に、「おい、ガーガー文句ばかり言っとらんで、何か企画持ってこんかい」と声をかけたのが始まりだった。

「ガーガー文句ばかり」とは、入社2年目から助監督部会のチーフと組合活動に携わったり、スタッフと一緒に酒を飲んでは侃々諤々《かんかんがくがく》の議論ばかりしたりしている中島を指して、言いえて妙であったろう。

岡田に言われ、まさか通るまい——と、冷やかし半分に中島が出した企画が、山田風太郎の小説『くノ一忍法』であったのだ。

それが意外にも通って、本人が誰よりもビックリし、しかも岡田から、「あんなもん撮るヤツはおらんから、おまえが撮れ」と命じられ、監督・脚本までやらされるハメになってしまったのだった。

思わぬことの成りゆきに慌てた中島は、東大時代からの友人である倉本聰に助けを求め、二人でおよそ1カ月半かけて脚本を書き上げた。

この監督デビュー作品が当たって、中島は続篇の『くノ一化粧』(昭和39年12月、西村晃《にしむらこう》主演)のメガホンも握るというオマケまでついたのだ。

オールスターで2年ぶりに

そんないきさつのあるデビュー作品を褒めてくれた俊藤との時代劇ミュージカルこそ実現しなかったものの、以後、二人は親しくなって一緒に映画を作る機会も多くなる。

プロデューサーと監督として、『男の勝負』(昭和41[1966]年7月、村田英雄主演)を皮切りに、『任侠柔一代』(昭和41年10月、村田英雄主演)、『あゝ同期の桜』(昭和42[1967]年6月、松方弘樹主演）、『兄弟仁義　関東兄貴分』（昭和42年12月、北島三郎主演）と立て続けに撮った。

二人が2年ぶりに顔を合わせた作品が、『日本暗殺秘録』であった。

中島は俊藤の事務所に赴くと、テロのドキュメンタリーを撮る予定が、テロを軸にしたドキュメンタリータッチのドラマに変わった旨を話し、「そういうわけなんですわ。助けてください」と俊藤に協力を求めた。

「しゃあないな。誰が欲しいんや」

「いや、実はオールスターなんですわ」

東映のスターはほとんど俊藤お抱えのようなものだった。

「わかった。まあ、協力するわ」

こうして『日本暗殺秘録』は俊藤がプロデューサーとして参加し、製作に向けていよいよ動き出したのである。

監督宅に泊まり込んだ大抜擢の千葉真一

〈ここは血盟団で行くか〉

『日本暗殺秘録』（昭和44［1969］年10月）の脚本を書くにあたって、ドラマの芯をどう作ればいいか――中島貞夫と笠原和夫は悩みに悩んだ。

その末に決めたのは、〈ここは血盟団で行くか〉ということだった。

血盟団というのは、茨城県大洗に立正護国堂《りっしょうごこくどう》を主宰する井上日召を中心に、国家革命を企てる農村青年・学生たちの結社で、一人一殺主義を唱え、昭和7（1932）年2月9日、団員の小沼正が前蔵相の井上準之助を、1カ月後の3月5日、同団員菱沼五郎《ひしぬまごろう》が三井《みつい》合名理事長・団琢磨《だんたくま》を拳銃で射殺。同年5月の5・15事件の先駆となるテロ事件を引き起こした。

血盟団リーダーの井上日召は、中島と笠原がずっと取材を続けてきた水戸の愛郷塾の塾長・橘　孝三郎《たちばなこうざぶろう》とも親交があり、両者はリンクしていた。

中島と笠原は、この血盟団事件のテロリスト・小沼正のドラマを中心にして、桜田門外の変から2・26事件までのテロ事件をオムニバス風に描くことにしたのだった。

二人が狙ったのは「任俠映画の極致、徹底的な情念映画」であった。

小沼正は、本郷区《ほんごう》（現文京区《ぶんきょう》）駒本《こまもと》小学校での演説会に赴いた、民政党次期総裁有力候補で選挙委員長だった井上準之助の背後から拳銃を3発撃ち込み射殺した男だった。逮捕されても、「今日の農村の窮状は井上の責任である。それがゆえの射殺である」と供述するのみで、一切口を噤《つぐ》んだ筋金入りのテロリストだった。

1カ月後には団琢磨が菱沼に射殺され、血盟団の存在が明るみとなった。その暗殺リストには政財界の大物13人の名があったという。

けんもほろろから一転

小沼には井上日召、菱沼とともに無期懲役の判決が下されたが、戦後、仮釈放となり、昭和44（1969）年当時は健在であった。都内に事務所があると知って、中島と笠原は、「ともかく取材に行こう」と訪ねていくことにした。

ところが、小沼からはけんもほろろに取材を拒否された。翌日も同様にまるで相手にされず、3日目、ついに二人は、「今日ダメなら諦めよう」と肚を括って小沼の事務所を訪ねると、

「おまえらもしつっこいな。けど、よく3日もちゃんと来たな。実は今日も来るかどうか待っていたんだ」

と、一転して歓迎ムードになり、取材に応じてくれるのだった。

笠原和夫は小沼に会った印象を、

《人を殺した人というのは目が違うんだよ。ギラッとして底光りしている。それで、心の奥底のほうはいまだに活火山みたいで、マグマが燃えたぎってるような感じでね。あの歳《とし》になってもまだね、「何かあったら、またやりますよ」と言ってるわけだから（笑）》（『昭和の劇　映画脚本家　笠原和夫』）

と述べている。

この小沼正をモデルにした役が実質上の主役といってよく、中島監督から大抜擢《だいばってき》を受けて同役を射止めたのは、千葉真一であった。

カミカゼ野郎が中島邸に

千葉は昭和14（1939）年、福岡の生まれ。体操選手として東京オリンピック出場を目指していたが、昭和34（1959）年、東映ニューフェイスに合格して映画界入り、昭和36（1961）年1月の『警視庁物語　不在証明』（島津昇一《しまづしょういち》監督、堀雄二《ほりゆうじ》主演）でデビューした。同年の『風来坊探偵』シリーズや昭和41（1966）年6月の『カミカゼ野郎　真昼の決斗』などで深作欣二監督と組み、アクション俳優の地位を確立したが、この時期、いまひとつクスぶっていたのも確かだった。

そんな折、久々の大役に、千葉も期するところがあったのか、クランクインとなるや、寝泊まり用の荷物一式を持って、京都・嵯峨《さが》の中島邸に転がり込んだ。撮影期間中、監督宅に泊まり込んで演技指導を受けるためだった。それほどの意気込みを見せて、小沼正をモデルとする役に懸けたのだ。

中島とともに脚本を書いた笠原和夫から、

「千葉ちゃん、一世一代の大役になるぞ。監督の家へ寝泊まりするぐらいの姿勢を見せなきゃダメだぜ」

とハッパをかけられたことも大きかった。

健さんが「天誅!」——話題を呼んだ東映テロ映画

田宮二郎が久々の銀幕出演

『日本暗殺秘録』はこれ以上ないほどの東映の豪華オールスター作品となったが、キャスティングも何かと話題を呼んだ。

東映初出演となったのは、『悪名』シリーズで主役の勝新太郎の〝八尾《やお》の朝吉《あさきち》〟の弟分〝モートルの貞《さだ》〟役や、『鉄砲犬《てっぽういぬ》』など犬シリーズで人気を博し大映の看板スターであった田宮二郎。

主役を務めた『白い巨塔』(昭和41［1966］年、山本薩夫《やまもとさつお》監督)の宣伝ポスターの自身のクレジットの問題で会社と衝突し、大映を飛び出しブランクの長かった田宮にとって、約1年半ぶりの映画出演となったのである。田宮が演じたのは、血盟団の井上日召とクーデターを計画する霞ケ浦《かすみがうら》海軍飛行学校の海軍青年将校・藤井《ふじい》斉《ひとし》中尉役だった。

陸軍省の永田鉄山軍務局長を刺殺する皇道派《こうどうは》青年将校・相沢三郎中佐を演じた高倉健の出番はワンシーン、台詞は「天誅!」のひと言のみ。軍帽を目深にかぶって、「死んでもらうぜ」ならぬ「天誅!」の台詞で、永田を袈裟懸《けさが》けに斬り、さらに止《とど》めの突きを入れる姿は、ほとんど任俠映画そのままだった。

この年（昭和44［1969］年）2月、『現代やくざ　与太者の掟』（降旗康男監督）で東映初主演を飾った菅原文太も、大正のテロリスト・朝日平吾役で出演、安田財閥の創始者・安田善次郎を刺殺する迫力のテロシーンを演じた。

超人技の殺陣に挑む文太

この文太の刺殺シーン、凝った殺陣で観客をアッと言わせたのは、『日本暗殺秘録』の擬斗を担当した殺陣師の上野隆三である。

この時分、殺陣の仕事となると、任俠映画が圧倒的に多かった上野、新作のために新しい工夫を考えて殺陣に取り組むのが常だった。そんな上野が同作で目をつけたのは文太の刺殺シーンで、何か画期的な殺陣を試みたくなったのだ。

そこで考えついたのが、座敷で安田老人と向き合った文太が、正座したままポーンとテーブルを飛び越えて相手を刺殺するという殺陣だった。

その案を聞くなり、文太は、「正座したままジャンプしてテーブルを飛び越す？ ……そりゃ無理だよ」と尻込みした。文太とて、このときまだ36歳、細身で体のキレも悪くなかったが、ウルトラC並みの超人技としか思えなかったのだろう。

「でも、文ちゃん、オレにもできたんだよ」

上野の言葉に、文太は信じられないという顔になった。

「何度も何度も特訓した結果やけど……」

「ほう、そいつは凄いな」

文太は唸り、今度はつくづく感心したような顔になった。

だが、東映の売れっ子任俠スターになりつつあった文太に、特訓を重ねられる時間的余裕はなかった。上野にもそれはわかっていたので、

「じゃあ、文ちゃん、それなら飛び上がる瞬間だけやってよ。後はカット割るから」

「よっしゃ」

70年安保目前の時代背景

上野の目論見は成功し、文太の刺殺シーンは劇場で「おおっ！」と声が上がるほど迫力あるものとなった。

なにしろ、同作は冒頭の〝桜田門外の変〟から始まって、全篇これテロ、アクションシーンの連続なのだから、殺陣師・上野は大忙しだった。

当時、寺山修司《てらやましゅうじ》の天井桟敷《てんじょうさじき》、鈴木忠志《すずきただし》・別役実《べつやくみのる》の早稲田小劇場と並んで〝アングラ〟と呼ばれる前衛的な演劇活動でブームとなっていた唐十郎《からじゅうろう》と状況劇場のメンバーも同作に出演、大久保利通《おおくぼとしみち》の乗る馬車を襲って暗殺する元金沢《かなざわ》藩士たちを演じた。まさに飛び、跳ね、躍りかかり、刀を振り回し、それこそアングラ芝居のノリで生き生きと演じているのが印象深かった。

『日本暗殺秘録』の宣伝ポスターの惹句は、大きな文字で2行、

《暗殺は

是か!?否か!?》

とあり、その後にこう続く。

《日本暗殺の歴史百年を描いて躍動する東映オールスター!》

この映画は、70年安保目前というあの時代なくして生まれなかった——とは、どれだけ強調しても強調しすぎることはないだろう。

第10章 「侠客」としての三島由紀夫

革命前夜の映画公開、殺気立つ三島由紀夫や革命勢力

映画公開直後の10・21

『日本暗殺秘録』が封切られたのは昭和44(1969)年10月15日のことで、まさに世は騒然としており、時代は殺気立っていた。

テロリスト群像を描いた同作の封切りから6日後に予定されていたのが、〝10・21国際反戦デー〟であり、この日の闘争に懸ける新左翼党派の意気込みは凄かった。

もともとは3年前の10月21日に、総評(日本労働組合総評議会)・中立労連(中立労働組合連絡会議)系労組が統一ストライキを以て、世界の労組、平和団体にベトナム戦争反対を呼びかけたのが始まりで、以後、毎年この日は、〝国際反戦デー〟と呼ばれるようになったのである。

3度目となる前年43(1968)年の10月21日は、全国で28万9000人のデモ隊を集め、

反日共系全学連各派が新宿駅に乱入して〝騒乱罪〟が適用されるなど大騒動を巻き起こした。そんな前年の盛り上がり方を考えたら、どの党派も〝革命前夜〟を呼号してもおかしくなく、満を持して、この日に備えていた。

この日に懸けていたのは新左翼党派だけではなく、「楯の会」を主宰していた作家の三島由紀夫も同様であった。

三島が当初、楯の会で企図したのは、反革命の側に立ち、革命的状況が起こったとき、ゲリラとなって100人単位の民間人を指揮する将校の養成であった。

だが、世の革命前夜のような状況を目の当たりにして、次第にそんな悠長なことを言っていられなくなった。三島ははっきりと70年安保に照準を定めた。革命勢力に対して、自衛隊の治安出動の呼び水となって斬り死にすることを熱望するようになっていた。

赤軍派に期待を寄せた三島

その最大の好機と捉え、三島が最も期待を懸けたのが、44(1969)年10月21日の国際反戦デーであった。〝70年決戦〟を叫ぶ新左翼党派にとって、この日は、その最大の前哨《ぜんしょう》戦《せん》となるはずだった。

三島も警察力ではどうにも抑えが利かなくなるほどの騒乱——自衛隊の治安出動が発動され

る状況を待望していたのだ。そのときこそ、楯の会の出番と考えていたからだった。

その三島がひそかに大きな期待を寄せていた党派が、この年に誕生した、新左翼のなかでも極めつきの過激派とされた赤軍派であった。〝前段階武装蜂起＝世界革命戦争〟を主張し、数ある新左翼諸派のなかでも最も尖鋭的に武装闘争をやり抜こうとしている赤軍派に対し、反対の立場から期するところも大きかったのだ。

実際に赤軍派は多くのピース缶爆弾を入手したばかりか、後に連合赤軍に参加する弘前《ひろさき》大（医学部）生などの学生メンバーが鉄パイプ爆弾を大量に製造、10・21に備えていた。関東圏の派出所をゲリラ的に襲いながら、機動隊の壁を爆弾でぶち破っていこう——との方針を立てたのだった。

「ダメだよ、これでは」

だが、10・21当日、赤軍派のピース缶爆弾や鉄パイプ爆弾はまるで音を出すことはなかった。ピース缶爆弾は不発に終わり、鉄パイプ爆弾はすべて警察に押収されてしまうのだ。

また、東京薬科大学から出発した約80人の赤軍派トラック部隊の新宿署襲撃作戦も、ゲバ棒で機動隊とやり合いながらもその勢いに押されて後退せざるを得ず、完全失敗に終わった。

赤軍派だけでなく、この日、新左翼の各セクトは、新宿を中心に都内各所で駅や道路を占拠、火炎瓶や投石、角材でゲリラ的に暴れ回ったものの、機動隊の厚い壁に阻まれ、東京だけで1200人近くが逮捕された。前年の10・21のように騒乱罪を適用されることもなく、圧倒的な警察力の前に、革命勢力は完璧に抑えられたのだ。

三島由紀夫の期待は見事に裏切られた。

三島は楯の会会員とともに新宿駅付近を歩き回り、この状況をつぶさに見た。とてもではないが、深い失望感しか残らなかったのは、革命勢力のだらしなさに呆《あき》れ果てたからだ。

「ダメだよ、これでは。まったくダメだよ」

新宿を歩きながら、やり場のない怒りが三島の口をついて出ていた。

死に場を求めていた三島の楯の会の〝本気〟度など、それを〝おもちゃの兵隊〟、ノーベル文学賞候補作家の道楽としか見ない世間の人たちには知るよしもなかった。

出演、脚本執筆ならず――東映任侠映画と三島由紀夫

〝福ちゃん荘〟で失望感

『日本暗殺秘録』が封切られた翌月の11月5日早朝、標高1987メートルの山梨県大菩薩《だいぼさつ》峠《とうげ》の中腹で軍事訓練中だった赤軍派53人は、宿泊先の山荘〝福《ふく》ちゃん荘《そう》〟において、400人

近い警官隊によって全員が凶器準備集合罪で逮捕された。

2階の押し入れからは、鉄パイプ爆弾17本、濃硫酸入り試験管17本、ピース缶爆弾3個、ナイフ40本が発見された。

首相官邸の襲撃、占拠——という目的の軍事訓練であったが、彼ら赤軍派の計画は、すべて警察当局には筒抜けの状態であった。

なにしろ、日常的に電話は盗聴され、公安の尾行がついているにもかかわらず、幹部のなかには公然とその計画を吹きまくる者もいたほどで、全般に警戒心が乏しかった。

〝70年決戦〟を呼号する彼らに、斬り結ぶ相手として期待していたと思われる三島由紀夫は、失望感もあらわにこう書いた。

《大菩薩《ぼさつ》峠における赤軍派の逮捕状況を見ると、彼らが軍事用語をあれほど乱発しながら、歩兵の最も普通な、基礎的訓練を軽視していたことがわかる。その基礎的訓練とは不寝番《ねずばん》勤務と、立哨《りっしょう》、動哨《どうしょう》である。仮にも、爆発物を屋内に持ち、作戦会議をそこで開く場合に、不寝番勤務もなければ、立哨、動哨もなかったということは、彼らの観念と行動との大きなギャップ、また、ことばと行動とのギャップを如実に感じさせた》（『行動学入門』文藝春秋《ぶんげいしゅんじゅう》）

岡田茂に「オレ出ようか」

三島が東京・市ヶ谷の陸上自衛隊東部方面総監室で壮絶な割腹自決を遂げるのは、この1年後、翌45（1970）年11月25日のことである。

三島は当時の作家や文化人のなかでも、任侠映画の最もよき理解者であり、『博奕打ち 総長賭博』を絶賛したことでも知られる。大の任侠映画ファンの三島は、割腹自決する当日、楯の会会員4人とともに市ヶ谷の自衛隊駐屯地へ向かう車中で、「これがヤクザ映画なら、ここで唐獅子牡丹の音楽が流れるのだが……」と言って、みんなで健さんの『唐獅子牡丹』を合唱したというエピソードも残っている。

三島由紀夫と親交があったという東映の岡田茂は、同社会長時代、

「三島さんとは任侠映画を通じて深くつきあいました。彼は本当に任侠映画のファンだった。試写室へ来ては『岡田さん、これ、凄いよ。最高の傑作だよ』と感心してね。しばらく喋って帰っていった。実は三島さん、任侠映画に出たがっとったんだ。『岡田さん、役者としてオレ出ようか』と言うから、僕は、まあ、待って、やめたほうがいいよ、と止めたんだけど、三島さんは本気だったたな」

と振り返っている。

「感情移入の最も容易な俳優」として三島の大のお気に入りの任侠スターが鶴田浩二で、晩年

は我慢に我慢を重ねるスクリーンの鶴田の姿と自分をダブらせていたような感がある。

鶴田と三島、戦中派の情念

三島と鶴田は、あまりに有名になった三島の『映画芸術』での『総長賭博』評が縁となり、『週刊プレイボーイ』（昭和44［1969］年7月8日号）誌上で対談し、意気投合している。

《鶴田　経歴を少し読ませていただいたんですが、14年生まれですね。ぼくは13年ですが、でも1ヵ月ぐらいしか違わない。ぼくは12月6日、三島さんは1月14日ですね。

三島　それじゃ、全く同世代だ。

鶴田　ぼくは19年の5月に、第2次の学徒動員で行ったんです。（第14期海軍飛行予備学生）

三島　ぼくはとうとう兵隊生活知らずで過ぎちゃって……》（対談『刺客と組長』）

鶴田と三島に共通するのは、戦中派の情念ともいうべき〝戦争〟へのこだわりであったろう。

鶴田が「兄貴」と慕ったプロデューサーの俊藤浩滋も、そんな肝胆相照らす仲となった鶴田と三島の親交を目の当たりにし、三島の任俠映画への強い思い入れも知っていたので、三島に対して、「先生、今度、ぜひ脚本書いてください」と頼んでいた。

「ああ、いいですよ」

三島が応じた矢先に起きたのが、あの衝撃の割腹事件だった。

三島由紀夫の脚本による任俠映画は幻となったのである。

任俠映画は正月も活況〝明日のジョー〟の1970年

オールナイトはドア閉じず

戦後四半世紀が過ぎ、1970年代の幕開きとなる昭和45年も、東映任俠路線は依然として好調だった。

かつては娯楽の王様、花形と謳《うた》われた映画産業が全般的に衰退し、観客数も年々減少するなか、活況を呈していたのは東映の映画館だけと言っても過言ではなかった。まして土曜のオールナイト興行ともなると、立ち見客まで出て映画館のドアが閉まらなくなるほど客が溢れるなどという現象は、東映以外に考えられなかったろう。

昭和45年の東映正月映画も、『新網走番外地　さいはての流れ者』『渡世人列伝』という任俠映画2本立てであった。

『新網走番外地　さいはての流れ者』は、ご存じ高倉健の盆と正月の定番となっている人気シリーズ3作目（旧番外地シリーズから数えれば13本目）で、佐伯清がメガホンを取り、東宝の星由里子がマドンナ役でゲスト出演している。

併映の『渡世人列伝』は小沢茂弘監督、鶴田浩二主演、高倉健、若山富三郎、藤純子、池部良共演というオールスター作品。正月らしい豪華2本立てとあって、当たらないわけがなかった。

世は〝70年安保〟と呼ばれる激動の1970年を迎え、学生運動こそ低迷しつつあり、その勢力は衰えたりとはいえ、新左翼は〝70年決戦〟を呼号し、この年に懸けていた。新宿騒乱のような激しい闘争が繰り返されるのか、はたまたそれを超えた武装闘争が展開されるのか――。時代はキナ臭さを漂わせていたのも確かだった。

東映任侠映画の隆盛は、まさにそんな時代とリンクしていたのは否めないが、同年新春早々、動乱の70年安保の幕開きを予兆するかのような大事件が勃発する。

羽田発旅客機ハイジャック

3月31日午前7時30分ごろ、羽田発福岡行き日航《にっこう》ボーイング727ジェット旅客機よど号が富士山《ふじさん》上空に差しかかった際、日本刀や拳銃で武装した赤軍派の学生9人にハイジャックされたのだ。

よど号は赤軍派から北朝鮮の平壌《ピョンヤン》行きを命じられたが、ソウルの金浦《キンポ》空港に着陸。4月3日、政府との交渉が合意に達した赤軍派メンバーは、同空港で乗客99人、スチュワーデス（キャビンアテンダント）4人を降ろし、身代わりの人質として山村新治郎《やまむらしんじろう》運輸政務次官を乗せ、平壌近郊の美林《ミリム》空港へと向かった。

5日朝、よど号は乗員、山村次官ともども無事に羽田空港に帰着、事件発生以来6日目、122時間ぶりに全員が解放されたのだった。

赤軍派ハイジャッカーは、それぞれ遺書ともいえる〝出発宣言〟を残していた。リーダーの大阪市立大生・田宮高麿《たみやたかまろ》のそれには、こう記されていた――。

《（前略）我々は、この歴史的任務を遂行しうることを誇りに思う。（中略）そして、最後に確認しよう。我々は〝明日《あした》のジョー〟であると》

先を越された三島由紀夫

ちなみに、〝明日のジョー〟とは、2年前の昭和43（1968）年から『週刊少年マガジン』誌上に連載された高森朝雄《たかもりあさお》（梶原一騎《かじわらいっき》の別名）原作、ちばてつや画の人気ボクシング漫画『あしたのジョー』の主人公・矢吹丈《やぶきじょう》のことで、同漫画の読者は小学生から大学生までと広く爆発的なブームを呼んだ。

その人気は凄まじく、丈のライバルの力石徹《りきいしとおる》がリングの上で死んだときには、漫画上の架空の人物にもかかわらず、劇団『天井棧敷』を主宰する寺山修司が葬儀委員長となって、現実に葬儀が営まれるなど、社会的現象ともなるほど話題を呼んだ。

ともあれ、日本で初めて起きた赤軍派のハイジャックは、左右の過激派に多大な影響をもたらした。

飛行機のタラップ上でメンバーの一人が振りかざした日本刀は、すでに〝最後の行動〟を胸に秘め、着々とその準備を進めていた三島由紀夫に〝空気を入れた〟のは間違いない。日本刀による決起は何より三島が考えていたことで、先を越されたとの思いが強かったのは、事件直後、そのショックのほどを、電話で楯の会メンバーに打ち明けていることからも窺い知ることができた。

政治運動低迷のなか 驚天動地の大事件勃発

経済大国、〝昭和元禄〟

〝70年安保〟と呼ばれ、日米安全保障条約が改定される懸案のこの年——1970年。春先早々に勃発した赤軍派学生による日航よど号ハイジャック事件は、激動の昭和45年の幕開きを予感させるに十分だった。

これに刺激を受けた新左翼過激派による、さらに急進的な安保反対運動が、前々年の10・21の新宿騒乱を超える暴動に発展し、自衛隊の治安出動が発動されるような革命的状況も起こりうるのではないかという憶測も広がる。現に新左翼各党派は〝70年決戦〟を呼号し、命を賭して闘うと公言しているのだから、何が起きてもおかしくなかった。

だが、彼らの闘争はいまひとつ盛り上がらず、懸念された事態に何ら至ることなく、6月22日、日米安保条約は自動延長されたのだった。

むしろ、泰平の世を謳歌《おうか》するレジャーブームが到来した感があり、〝ディスカバー・ジャパン〟が流行語となり、全国から大勢の人たちが、3月から大阪で開催された日本《にっぽん》万国博覧会に殺到した。

大阪・千里《せんり》丘陵に建設された大阪万博＝〝EXPO'70〟の会場は、総面積330万㎡。会場には77カ国合計124の参加団体の展示館、日本庭園、美術館、モノレール、水上ステージ、動く歩道などが設置され、入場者総数は3月15日から9月13日までの開催期間183日間で6421万5898人（1日平均35万9007人）、入場料売り上げ378億1662万円、食堂売り上げ256億6900万円、売店売り上げ203億7646万円を数えた。

そこには戦後の復興を果たし、経済成長を上り詰めた経済大国日本の姿があり、〝昭和元禄〟といわれる泰平の世を謳歌する人々の姿があった。

ノーベル賞受賞ならぬ切腹

そんな世に、右も左も政治運動は低迷の一途を辿り、〝70年決戦〟も掛け声だけに終わって、もはや熱い政治的季節も終焉を告げたのだ――と、1970年（昭和45年）の秋を迎えたころには、誰もがそう思っていたに違いない。結局、この国ではもう何も起こらないのだ――と。

ところが、11月25日、突如、驚天動地の大事件が出来する。

その日、昼前、東映の映画監督・鈴木則文は、菅原文太主演のシリーズ第4弾『関東テキヤ一家　喧嘩《ごろめん》火祭り』のロケハンのため、5人のメインスタッフと一緒に車で浜松《はままつ》へと向かっていた。車に揺られ、カーラジオの歌謡曲を聞いているうちに、監督たちはみんなウトウト居眠りを始めていたという。

則文監督がふと目を覚ましたのは、車が名神高速から東名《とうめい》高速に入り、豊橋《とよはし》近くになったときのこと。いつの間にかカーラジオは歌謡曲ではなく、盛んに三島由紀夫の略歴を語っていたという。監督はこう述べている。

《私は運転手氏に「三島由紀夫がノーベル賞でも貰《もろ》うたんか」ときくと、「切腹しはったんですわ」「えッ」「自衛隊の中で切腹したらしいですわ、なんや、もう一人切腹した奴がいるいうてましたで」「ホントか？　なんでおこしてくれへんかったんや」「せやけど、ようねてはるようやったし……」「な、なにいうとるんや、そんな大事件を……」

後はもう声もうわずり、気は動転で、ただただ腰が抜けるほど驚いたというのがその時の気持だった》（鈴木則文「仮説・兄弟仁義──衝撃の思想としての十一月二十五日──」『映画芸術』昭和46［1971］年2月号）

1970年晩秋の〝三島事件〟

世にいう〝三島事件〟の勃発であった。

その日、三島由紀夫が東京・大田区《おおた》南馬込《みなみまごめ》の自宅を出て、迎えに来た車に乗り込んだのは、午前10時15分過ぎのことだった。三島は自らが率いる楯の会の制服制帽に身を包み、左腰に日本刀（関の孫六《せきのまごろく》）、右手に茶色の革製アタッシェケースを持っていた。

三島邸へ車で迎えに来たのは、楯の会の第一班長森田必勝《もりたまさかつ》、第五班長小賀正義《こがまさよし》、第七班長小川正洋《おがわまさひろ》、第五副班長古賀浩靖《こがひろやす》という4人の会員だった。いずれも三島同様、楯の会の制服制帽の姿であった。

三島以下5人の向かう先は陸上自衛隊市ヶ谷駐屯地で、東部方面総監の益田兼利《ましたかねとし》陸将と午前11時に面会の約束を取りつけてあったのだ。

小説同様、割腹で完結――陰で涙した鶴田浩二

「これがヤクザ映画なら……」『唐獅子牡丹』を合唱

民兵組織・楯の会隊長の三島由紀夫をはじめ、5人の楯の会メンバーを乗せたコロナが、荏《え》原《ばら》ランプから首都高速に入ると、助手席の三島は車内の誰に言うともなしに、

「6年前に『憂国』を書いて、それから『豊饒《ほうじょう》の海』に入って、まさかこれをいま自分で実演するようになるとは思わなかった」

と言い、前を見据えたまま、

「あと3時間ぐらいで死ぬなんて考えられんな」

とも、微笑《ほほえ》みながら感慨深げにつぶやいた。

『憂国』も『豊饒の海』（第二巻『奔馬』）も、主人公の割腹自決で完結する小説であった。三島もまたこの日、小説さながら、まさに同じことを実演しようとしていた。市ヶ谷駐屯地の自衛隊員たちに覚醒と憲法改正を訴え、クーデターを呼びかけ、それが成功しようが失敗に終わろうが、自ら法を犯した責任を取って割腹自決するという計画だった。

コロナは首都高速を外苑《がいえん》ランプで降り、神宮《じんぐう》外苑内を一周する。約束の時間――午前11時にはまだ早く、もう一周したとき、三島が、「これがヤクザ映画なら、義理と人情の唐獅子牡丹

といった音楽がかかるのだが、オレたちは意外に明るいな」とジョーク交じりに言い、『唐獅子牡丹』を歌い出した。4人が後に続いて合唱した。

三島は筋金入りの任侠映画ファン。高倉健をさておき大の鶴田浩二びいきであることもよく知られていた。

〝三島自決〟のニュース　冷静な鶴田に娘は拍子抜け

三島と鶴田は『週刊プレイボーイ』の対談で初めて会って打ち解け、以来、会えばひと晩語り明かすような仲にもなっていた。
《父と三島さんは、会うたびに互いの思いが深まるようで、遠目に眺めていると、昔からの友人が思いの丈をぶつけ合っているようにさえ見えた》（カーロン愛弓《あゆみ》『父・鶴田浩二』新潮社）と書いた鶴田の娘の愛弓は、事件当日（当時14歳）、扁桃腺《へんとうせん》を腫らして、学校を休み、自宅にいた。テレビで、〝三島自決〟のニュースを知るや、
《その瞬間、身体が震え出して止まらなくなった。ついこの間も家に見えた三島さんが自決したことは勿論《もちろん》ショックだったが、それ以上に、京都で仕事中だった父が受ける衝撃を考えるのが恐ろしかった》
と真っ先に父・鶴田に思いが至り、心配のあまり、京都の父に電話をかけた。だが、鶴田は

愛弓が拍子抜けするほど冷静で、動揺している様子もなかったという。コメントを求めるメディアに対しても、鶴田は一切答えることはなかった。

《私には父の態度が不可解だった。三島さんの壮絶な死にショックを受けた様子がなかったことも、哀悼の意を公にも私的にも口にしなかったことも、何もかもが意外だった》

だが、女優の村松英子《むらまつえいこ》が伝える鶴田の言葉（『三島由紀夫　追想のうた　女優として育てられて』CCメディアハウス）は、こうだった。

《三島先生が亡くなった時、僕はやむにやまれぬ気持ちで日本刀を抜いて、号泣した》

池部と高倉に「キューー」「道行きだけあればいい」

映画好きの三島由紀夫が観た最後の映画もやはり任俠映画――昭和45（1970）年9月22日に封切られた『昭和残俠伝　死んで貰います』であったろうとは、半ば定説になっている。

ご存じ、花田秀次郎の高倉健と風間重吉の池部良との花・風コンビ、背中の唐獅子牡丹で熱狂的なブームを呼んだシリーズ第7弾、シリーズ最高傑作との呼び声も高いマキノ雅弘監督の任俠作品であったというのも、何か象徴的である。

三島は死の約1カ月前の10月21日、『映画芸術』誌（昭和46［1971］年2月号）で石堂淑朗《いしどうとしろう》と対談し、この映画について、

《最後に池部と高倉が目と目を見交わして、何の言葉もなく、行くところなどみると、胸がしめつけられてくる、キューとなってくるんだ。日本文化の伝統をつたえるのは、今ややくざ映画しかない》

《ヤクザ映画ってのは、あのラストの前の道行きだけあればいいんだよ。あとはいらない》（「戦争映画とやくざ映画」）

とも語っている。

鈴木・小沢両監督と藤純子　東映に〝三島事件〟の衝撃

昭和45年11月25日10時50分　益田兼利総監に面会

三島由紀夫をはじめ、〝楯の会〟学生長森田必勝以下、会のメンバーの小賀正義、小川正洋、古賀浩靖の5人を乗せたコロナが、自衛隊市ヶ谷駐屯地東部方面総監部玄関に到着したのは、昭和45（1970）年11月25日午前10時50分のことである。

総監部2階総監室に通され、益田兼利総監と面会した5人が行動を開始するのは、三島の持参した関の孫六を見た益田総監が、「いい刀ですね。やはり三本杉（刃の模様）ですね」と褒め、三島に刀を返した直後であった。

　小賀、小川、古賀がロープで総監の両手を縛り、椅子に括りつけ、さらに両脚を縛り手拭いで猿ぐつわを嚙《か》ませ、森田は机やロッカーを倒し、バリケードを築いたのだ。

　総監室のただならぬ音や気配に気づいて駆けつけてきた自衛隊幹部たちの侵入を、三島たちは日本刀や短刀等で防いだうえで、

「攻撃行動、妨害行動を加えなければ、総監に危害は加えない。正午までに隊員を集めろ。もし要求を容《い》れなければ、総監を殺害して自決する」

　と要求。三島は総監に対し、

「自衛隊員を集めて演説したい。これから私の言うことを聞いて2時間我慢すれば殺さない。今日は自衛隊に最大の刺激を与えて奮起を促すために来た」

　と言い渡した。

　午前11時50分ごろ、森田、小川は要求項目を書いた垂れ幕2本を総監室バルコニー上から垂らし、数百枚もの〝檄文《げきぶん》〟を散布した。

　バルコニー下の前庭に集合した800人ほどの自衛官に向かって、三島の演説は開始された。

　三島の演説は、自衛官たちの野次と怒号、頭上のヘリコプターの騒音とで、しばし掻き消された。

ひどくなる野次と怒号　自衛隊への夢失う三島

「……諸君は去年の10・21から後だ。もはや憲法を護る軍隊になってしまったんだよ。自衛隊が20年間、血と涙で待った憲法改正ってものの機会はないんだ。……自衛隊にとって建軍（軍の編成）の本義とは何だ？　日本を守ること。……日本を守るとは、天皇を中心とする歴史と文化と伝統を守ることである……」

総監が監禁されているという怒りもあって、自衛官たちの野次と怒号は三島の演説が進むにつれ、いよいよひどくなった。演説は何度も中断され、三島はその都度「聴けえ！　静聴せい！」と声を張り上げねばならなかった。

三島は最後に「一人でもオレと一緒に起《た》つヤツはいないのか」と呼びかけても反応がなかったことで、「……これでオレの自衛隊に対する夢はなくなったんだ」と言い、皇居に向かって正座すると、森田とともに「天皇陛下万歳！　万歳！　万歳！」と三唱、総監室に戻り、総監に対して、「恨みはありません。自衛隊を天皇にお返しするためです。こうするより仕方なかったのです」と言って制服を脱ぎ、切腹の準備に入った。

小沢監督「勇気がある」　藤「自殺しようかしら」

『関東テキヤ一家　喧嘩火祭り』のロケハンのため浜松へ向かう車中、カーラジオでこの三島事件を知って、「腰が抜けるほど驚いた」という鈴木則文監督が、東映京都撮影所へ戻ったのは、その日の夜のこと。鈴木則文はこう証言している。

《夜になって京都の撮影所に着いた私は廊下ですれ違った小沢茂弘監督と藤純子さんと一寸立《ちょっと》ち話をしたら小沢氏曰《いわ》く「勇気がある。口先だけで何もできない奴が多いのに、凄い人だ」藤さん曰く「……（ポツンと）あたしも自殺しようかしら……」（勿論、本気ではないが批評をしない美徳をもつ女のやさしさは男にとって女神に近い存在である）》（『仮説・兄弟仁義――衝撃の思想としての十一月二十五日』）

この日、藤純子は京都撮影所で、『緋牡丹博徒』『日本女俠伝』に次ぐ新シリーズ第1弾『女渡世人』（昭和46［1971］年1月23日封切り、小沢茂弘監督）を撮影中であったのだ。

任俠映画を地で行った三島　時代が映画を超えていた

「東映映画みたいだ」介錯の刀は肩に食い込む

戦後25年、高度経済成長もピークに達し、〝昭和元禄〟とも称される平和と繁栄に酔いしれる日本で起きた、ノーベル文学賞候補作家の〝ハラキリ〟は、世をアッと驚かせ、世界中に衝撃を与えた。

新聞、雑誌、テレビ等のメディアで一斉に報じられた文化人や有名人のコメントも、〝三島ショック〟の大きさを物語って余りあった。

「まるで東映映画みたいだ」とのコメントを寄せたのは、『銭《ぜに》ゲバ』や『アシュラ』で注目を浴びていた気鋭の漫画家ジョージ秋山《あきやま》だが、確かにそれは東映任俠映画に見られる〝殴り込みの果ての死〟にも似た結末で、とても現実の出来事とは思えなかった。

裁判記録などから、その最期の場面を再現してみると——。

陸上自衛隊市ヶ谷駐屯地東部方面総監部2階総監室において、三島由紀夫が上半身裸になり、靴を脱いで絨毯《じゅうたん》の上に正座、短刀を手にしたのは午後0時15分過ぎのことであった。

そのとき、三島はともに死ぬ予定の楯の会学生長の森田必勝に、「君はやめろ」と自決を思い留《とど》まらせせようとしたが、覚悟を決めた森田の意志は些《いささ》かも揺るがなかった。

三島はその説得を諦めざるを得なかった。直後、割腹に臨んだ三島の顔が引き締まり、全身に殺気が漲《みなぎ》った。

三島は「やあっ！」という気合いとともに、短刀を深々と左脇腹に突き刺すと、真一文字に右に引いた。

介錯役《かいしゃくやく》の森田が、左後方から三島の頸部《けいぶ》目がけて刀を振り下ろした。が、太刀は三島の首を外れ、肩に食い込んだ。

狂熱の時代の〝現実〟

森田は気を取り直して再び介錯に挑んだが果たせず、「森田さん、もう一太刀」――同行した楯の会会員の小賀正義、古賀浩靖に声をかけられ、森田は気力で三太刀を振り下ろしたが、うまくいかず、「浩《ひろ》ちゃん、頼む」と古賀に後を託し、関の孫六を手渡した。

太刀を受け取るなり、構えたかと思うと、古賀は一太刀で三島の首を刎《は》ねた。首は1メートルほど転がり、鮮血があたりに飛散。

続いて森田も制服を脱ぎ正座するや、短刀を握る。森田の介錯も古賀が引き受けた。森田は裂帛《れっぱく》の気合いで左脇腹に短刀を突き刺しながら、「まだまだ……」と古賀に声をかけ、右に引いたところで「よし！」と合図を送った。

古賀の刀が一閃《いっせん》し、見事に一太刀でその役目を果たした……。

まさにジョージ秋山の言うように、東映任侠映画そのままのような光景が展開されたのだった。

あたかも前年10月に封切られた東映の『日本暗殺秘録』のワンシーンとも見紛いかねないような場面が繰り広げられていたわけだが、それは映画ではなく、歴《れっき》とした現実であった。そこにこそ、この時代の特質、狂熱があったと言うべきであろう。現実のほうが映画を超えていたのである。そんな時代であった。

見納めの『昭和残侠伝』

映画好きでこよなく任侠映画を愛した三島由紀夫が最後に観た映画が、死の2カ月前に公開された『昭和残侠伝　死んで貰います』であったというのも、何か象徴的である。

マキノ雅弘監督がメガホンを握った同作品は『昭和残侠伝』シリーズ中最高傑作との評もあり、何より芸者役を演じた女優藤純子の円熟味が光っていて、評判を呼んだものだ。

三島も自決1カ月前、同作を巡る『映画芸術』誌（昭和46［1971］年2月号）の石堂淑朗との対談（昭和45［1970］年10月21日）で、こう述べている。

《「死んで貰います」では、藤純子がすごくよかったな……なよなよしていてネ。安気で、芸者の着物を着てヌウーと出てくると、すごくエロティックだったな……彼女はこちらの感情でみられる数少ない女優ですね。なんでいいのかなあ——山本富士子《やまもとふじこ》は床の間の盛り花のようにどかっとしているけれど、藤純子は一リンざしの花でいつもゆれゆれとゆれているような。あの女優さんが、くるりとこちらを振りむいた時の表情、目の動き、それだけでいいんだね》

（「戦争映画とやくざ映画」）

NHK出演はノーガード 藤純子に秘密の恋の葛藤?

3シリーズ目クランクイン 源義経〝任俠の花〟射止める

昭和45(1970)年11月25日の〝三島事件〟の夜、東映京都撮影所で撮影中だった藤純子は、たまたま廊下で遭遇した鈴木則文監督と立ち話をした際、「……あたしも自殺しようかしら……」と、事件の感想をポツンと述べたという。『緋牡丹博徒』『日本女俠伝』という二つのドル箱シリーズを抱え、さらにこのとき撮影していたのが、三つ目となる新シリーズの第1弾『女渡世人』。もはや東映任俠路線には欠かせぬ人気女優となっていた藤純子。

もちろん自殺などしなかったが、実は彼女、このころ、人知れぬ悩みを抱えていたのは事実である。

昭和41(1966)年のNHK大河ドラマ『源義経《みなもとのよしつね》』の静御前《しずかごぜん》役に抜擢された彼女、主役の源義経を演じた歌舞伎界のプリンス・尾上菊之助《おのえきくのすけ》(現七代目尾上菊五郎《きくごろう》)との共演をきっかけに交際が始まり、ひそかに愛を育ませていたのだった。その恋愛はプロデューサーである父親の俊藤浩滋も知らないことで、秘密裏に進行していたのだ。

なにしろ東映では、悪い虫がつかないように彼女はガッチリとガードされていた。当時の東映の男優陣といえば、高倉健を別にして、いずれも女に手の早いことでは折り紙つきのプレイボーイ揃い。新人女優の存在など、狼の群れに子羊が、体育会系の男子寮に女子大生が裸で飛び込んでいくようなもの——と評されたほど。

ところが、こと藤純子に関しては、誰一人手を出す者はいなかった。その父親が言わずと知れた〝任侠映画のドン〟俊藤プロデューサーとあって、誰もが恐れをなしたのだ。

目を光らせる俊藤パパ　鶴田「オレが許さん」

「藤純子に手を出したら殺される」——との風評も立ち、あまつさえ俊藤を「兄貴」と慕う鶴田浩二が「純子に近づくヤツはオレが許さん」と公言し、ガード役を務めていたとも言われていた。女に対しての猛者《もさ》が揃っていたあの東映で、彼女に浮いた噂ひとつ立たなかったゆえんであろう。

だが、東映では誰もが手を出せなかった藤純子もNHKではノーガード、そこで共演した歌舞伎界のプリンスとの恋愛が生まれ、2年後の結婚・女優引退へと至るのだが、みすみすドル箱女優をさらわれた東映とすれば、泣くに泣けない心境であったろう。

もとより彼女自身、東映の売れっ子女優としての立場を誰より自覚し、恋愛はご法度であることを知っていただけに、進行中だった秘密の恋愛の葛藤もあって、つい三島事件にかぶせて「……あたしも自殺しようかしら……」との言がポロッと出てしまったのであろう。

昭和45（1970）年になってもなお快調、他社の追随を許さず、一人勝ち状態の東映任俠路線、『緋牡丹博徒』シリーズの藤純子人気は、もはや社会現象となっていた。

ヘルメットにお竜さんのブロマイドを忍ばせてデモに出陣したという全共闘学生や、アパートで孤独死した無頼派左翼の斉藤龍鳳の部屋に毛沢東とともに藤純子の写真が貼られていたというのも、よく知られた話である。「私は女じゃなか、男たい！」とタンカを切り、男勝りに振る舞っても、溢れんばかりの女らしさ、やさしさ、気品は隠しようもないというところに、その魅力はあった。

ファンに「やめんしゃい！」「バーン！」でストレス発散

それでも素顔の藤純子は、多分に気が強いところもあった。封切り初日の舞台挨拶に立つと、大勢のファンが殺到し揉みくちゃにされ、ときには収拾がつかなくなる騒ぎになることもあった。不埒《ふらち》なファンに危うくさらわれかけたこともあり、さすがに彼女も身の危険を感じたのか、「何するの!?　やめんしゃい！」とお竜さんを地でいくような熊本弁交じりのタンカを吐いて振り払い、難を逃れたこともあったという。

そんな彼女のストレス発散法は、レギュラーサイズのコカ・コーラの瓶をコンクリートの壁にぶつけて割ること。撮影で嫌なことがあっても「バーン！」という破裂音と、「プシュッ！」

と中身の炭酸液が流れ出るのを見て、胸をスッとさせていたのだった。

三島死亡時は〝大親分〟アイデアマンだった若山

ズッコケ親分は発想豊か

世に言う〝三島事件〟が起きたとき、東映の劇場で全国一斉に上映されていたのは、4日前から封切られていた『シルクハットの大親分 ちょび髭の熊』（鈴木則文監督、若山富三郎主演）であった。

同作品はシリーズ2作目で、同じ監督、主役による1作目の『シルクハットの大親分』が公開されたのは、5カ月前の同年（昭和45〔1970〕年）6月のことだった。藤純子の『緋牡丹博徒』シリーズで若山富三郎が演じた、お竜の兄貴分であるズッコケ親分〝道後の熊虎〟こと熊坂虎吉を独立させて作られたものである。

この『シルクハットの大親分』シリーズは『緋牡丹〜』シリーズとは反対に、藤純子のお竜さんがゲスト出演。熊虎のあわやという場面で颯爽と現れ、兄貴分のピンチを救うのだが、それが2本とも絵に描いたようにカッコいい登場の仕方なのだ。これには若山も、「あんた、いつでもええところで出てきはりまんな」と楽屋オチのような台詞を吐き、観客の笑いを誘ったものだった。

『緋牡丹博徒』シリーズではお竜さんの強力な助っ人でありながら、三枚目親分役を演じて欠かせぬキャラクターとなっていた若山の熊虎、ついには独立してシリーズ化されるまでに至ったのだから、その人気ぶりも推して知るべしであろう。

撮影中に突如閃く

若山のコミカルな親分役といい、赤鼻にちょび髭といい、すべて俊藤浩滋プロデューサーのアイデアだったというが、何かにつけアイデアを出すことでは若山も人後に落ちなかった。俊藤は、その著書『任侠映画伝』で、こう述べている。

《あの時分、若山はけっこう太っていたけど、ものすごく体が軟らかくて、トンボを切ったりした。ああいうところは彼のアイデアで、撮影現場では随分いろいろなアイデアを出す。行き過ぎたら最悪やから、私が「そんなのはあかん」とチェックするが、面白いアイデアはいっぱい出てきた。

そうやって若山はスター的存在というより、うまい役者として大きくなっていった》

若山のアイデアマンぶりはつとに知られ、一緒に仕事をしたスタッフや役者の多くが証言するところである。若山は撮影前からその役になりきって、四六時中芝居のことばかり考えているような役者であったのだ。

『極道』をはじめ、若山作品の数多くの擬斗を担当した殺陣師の上野隆三も、若山からいろいろなアイデアを提示されることが少なくなかった。

喜んで取り入れる場合もあったが、むろんできないこともあった。困ったのは、それが撮影前の打ち合わせの段階ならいざ知らず、撮影中、突如閃いて持ち出されるケースだった。それを採用するとなると、別の小道具を用意する必要が生じたり、何かと時間がかかったりして、撮影が間に合わなくなってしまうからだ。

だが、「できない」と言ったのでは身もフタもないし、相手が悪かった。そこで上野が考え出したのは、若山の機嫌を損なわずに済む断り方だった。

「そりゃグッドアイデアですね。けど、それ、ここで使うのはもったいないですから、次に取っておきましょう」というもので、これには若山も納得して折れたという

ヒ首の鶴田に拳銃の若山

山下耕作監督の場合は、もっとうまかった。『将軍と呼ばれた男　映画監督 山下耕作』で、こう述べている。

《『博奕打ち　流れ者』って鶴田が主演で若山がゲスト。殺陣の上野隆三が困ってる。二人の

立廻りの時、「監督。若山がピストル持ってやりたいって言ってるんですよ」「そんな、鶴田が匕首《あいくち》でやってるのにゲストがそれやったら主役が全部こわれるやないか」。上野がなかなかよう言わんのや。「俺が言うわ」（引用者注＝山下）って。「若山さん、日本一立廻りの上手《うま》い役者がハジキ持ってどうするのや」って。「そうやな、将軍」とか言って。日本一殺陣の上手い役者の一言でコロッと行くんだ》

だが、さすがに何度もこの手を使われているうちに若山も気づいたようで、「もう言わへんわ、あの監督には。言うてもワシの採用してくれへん」とボヤいていたという。

第3部

「任侠」から「実録」へ

第11章　転換期を迎えた東映任侠映画

俊藤流キャスティングの妙　日活からの〝まむし〟一匹

昭和46年、邦画界衰退の象徴的出来事が相次ぐ

昭和46（1971）年、日本映画の不振、映画産業の衰退を象徴するような大きな出来事が、映画界で立て続けに起きた。

邦画5社のうち、大映は倒産の憂き目に遭い、日活は一般映画の製作を止め、ロマンポルノ路線への方向転換を決めたのだ。東宝も本体での製作を中止し、関連会社で映画を作る体制に移行して、松竹も『男はつらいよ』シリーズ以外の興行成績はパッとしなかった。

東映だけが依然として好調を保ち、唯一の黒字会社として一人勝ち状態が続いていたのである。その人気を支えていたのは、鶴田浩二、高倉健、若山富三郎、菅原文太、藤純子らの強力なスターシステムを敷く任侠路線であったのは言うまでもない。東映封切館の看板には、〝今

をときめく任俠東映！〟というキャッチフレーズが大々的に躍っていたものだ。

だが、いかんせん、正統着流し任俠路線は10年近くも続いていれば、マンネリ化は避けがたく、そろそろ観客に飽きられつつあったのも事実だった。

そんな状況を打破すべく、この年、いままでにない極めて異色の型破りなヤクザ映画が登場した。

同年6月に封切られた『懲役太郎　まむしの兄弟』（中島貞夫監督、菅原文太主演）で、藤純子の大ヒットシリーズ7本目『緋牡丹博徒　お命戴きます』（加藤泰監督）との併映であった。

刑務所を出たり入ったりしている〝懲役太郎〟の菅原文太、川地民夫《かわちたみお》の愚連隊コンビ――通称〝まむしの兄弟〟が、神戸《こうべ》・新開地《しんかいち》を舞台に大組織を敵に回して暴れまくるストーリーで、二人はやることなすこと大ズッコケぶりを発揮する。

いわばコミカルなタッチによる任俠映画のパロディーとも言える作品であった。

非常識さをコミカルに

舎弟分の〝不死身の勝《かつ》〟役・川地民夫と凸凹《デコボコ》コンビを組んだ文太の〝ゴロ政《まさ》〟は、後の『トラック野郎』の星桃次郎《ほしももじろう》にも通じるような限りなく三枚目に近い役どころであった。文太が俳優として新境地を切り開いた作品とも言えよう。

映画もヒットしてシリーズ化され、昭和50（1975）年の『まむしと青大将』まで製作されたのだった。

同作を企画した俊藤浩滋プロデューサーがこう述懐している。

《文太は普通の二枚目ではない。〝二半〟もできる。そう見抜いてつくったのが『懲役太郎まむしの兄弟』だった。

ま、発想は単純なもので、われわれは子どもの時分、近くの山に遊びに行って、マムシは毒があって喰《く》いついたら離さんというのでえらい怖かったから、あれでやってみよう、と。いったん何かに目をつけたら、人のことなんか配慮せんと、ガーッと突っ走りよるんだが、その非常識さをコミカルに描くところに面白さがある。

あれは文太の弟分に川地民夫をもってきたのも良かった。誰かいないかなあと見回して、少し前まで日活でなかなか個性的な芝居をやっていた川地民夫を引っ張ってきた》（『任俠映画伝』）

消えた〝不死身の〟渡瀬恒彦

川地民夫といえば、日活全盛時のアクション映画や青春もので石原裕次郎や小林旭《こばやしあきら》、渡哲也《わたりてつや》を相手に活躍した名バイプレイヤー。前述したようにこの年、日活は経営が立ち行かなくなって低予算のロマンポルノ路線に移行、川地をはじめ、往年の日活スターたちの出番はなくなっていた。おのずと彼らはテレビや他社に活躍の場を求めざるを得なかったわけで、川地民夫の東映初出演となる『懲役太郎 まむしの兄弟』の不死身の勝役が、わりとスムーズに実現したゆえんだろう。

当初はこの役を渡瀬恒彦《わたせつねひこ》で考えていた中島貞夫監督も、川地民夫のキャスティングはよほど意外だったと見え、俊藤プロデューサーからその名を告げられたとき、思わず「えっ!?」と驚きの声を上げたという。

それこそ任侠映画ファンを唸らせた『昭和残侠伝』の池部良、『日本の首領《ドン》』シリーズの佐分利信《さぶりしん》のような俊藤流のキャスティングの妙と言うべきものであったろう。

中島・高田が本領発揮 任侠映画のパロディー

時代劇ブームとともに去り 任侠映画でカムバック

昭和46（1971）年6月に封切られた『懲役太郎 まむしの兄弟』は、任侠路線から実録路線に移行する過渡期に登場し、その橋渡し的な役割を担った怪作で、高田宏治《たかだこうじ》脚本、中島貞夫監督作品。

高田宏治は前年に公開された『シルクハットの大親分』シリーズ2本の脚本家でもあり、この時分、ノリにノッていた。『シルクハットの大親分』をいたく気に入った俊藤浩滋プロデューサーも、「このころ（の脚本）は高田宏治が一番や」と評価していたほど。

それが橋本慶一《はしもとけいいち》プロデューサーを通して耳に入った高田は、ことのほか喜んだ。当時は俊藤に褒められることが、東映の脚本家にとってひとつのステータスでもあったからだ。もっともそれは、新人を褒めることでベテランの脚本家にハッパをかけるという俊藤流の競わせ方であるとは、高田も後でわかってくる。

高田宏治は昭和9（1934）年、大阪生まれ。東大文学部英文科卒業後、東映に入社。入社2年目に『白馬童子《はくばどうじ》　南蛮寺《なんばんじ》の決斗』でシナリオライターとしてデビュー。以後、『柳生武芸帳』『新黄金孔雀城《しんおうごんくじゃくじょう》』シリーズといった時代劇を数多く手がけた。

が、時代劇のブームが下火になったのを機に東映を去り、しばらくはテレビの脚本を専ら書いていた。そんな折、京都の自宅の近所に住んで親しくしていた前述の橋本慶一から声をかけられ、東映任侠映画の脚本を書くようになったのだ。その第1作が、小沢茂弘、村尾昭との共作で書いた『博奕打ち』（昭和42［1967］年1月、小沢茂弘監督、鶴田浩二主演）であった。

笑いを取る脚本家　定型をぶち壊す監督

かくて俊藤一家に連なって、『博奕打ち』シリーズや『男の勝負』シリーズを何本か書いたのだが、正直なところ、高田は正統的な着流し任侠映画はあまり好きではなかった。関西人気質の濃厚な高田にすれば、ストイックな主人公は〝ええかっこしい〟にしか見えず、むしろ任侠作であっても、笑いを取る場面、遊びの部分でこそ脚本家として本領を発揮できたのだ。

そんな高田が任侠脚本5年目にして巡り合った作品が、『懲役太郎　まむしの兄弟』であった。

それは監督の中島貞夫とて同様だった。どちらかと言えば、正統派の任侠ものは体質に合わず、かえって任侠映画の定型をぶち壊す、パロディーとしての『まむしの兄弟』のような作品でこそ持ち味を出せるのが、中島貞夫であった。

そんな二人の個性をしっかりと見極めて起用したのが俊藤浩滋で、その狙いはズバリ当たった。中島・高田コンビは水を得た魚のように生き生きと呼吸もピタリと合って、『まむしの兄弟』に取り組んだ。

任侠映画を逆説的に見たらどうなるか、自己犠牲より、馬鹿げた自己主張を貫く男たちのズッコケぶりをテーマにして任侠映画を裏から笑ってやれという新しい試みに、二人はチャレンジしたのだった。

任侠↓パロディー↓実録　ヤクザよりしたたかな東映

そのため、やがて深作欣二監督の『仁義なき戦い』が登場して任侠路線が終焉となり、実録路線へと移行していったとき、中島貞夫がよく人から冗談で言われたのは、

「東映というのはなんちゅう会社なんだ。任侠映画をやって、次は任侠を笑い飛ばして、その次は実録路線をやって——と、ヤクザを徹底的に食い物にしてるな。ヤクザよりしたたかだな」

というもので、これには中島も、当たっているだけに苦笑するしかなかった。

俊藤から〝まむしの兄弟〟の企画を持ち込まれ、

「シャバで休む間もなく、年中懲役へ行っとるモンがおる。こういうヤツを〝懲役太郎〟言うんやが、二人組の兄弟分にして、こいつらが刑務所から出て暴れまくる映画を作りたいんや」

との話を聞いたとき、高田は「そういうのはどういうヤツらですか？」と訊ねた。すると、俊藤が答えたのは「それは食いついたらもう絶対離れん、まむしみたいなやっちゃ」というものので、期せずしてタイトルが生まれていた。

列島に衝撃、藤純子引退と連合赤軍の狂気

婚約と同時に女優引退宣言 岡田茂「馬鹿にしてるわ」

昭和46（1971）年秋、東映任俠映画ファンはもとより、東映関係者にとって衝撃的な一大事件が持ち上がった。

〝緋牡丹のお竜さん〟で一大ブームを巻き起こし、任俠路線に咲いた大輪の花と評された看板女優の藤純子が、突如、歌舞伎俳優尾上菊之助との婚約を発表。同時に女優引退宣言を行なったからだ。

「えっ!?　そんな馬鹿な……」

寝耳に水の話に、〝お竜さん命〟とばかりに藤純子を崇《あが》め奉っていた大勢のファンは、ショックに打ちのめされ言葉を失った。

ファン以上にショックを受けたのは、東映首脳であったようで、藤の実父である俊藤浩滋プロデューサーがこう伝えている。

《岡田茂社長もびっくりしよった。ちょうど大川博の後を継いで社長になった直後だったから、頭を抱えて、ほとんど怒っていた。東映の大事な宝を奪われてしまうようなもんやから、「そんなもん、馬鹿にしてるわ」と》（『任俠映画伝』）

もとより東映首脳ばかりか、監督や脚本家にしても〝純子引退ショック〟は同様であった。『緋牡丹博徒』『日本女侠伝』『女渡世人』シリーズをはじめ、純子が相手役を務めた鶴田浩二や高倉健の映画で多くの名作を撮った山下耕作にしても、「もう任侠映画は撮れないのではないか」と思い詰めるほど、落ち込んだ様子が伝えられている。

人気が低迷したがゆえの落ち目の引退ではなく、前述のドル箱シリーズ三つを持って、いまが盛りの時期——最も花が咲き誇ったときにきっぱりと身を引くというのだから、監督にとってもファンにとっても惜しんであまりある別れであったのだ。紛れもなく藤純子の引退は、長い間隆盛を極めた任侠路線の終焉を象徴する出来事であったろう。

連合赤軍で再度仰天

藤純子の熱狂的なファンのなかでも、誰よりその引退を嘆き、

「尾上菊之助なんて、鶴田や健さんとは真逆の軟弱男じゃないか。そんなもんに我らがお竜さんが奪われてたまるか！」

と怒りの声を上げたのは、アパートの部屋の壁やヘルメットの裏にお竜さんのブロマイドを貼って街頭デモに向かった学生運動家やそのシンパ（共鳴者）たちであった。彼らの間で〝藤純子の結婚を断固阻止する会〟が結成されたなどという話も、まことしやかに伝わってきたも

のだ。彼らこそが、最もお竜さんに入れ込み、東映任侠映画に熱いエールと拍手喝采を送った連中と言われるが、あたかも任侠映画の興隆と軌を一にするようにして盛り上がった彼らの学生運動もまた、この時期、同じように幕を下ろそうとしていた。

藤純子の引退記念映画『関東緋桜《ひざくら》一家』が封切られたのは、翌昭和47（1972）年3月のこと。

連合赤軍によるあさま山荘事件が勃発し、同時に世を震撼させた彼らの大量リンチ殺人事件が発覚したのは、ちょうどその封切り直前のことであった。

2月7日、群馬県下で連合赤軍のアジトが発見され、群馬・長野両県警は19日までに森恒夫《もりつねお》、永田洋子《ながたひろこ》ら8人を逮捕。残る5人が、長野県軽井沢《かるいざわ》の河合《かわい》楽器保養所のあさま山荘に管理人の妻を人質にして立てこもったことが事件の発端となった。

あさま山荘での攻防10日間

連合赤軍とは、共産主義者同盟赤軍派と日本共産党（革命左派）神奈川県委員会という武装闘争を主張する二つの超過激派同士が合体して結成された組織であった。

警察は装甲車を繰り出してあさま山荘を包囲、10日目の28日午前10時、山荘攻撃を開始した。工事用の大鉄球で壁を破り、水とガス弾を注入、犯人は猟銃、拳銃、手製爆弾などで激しく抵抗したが、8時間の攻防の末に機動隊員が突入、人質を救出し5人を逮捕した。警官2人の殉職と民間人1人の死亡という犠牲を生んだ10日間の攻防はテレビで実況中継され、記録的な高視聴率を挙げた。

あさま山荘突入の際に警察が使ったガス弾は約1000発、拳銃発砲15発、放水は約1000トンに上った。犯人から押収した武器は猟銃4丁、ライフル1丁、拳銃1丁だった。

同じ時代に盛衰を遂げた学生運動と東映任侠映画

リンチ殺人事件の衝撃

赤軍派と革命左派が合併して結成された〝連合赤軍〟メンバー5人によって引き起こされたあさま山荘事件。その決着がついたのは昭和47（1972）年2月28日午後6時過ぎのことで、機動隊との8時間の攻防の末に、10日間籠城した5人が逮捕され、人質は218時間ぶりに救出されたのだった。

それから間もなくして、身も凍るような戦慄すべき事実が発覚するのは、同事件逮捕者の自供からだった。

彼ら連合赤軍が拠点にした群馬の榛名山《はるなさん》、迦葉山《かしょうざん》、妙義山《みょうぎさん》の山岳アジトにおいて大量のリンチ殺人――仲間殺しが行なわれていたことが明るみに出るのだ。3月7日から12日までに群馬の山中から12遺体が発掘され、3月25日には千葉県印旛沼《いんばぬま》付近でも2遺体が発掘されたことで（男9、女5の合計14遺体）、その恐るべき実態があらわになったのだった。

死者の多くは、個々人に強靱《きょうじん》な革命戦士となることを課した共産主義化理論のもと、〝総括〟という名目で徹底的に批判され、〝日和見《ひよりみ》〟〝規律違反〟〝指輪や化粧はブルジョア的だ〟〝車を脱輪させた〟などの理由で縛られ、殴る蹴るのリンチにかけられたうえで、寒中に放置されて凍死し、また死刑を宣告された者は刃物等で刺され、首を絞められて殺されていた。

それは世にも凄惨な地獄絵とも称されるような光景で、新左翼運動家に与えた衝撃とダメージは計り知れなかった。ましてセクトとは縁遠く、純然たる正義感や反戦の心情から学生運動に飛び込んだ者たちからすれば、到底容認しがたい、決してあってはならない裏切り行為であったに違いない。

彼らの多くは絶望し、学生運動、あるいは新左翼運動なるものにほとほと愛想《あいそ》を尽かし、とことん嫌気が差したとしても無理はなかったろう。

実録路線、内ゲバの時代に

かくてこの連合赤軍リンチ事件は、〝学生運動の墓場〟とも評され、多くの学生が運動から離れていく要因となった。これによってセクトや党派と名のつくものは学生たちから一様にソッポを向かれ、学生運動は止《とど》めを刺されたも同然となり、一挙に衰退していくのだ。

奇しくもそれは藤純子の引退に象徴される東映任侠路線の退潮、終焉と時期を同じくしていた。つまり東映任侠映画の隆盛は学生運動の高揚とともにあり、学生運動の終焉とともに東映任侠映画もまた一定の役割を終えようとしていた。

任侠路線から実録ヤクザ路線への転換がなされたころ、学生運動のほうも屍《しかばね》を累々と重ねる内《うち》ゲバ（内輪の暴力的抗争）の時代に変わっていたのも、不思議な符合と言えた。

連合赤軍の大量粛清による遺体が次々と発掘されていた、まさにその時期、東映で全国一斉公開されていたのが、藤純子の引退記念映画『関東緋桜一家』であった。

監督は藤純子という芸名の名づけの親であり、女優藤純子の育ての親である巨匠マキノ雅弘。脚本は笠原和夫。共演は鶴田浩二、高倉健、若山富三郎、菅原文太、待田京介、伊吹吾郎《いぶきごろう》、山城新伍、長門裕之、南田洋子、木暮実千代《こぐれみちよ》、嵐寛寿郎、水島道太郎《みずしまみちたろう》、悪役陣の遠藤辰雄、天津敏、名和宏らに加え、藤山寛美、片岡千恵蔵という超豪華オールスターであった。

東映任侠映画の最後の祭り

藤純子の引退劇は後年の山口百恵《やまぐちももえ》の引退騒動にも似て、テレビ、ラジオ、週刊誌、スポーツ紙などマスコミがこぞって取り上げ、一大センセーションを巻き起こし、ひとつの社会的現象ともなった。東京の百貨店では、引退にちなんで〝さようなら藤純子展〟まで催されたほどだった。

藤純子引退記念映画と銘打たれた『関東緋桜一家』は、嫌でも話題を集めた。封切り日、東映封切館の前に掲げられた《今さら何んにも云いません　たゞ黙って見て下さい純子別れのあで姿》との惹句が躍る大きな立て看ポスター。

そこへどっと押し寄せた観客が長蛇の列を作り、その様子を実況中継するテレビ局やラジオ局の姿もあった。それは紛れもなく、東映任侠映画の最後の祭でもあったろう。

マキノ監督が不満を抱いた純子引退作『関東緋桜一家』

〝藤純子とお別れする会〟撮影所へのバスツアー

人気絶頂の東映看板女優・藤純子の引退記念映画とあって、『関東緋桜一家』は公開前からテレビのワイドショーや週刊誌、スポーツ紙等でも取り上げられるなど大きな話題を呼び、クランクインするや、東映京都撮影所は一種のお祭り騒ぎとなった。

全国の藤純子ファンが〝藤純子とお別れする会〟と称するツアーで、バスを何台も連ねて同撮影所に殺到、彼らは撮影を見学し、藤純子と一緒に撮影所の大きな食堂で記念写真を撮って別れを惜しんだ。

映画のヒットは約束されたも同然で、案の定、同作品が封切られるや、連日、劇場には多数の観客が押し寄せ、大ヒットを記録した。

東映任侠路線を支えてきた看板スターが勢揃《せいぞろ》いしたオールスター、監督マキノ雅弘、脚本笠原和夫という最強コンビの作品とあれば、それもむべなるかなであったろう。だが、そうした興行的成功に反して、作品自体はあまり高い評価を受けず、作り手のマキノや笠原にも、内容に不満が残ったようだ。

マキノ雅弘もこう述べている。

《『関東緋桜一家』には純子の映画の何もかも詰め込んだだが、逆にそのために内容は薄いものになった。『緋牡丹博徒』シリーズのイメージが強く、立回りのシーンが多かったが、そちらの方の演出はほとんど小沢茂弘に任せてしまった。

映画は二十二、三日で上り、完成祝いが純子の送別会になった。ニコニコ笑っていた純子に私が花束を持って行った時、初めて泣いた。泣いてくれた。私は嬉しかった。

「君は今まで作品にやきもちを焼いたが、これからは十二分に御亭主に甘えて焼いてやれ」と私は云ってやった》（マキノ雅弘『映画渡世・地の巻　マキノ雅弘自伝』平凡社《へいぼんしゃ》）

上った藤が絶頂時に引退 〝任侠映画に咲いた花〟

『八州遊侠伝 男の盃』（昭和38［1963］年6月）でデビューした藤純子の映画出演作は、『関東緋桜一家』（昭和47［1972］年3月）で引退するまで合計91本、そのうちの19本を撮り、デビュー作と最後の作品を撮った監督がマキノ雅弘（後に雅広）で、まさに藤純子の育ての親であった。

マキノ一家の俳優・津川雅彦も、『映画芸術』1994春号の「マキノ雅広を送る」における富司純子（藤純子）、山城新伍、桂千穂《かつらちほ》（司会・脚本家）との座談会で、《マキノ雅広が、言ってみりゃ一番純粋無垢に、身体の流れの理論から根性まで全部育てた女性ってのは純子だし、マキノの美意識をほんとに分かる女優》と述べている。

また、藤純子という芸名をつけたのもマキノで、藤の花が大好きだったことからの命名であったが、「藤は下がるから嫌だ」という純子に対し、マキノは「何を言ってるんだ。高く上がりっ放しなら、藤は下がらないんだ」と言ったという。

マキノが藤の花が大好きだったのは、思いっきりきれいに咲いて上りきらないと垂れないからであり、「いっぱい咲いたときに、ダラッと下がって、それで終わりだということを示してくれるから」とのことで、まさしく女優としてその通りの終わり方をして見せたのが、〝任侠映画に咲いた花〟藤純子であったわけだ。

育ての親は酌婦と芸者がお気に入り

ホテルオークラにおいて、藤純子と尾上菊之助（本名・寺嶋秀幸《てらじまひでゆき》）の華燭《かしょく》の典《てん》（結婚式）が挙げられたのは、『関東緋桜一家』が封切られたその月の下旬――昭和47（1972）年3月30日のことだった。

スピーチを求められたマキノは、「純ちゃん、これで藤は散っていいんだ。寺嶋になれ。藤はもう散ったんだよ」とお祝いの言葉を述べたという。

マキノにとっても、この『関東緋桜一家』が映画における最後の監督作品となったのだった。

マキノが撮った藤純子出演19作品のうち、自身が最もお気に入りの純子の役柄は、『侠骨一代』（昭和42［1967］年11月）の酌婦『昭和残侠伝　死んで貰います』（昭和45［1970］年9月）の芸者役であったという。

大転換期だった昭和47年　東映に芽吹いた実録路線

〝はじまりのおわり〟〝おわりのはじまり〟

1972年――昭和47年は、年明けからアッと驚くような大事件が頻発した年であった。

1月、第2次世界大戦生き残りの元日本陸軍伍長《ごちょう》の横井庄一《よこいしょういち》がグアム島のジャングルで発見された。戦後27年目にして救出され、2月2日に帰国。横井が羽田空港での記者会見で述べた「恥ずかしながら帰って参りました」は、流行語となった。

翌3日からは、札幌《さっぽろ》で開催された冬季オリンピックでジャンプの日の丸飛行隊が金、銀、銅を独占するという快挙に、日本中が沸き立ったものだ。

2月下旬には、米大統領リチャード・ニクソンが中国を電撃訪問、世界中を〝ニクソン・ショック〟が駆け抜けた。同じ時期に勃発したのが、連合赤軍によるあさま山荘事件で、さらに彼らによる大量リンチ殺人も明るみに出て、世を震撼させた。

3月には、奈良県明日香《あすか》村の高松塚《たかまつづか》古墳で極彩色の壁画が発見され、4月にはノーベル文学賞受賞作家の川端康成《かわばたやすなり》がガス自殺した。

5月15日、沖縄がアメリカから返還され沖縄県が発足。その月末にはイスラエルのロッド国際空港（ベン・グリオン国際空港）で、日本赤軍3人による自動小銃乱射事件が勃発、24人が死亡、76人が重軽傷を負った。

7月には佐藤栄作首相が退陣し、田中角栄《たなかかくえい》内閣が発足。農村出身で学歴もほとんどない田中は〝今太閤《いまたいこう》〟と呼ばれてブームに。その著書『日本列島改造論』（日刊工業新聞社）はベストセラーとなった。さらに9月、日中国交正常化を実現させる。

この年、昭和47年をひとつの時代の〝はじまりのおわり〟であり、〝おわりのはじまり〟であると分析したのは、評論家の坪内祐三《つぼうちゆうぞう》であったが、時代の大転換期となったのは紛れもない事実であった。

深作脚本と連合赤軍事件

奇しくも東映においても昭和47年は、一世を風靡し10年も続いた任侠路線の終わり（藤純子の引退に象徴されよう）、実録ヤクザ路線の始まりを予感させる年となったのだった。

連合赤軍のあさま山荘事件が勃発したとき、深作欣二監督は旅館にこもって、あるシナリオを執筆している最中であった。

このとき、深作は41歳、昭和28（1953）年に東映に入社し、約40本の映画に助監督としてついた後、昭和36（1961）年、『風来坊探偵　赤い谷の惨劇』（千葉真一主演）で監督デビュー。39（1964）年の『ジャコ萬《まん》と鉄《てつ》』（高倉健主演）が注目され、鶴田浩二主演の『解散式』（42［1967］）、『博徒解散式』（43［1968］）、『博徒外人部隊』（46［1971］）などのヤクザ映画を撮っていた。

10日間にわたるあさま山荘事件にピリオドが打たれたその日は、一日中、テレビが現場の実況中継を続け、深作はシナリオどころではなく、目はテレビに釘《くぎ》づけになった。

クレーン車に吊《つ》るされた鉄球が山荘をぶち壊し、大量の放水と催涙ガス弾の射出、銃撃戦……。厳寒の軽井沢においてリアルタイムで展開される連合赤軍5人と機動隊の攻防は映画さながらで、とても現実のものとは思えなかった。

スラスラできた〝与太〟

当然ながら深作のシナリオは予定より遅れて仕上がり、何より事件に触発されて、だいぶ捻《ね》じ曲がった方向へ行ってしまう。深作自身、執筆しながら〈こら危ない、危ない〉との自覚があったという。

案の定、その脚本を提出したところ「何や、これは!?　ダメや」とボツになったのだ。製作側が意図したものとはかなり違った作品になってしまったためだった。

だが、その直後、同じ旅館でそのまま取り組んだ別の企画の脚本は、なぜかスラスラとできあがった。これまた連合赤軍事件の影響をもろに受けたシナリオとなった。

それは日の目を見て、脚本ばかりか（石松愛弘との共同脚本）、自身が監督を務めて同年5月に封切られることになる。

その作品こそ、菅原文太主演の『現代やくざ　人斬り与太』であった。

それは『仁義なき戦い』を予感させ、その呼び水ともなる作品となったのは紛れもなかった。

第12章　『仁義なき戦い』を巡る人間模様

一番の悪人を主人公に——深作監督再びのヤクザ映画

至難だったヤクザの現代劇

約10年もの長きにわたって続き、隆盛を極めた東映任侠映画路線にあって、深作欣二は決して路線の本流を担う監督ではなかった。

〝チョンマゲのない時代劇〟とも言われた着流し任侠映画に対して深作監督が一貫して撮ってきたのは、現代劇としてのヤクザ映画。『解散式』『博徒解散式』『日本暴力団組長』『血染の代紋』『博徒外人部隊』といった作品群である。

深作はこう述べている。

「私は、現代劇としてヤクザ映画をつくることを求められた。任侠映画としてなら勧善懲悪はいいだろう。あるいは悲劇としてのヤクザ映画も成立させられるだろう。ところが、現代劇ですと、そうはいかないんですよ、現実との落差が大きすぎて。そんないい人のヤクザじゃ、生きていけないわけですから。また、魅力もない。それじゃしょうがないんで、悪いヤツでなぜいけないのか。そうでないと、現代劇としてのヤクザ映画は成立させられない、と。（中略）つまり、悪いヤクザといいヤクザが戦うっていうのは、コップの中の嵐みたいなもんだけど、背景は否応なく一つのリアリティを持たなきゃ、それも嘘になる。本当に難しい。リアルな背景を持った現代劇としてのヤクザ映画。何本か撮ったけど、やりづらくてね、これはダメだな、オレは、と。それでよそへ行って撮ったりもしたんだけど……」（拙著『任俠映画が青春だった』徳間書店）

深作欣二

映画作りにおいて何かと試行錯誤と模索を重ねていた深作が、前述の東映作品と併行して、松竹や20世紀フォックスなど、他社でも何本か撮ったのは、昭和43（1968）年から47（1972）年にかけてのことである。ちょうど東映任俠映画がブームの頂点に達し、やがてマンネリ化し、観客にもぼちぼち飽きられつつあった時期と重なる。

〝飢餓俳優〟で新機軸

深作の他社作品は、『黒蜥蜴《くろとかげ》』『恐喝こそわが人生』『黒薔薇《くろばら》の館』『君が若者なら』『トラ・トラ・トラ』『軍旗はためく下《もと》に』――と、江戸川乱歩《えどがわらんぽ》原作・三島由紀夫戯曲化・美輪明宏《みわあきひろ》主演の映画（『黒蜥蜴』）から青春もの、ＳＦ、戦争映画ありという賑《にぎ》やかさだが、ヤクザ映画は1本もない。映画ジャーナリズムや評論家の評価もいまひとつで、見当違いの批評をする者もいて、深作を腐らせた。そこで深作に猛然と反発心が起きてきて、もういっぺんヤクザ映画をやりたいなとの気持ちが湧き出てきたという。ただし、深作の構想は〈今度は一番悪いヤツを主人公にしたい、むしろそういう作り方のほうが面白くて新しいものができるんじゃないか〉

――というものだった。

その主人公のイメージにピッタリ当てはまる役者こそ、深作が後に〝飢餓俳優〟と名づけた菅原文太であった。文太にその企画を話すと、彼も大いに乗り気になった。

アンチヒーローの誕生

こうして生まれた新機軸のヤクザ映画が、昭和47（1972）年公開の『現代やくざ　人斬り与太』『人斬り与太　狂犬三兄弟』の2作品であった。深作と文太を『仁義なき戦い』へと押し出す運命的といっていい作品となったのである。〝人斬り与太〟2作品で文太が演じたのは、徹底して組織に盾突き、本能のままに暴れまくり、仁義も掟も関係なしに好き放題やらかすチンピラヤクザの役だった。女を力ずくで犯し、拳銃で撃たれては「医者だァー」とわめき散らす、およそかつての高倉健や鶴田浩二が演じた任侠ヒーローとは極北に位置するアンチヒーロー。それを文太は水を得た魚のように熱演しているのだ。

深作のこんな証言もある。

「文ちゃん（文太）のムチャクチャさというか、野良犬っぽいムードですかねぇ、それはいままでのスターさんにはない迫力があったし、何よりド汚いものを演《や》りたがる。また、それでしか健さんと鶴さんとか、先輩たちに伍《ご》してはいけないということはよくわかってましたね。『スターでもってこういう役をやるのは、きっと君が初めてだと思うけど、この作品のなかで一番悪いヤローっていったら、主役やるおまえさんなんだ』と、こっちが注文を出したら、文ちゃんはそれを凄く喜びましたよ」

〝人斬り与太〟のコンビに訪れた人気連載の映画化

〝与太〟を「面白いやないか」

東映任侠路線の衰退と軌を一にするように全共闘運動も下火となり、さらに学生たちを政治運動から離れさせる決定的な要因となる連合赤軍の大量粛清事件が発覚した昭和47（1972）年。同年5月に封切られたのが、深作欣二監督、菅原文太主演の『現代やくざ　人斬り与太』で、それは任侠映画に熱狂した全共闘世代の後の〝遅れてきた青年〟――学生運動が終焉し行き場のない鬱屈したものを抱えていた若者たちに、少なからずインパクトを与えたのだった。

まさにそんな世代である映画評論家の大高宏雄《おおたかひろお》が、深作欣二との対談でこう述べている。

《任侠映画の時に全共闘世代が観てカタルシスを覚えたというのとは別に、監督の映画を観て時代の閉塞感というものを感じながらも、その閉塞感を斬り裂けるんだという何か鋭利なドスのようなものをそこで見た気がします。とにかく元気が出ましたね、『現代やくざ　人斬り与太』という作品は》（『仁義なき映画列伝』鹿砦社《ろくさいしゃ》）

〝一番汚い主人公〟という適役を得て、文太も嬉々《きき》として『～人斬り与太』に入れ込み深作もノリにノッて同作品を撮った。いわば二人は〝同志〟的な結びつきを強めた。

興行的にもそこそこにヒットし、俊藤浩滋プロデューサーも「面白いやないか」と買い、すぐに2作目となる『人斬り与太　狂犬三兄弟』を企画し、深作・文太コンビは続けて同作品の撮影に入った。

俊藤からの運命的な企画

その撮影も終わりに近づいたころ、深作は俊藤から別の運命的な企画を持ち出されるのだ。

「いま、週刊誌に連載されとる『仁義なき戦い』というのがあるんやが、おまえさん、知っとるか？」

広島の元美能組組長美能幸三《みのこうぞう》の手記をもとにして書いた飯干晃一《いいぼしこういち》のドキュメントノベルで、『週刊サンケイ』（現『週刊SPA!』）に連載中であった。そこには戦後の広島ヤクザ抗争史とも言うべき世界が生々しく展開されており、たまたま深作も毎週読んでいたので「ええ、よく知ってますよ。あれは面白いですね」と俊藤に応えた。

「どや、やる気あるか？」

むろん、監督をやる気はあるかという打診で、すでに東映で映画化の話を固めてあるということも、深作は初めて知ったのだ。「東映でやるなら、ぜひやりたいですね」と応じたのも当然であったろう。

なにしろ深作は〈あっ、これは面白い世界が展開され出したなあ〉――と、週刊誌を毎週心待ちにするほど、『仁義なき戦い』の熱心な読者だったのだ。

任俠美学と正反対の世界

《ああいう親分みたいのは初めてでしたからね。そりゃあ、（手記を書いた）美能幸三さんも、親分が喧嘩相手だったわけで、広島戦争関係者のなかでは最も重い刑になり、ジャーナリズムに一番悪役にされたという恨みつらみもあったでしょうけど、歯に衣着せないでしゃべってた。同時に自分のまわりにいる友だちも敵味方に分かれていくわけだけど、それも本当に思いきった悪口を並べてる。まあ、サラリーマンが酔っ払って同僚だの上役の悪口をいうのは珍しくないですが、公に記録が残されていくのを百も承知であれほど痛烈に仮借なく遠慮もなくやっつけていくというのが面白かったんですよね》（「今だから明かす「仁義なき戦い」人間裏ドラマ」『週刊アサヒ芸能』平成11［1999］年7月15日号）と深作も述べている。

それはいままで東映の正統的な着流し任俠映画で描かれてきた。義理・人情、男の浪漫を謳った任俠美学とは正反対の世界であった。ヤクザ世界を舞台にして、裏切りや騙《だま》し合い、謀略が渦巻くおどろおどろしい人間模様が描かれていた。

俊藤が『仁義なき戦い』の監督として、深作に白羽の矢を立てたのは、「現代劇の実録やから、京都撮影所をメインにしてる監督では感覚が違うやろ。これは東京で撮ってる深作欣二以外にない」

との確信めいたものがあってのことだった。

確かにマキノ雅弘や山下耕作、加藤泰といった監督が『仁義なき戦い』を撮るというのは、想像もつかないことであったろう。

俊藤浩滋を惹きつけた7年越しの獄中手記

机上に積まれた原稿の束

「飯干さん、これなんですか？」

東映プロデューサーの日下部五朗が思わず訊ねたのは、机の上に山と積まれた原稿用紙の束に、フッと目を留めたからだった。

次の映画の打ち合わせのために、脚本家の笠原和夫とともに訪れた大阪・豊中《とよなか》の作家・飯干晃一の自宅書斎であった。昭和46（1971）年春のことである。

「ああ、それね、オレの原稿やないんやけど、実は面白い話があってね……」

麻薬Gメンの実態を描いた自作の映画化（『やくざ対Gメン　囮《おとり》』）の打ち合わせを終えた飯干は、日下部に聞かれて語り始めた。

「広島の美能幸三というヤクザが牢獄《ろうごく》で書いた、自分の親分を告発した手記なんだけど、ここには終戦直後からの広島ヤクザの凄まじい抗争が描かれてあってね、ともかく面白い。なんとかまとめてみたいと思ってるんだ」

それこそ実録ヤクザ映画の金字塔と言われることになる元美能組組長の手記で、日下部と笠原がその存在を知った最初であった。

「へえ〜、それならぜひ東映でやらせてください。うちに映画化権をください」

飯干が面白いと太鼓判を押す元親分の手記に、日下部はすぐに乗り気になった。

美能がその手記を書くきっかけとなったのは、中国新聞が昭和38（1963）年4月から昭和40（1965）年2月まで約2年間にわたって暴力団追放のキャンペーンを張った連載記事だった。美能はそれを網走刑務所で服役中のときに読んだのだ。

それは昭和40年に菊池寛《きくちかん》賞を受賞するほど高い評価を得たが、美能にとって、それは事実誤認も甚だしく、かつまた美能を貶《おと》めるデタラメと言っていい内容も多く含んでいて、決して座視できる代物ではなかった。

ペンを執る獄中の組長

美能はこう述べている。

《あの記事に、私のことを「卑怯だ」といっている言葉はひとつもない。だが、文面をよくよく読むと、そういう言葉が裏に隠れている。それで、どう言えばいいのかわからないが、私があっちの組にいたのに、こっちの組へ乗り換えたとか、まるで、いいとこ好きのようなイメージで書かれている。私は卑怯なことをしたこともないし、陰で腐ったことをしたこともない。私は「男」として卑怯だとか、汚いとか言われるのが一番嫌いなんだ。それで、あの手記を書き始めたんだ》（高橋賢《たかはしさとし》『東映実録やくざ映画　無法地帯』太田出版）

美能の手記が完成したのは6年後のことで、同年——昭和45（1970）年9月、美能は出所する。美能が綴《つづ》った400字詰め原稿用紙700枚に及ぶ長編手記は、久しぶりに再会した呉《くれ》の旧友を通して中央公論や時事通信などを経て『週刊サンケイ』へと行き着くのだ。

〝美能手記〟を読んだ同誌編集長は「これは面白いからぜひやらせてもらいたい」と強い興味を示し、連載への意欲を示した。が、美能は当初、「あの抗争が終わって7年も経っているのに、いまさら物議を醸すようなことはしたくない」とその気はなかったのだが、ぜひにという週刊誌側の熱意に、最後は折れた。

〈ええタイトルやなあ〉

こうして美能の手記をもとに飯干晃一が再構成したドキュメント『仁義なき戦い』の連載は、『週刊サンケイ』において開始されたのだった。それは終了するまで46回を数える長期連載となった。

俊藤浩滋プロデューサーがその連載第1回を読んだのは、京都から東京へ向かう新幹線のなかだった。東京・丸《まる》の内《うち》の東映本社で行なわれる企画会議に出席するための道中であった。まず本文を読むより先に〈ええタイトルやなあ〉と、『仁義なき戦い』という題名が気に入った。普段はあまり読まない週刊サンケイを買い求めたのも、そのタイトルに惹かれてのことだった。読むと、タイトルだけでなく中身も面白かった。〈これはいけるで!〉――プロデューサーとしての勘がそう告げていた。当たる映画が作れるとの確信である。

渋る元組長に再三の要望　ついには噛ける東映

「何がなんでもやろう」

その日、京都から上京し、東映の丸の内本社での企画会議に出席した俊藤浩滋プロデューサーはさっそく、岡田茂社長に『週刊サンケイ』を見せ、同誌で連載が始まった『仁義なき戦い』の映画化の企画を出した。

元美能組組長美能幸三の手記を元にした飯干晃一のドキュメンタリーで、俊藤は新幹線の車中で初めて読み、強く惹かれたのだった。

俊藤を信頼し、自身も辣腕プロデューサーとして知られる岡田は、話を聴くなり「よし、これ、やろう」と、その場でゴーサインを出したという。

だが、実は週刊サンケイはこれよりもっと早い段階で、すでに東映に映画化の打診をしていたという話も伝わっている。それは『仁義なき戦い』の連載を開始する以前——美能の手記を入手した時点でのことで、岡田茂もその話にすぐに乗り気になったのだ。

週刊サンケイが美能幸三の手記をそのまま載せるのではなく、その構成者として飯干晃一を起用したのも、映画化を踏まえて飯干を原作者として立てるという岡田茂の要望があったからとも言われる。

やはり週刊サンケイに連載される以前に、飯干から美能の手記の存在を聞いていて早くから興味を持ち、その映画化の企画を出してきた日下部五朗プロデューサーに対しても、岡田は「これは面白いぞ。何がなんでもやろう。すぐに準備にかかれ」と号令をかけた。

それほど『仁義なき戦い』への岡田の思い入れが強かったのは、故郷の広島が舞台であることもあって、関連の土地や抗争事件、登場人物にも馴染みがあったからだ。

身の危険を感じた元組長

しかし、東映がいくら映画化への強い意欲を示しても、その実現はそう容易なことではなく、困難の様相を呈した。原作者の飯干晃一の承諾は取れても、肝心の手記の著者である美能幸三の許可が得られなかったからだ。
その許可を求めて最初に美能のもとを訪ねたのは俊藤浩滋プロデューサーであったが、承諾の返事はもらえなかった。
なにしろ美能が手記のなかで実名を使って批判的に書いた関係者は、いまだ健在の者もいるばかりか、その縁につながる広島ヤクザの現役組も少なからず存在しているのだった。美能にすれば「週刊誌が出ただけで身辺が危ないという話になっとるのに、映画化などとんでもない」と、頑《かたく》なに拒否するのも無理からぬ話だった。
というより、美能の気持ちとしては、
《私は、もう、「週刊サンケイ」で全力を尽くしていたし、やるだけのことはやっていたんだ。実際、あの連載が始まったということで、呉のある弁護士が、私を訴えると言ってきたことがあってね。私は、どうぞ、訴えてくださいと言ったんだ。今度は法廷でやりましょうと。こっちにも、まだ、山ほど言いたいことはあるからと言ったら、結局、それきり来なくなった。そういうこともあったから、もう、私の言い分は十分に通ったと思っていたんだ。だから、「週刊サンケイ」で、すべて終わらせようと思っていた》（『東映実録やくざ映画　無法地帯』）
というのが、正直なところであったろう。
だが、東映の〝何がなんでも映画にさせてくれ〟との攻勢は執拗《しつよう》を極めた。

日下部「追い討ちを」

俊藤の後も、東映京都撮影所の高岩淡《たかいわたん》や畑利明《はたとしあき》が呉の美能を訪ね、3〜4日も泊まり込んでは懇願したという。

同様に日下部五朗も足繁く呉に通い、難攻不落の砦を落とすため、美能を口説きに口説いた。

「美能さん、あなた、自分を裏切った親分や寝返った組長に対して、恨みを晴らすために書いたんでしょ。刑務所のなかで、許せないとの一念で、腹を括って書いたんじゃないですか。じゃあ、とことんやりましょう！　映画ならもっと効果が上がりますよ。映画であなたの仇に追い討ちをかけましょう」

と、服役18年余の、広島でも名うての元武闘派組長に対して、嘴けるようなことまで言ってのけたのだから、なるほど〝活動屋〟というのは極道顔負けである。

見えてきた念願の映画化　監督候補を周囲は一蹴

戦後に出会った海兵二人

『仁義なき戦い』の脚本を書いた笠原和夫が一人、呉で初めて手記の著者・美能幸三と顔を合わせたのは、昭和47（1972）年9月29日のことだった。

美能がまだ映画化に対し、「絶対に許さん」と頑なな姿勢を取っていた時分のことで、笠原は会うなり、彼からその旨を宣されたという。

そのため、笠原が取材を諦めて帰ろうとすると、美能はシナリオライターという初めて会う職業人に興味を覚えたのか、「ギャラはいくらもろとるんや?」と訊ねたりして笠原を放そうとせず、話し込む仕儀になったという。

笠原は《獄中十八年余、殺人その他流血の抗争のど真ン中を生き抜いてきたズングリした巨体でジロリと睨《にら》まれた時は、一分が一時間の長さに感じられた》として、この日のことをこう回想している。

《話している内に、氏と私が同じ広島の大竹海兵団の出身であることが分かった。氏は上等飛行兵曹で、ゼロ戦のパイロットであった。私は練習生で終戦時に二等兵曹で復員した。そんなことから、映画化は断るが、話の分らない所は説明してやろう、と氏の自宅(と云っても、そのころはまだつましいマンションの一室だったが)に招かれてブランデーを飲み合いながら六時間余り質疑したのが、以来一年間にわたる仕事の糸口になったのであった》(笠原和夫『仁義なき戦い――仁義なき戦い　広島死闘篇　代理戦争　頂上作戦』幻冬舎《げんとうしゃ》アウトロー文庫)

同じ広島の大竹海兵団の先輩後輩ということがわかり、二人は意気投合するのだが、『仁義なき戦い』の映画化となると話は別で、美能は別れしなも笠原に「絶対に映画化は許さんぞ!」

と念を押すのだった。

執念の〝呉詣で〟

それでも東映は最後まで諦めなかった。頑として譲らぬ美能に対し、京都撮影所の高岩淡所長や日下部五朗プロデューサーなど関係者は、「なんとしても映画化を実現させたい」との執念を燃やし、美能の居住地に通う〝呉詣で〟を続けた。

これには美能もついには折れた。彼らの粘り強い口説きに根負けする形で、「それやったらええわい」と承諾してしまうのだ。恐るべき〝活動屋根性〟とも言うべきものであったろう。

では、諸問題をクリアして、晴れて『仁義なき戦い』の映画化が実現したのはどうしてか？

生前、俊藤浩滋プロデューサーが、私にこう語ってくれたものだ。

「どうするかとなったとき、〝ボンノ〟こと菅谷政雄《すがたにまさお》組長の舎弟だった波谷守之《はだにもりゆき》さんという、美能さんと同じ呉出身の親分がなかに入って話をまとめてくれたんです。美能にもし危害を加えるヤツがいたら、オレが相手になる、映画の妨害もさせない——と。この波谷組長の親分筋にあたる人に、原爆で亡くなった広島の渡辺長次郎《わたなべちょうじろう》親分がいて、僕が若いころ、親しくしてもらっていた五島組《ごしまぐみ》の大野福次郎《おおのふくじろう》親分と偶然兄弟分だったんです。ともあれ、そんなわけで『仁義なき戦い』は映画化できることになったんです」

俊藤が推すは意外な監督

こうして映画化の見通しが立ったとき、俊藤が真っ先に同作品の監督として白羽の矢を立てたのが、深作欣二であったのだ。

だが当初、東映サイドからは「深作？　あかん。もっとええ監督おるだろ。面白いもん撮れる監督に作らそう」と一斉に反対の声が上がった。

深作は理屈っぽい感覚の、あまり当たらない監督と見られていた。なおかつ『仁義なき戦い』は京都撮影所作品として予定されており、東京撮影所の監督である深作は、京撮にはまるで馴染みがなかった。

脚本イジリの監督が浮上　笠原和夫に残る苦い記憶

禍根となった『顔役』

『仁義なき戦い』の監督は深作欣二（愛称は〝作さん〟）——という俊藤浩滋プロデューサーの案に、東映関係者からは一斉に反対の声が上がったが、その急先鋒《きゅうせんぽう》は同作品の脚本を書いた笠原和夫であった。

《作さんは、世の中にこれ程の好人物が居るだろうかと思う程心根の優しい神の如《ごと》き人物である。が、一度強情を張ると悪魔の如く退くということを知らない。西の加藤泰、東の深作欣二と云ったら鬼神も三舎《さんしゃ》を避けると云われている。十年程前、ある作品でたった一度の顔合せをして、案の定、正面衝突してメロメロになってしまい、ついに東京オリンピックを見損ったという世紀の痛恨事の体験がある》(『仁義なき戦い――仁義なき戦い　広島死闘篇　代理戦争　頂上作戦』)

ここで笠原の言う、深作と正面衝突した作品というのは、昭和40(1965)年の東映正月作品である『顔役』という〝黒背広もの〟映画で、初めて監督と脚本家としてコンビを組んだものだった。鶴田浩二、高倉健、江原真二郎、天知茂、大木実、長門裕之、待田京介、藤純子、佐久間良子、三田佳子という豪華キャストによるオールスター作品。

笠原和夫

だが、この作品で二人は脚本を巡ってぶつかり合い、折り合いがつかなくなり、深作は途中降板してしまう。そこで急遽深作のピンチヒッターとして監督を引き受けることになったのが、石井輝男であった。

余談になるが、この『顔役』こそ、後に石井の大ヒットシリーズ『網走番外地』の主題歌となる歌が初めて映画に登場した（高倉健が口笛と鼻歌で、三田佳子がオルガンで奏でた）記念すべき作品である。

笠原渾身の意欲的な脚本

ともあれ、笠原にはそんな忘れようにも忘れられない苦い記憶があったのだ。深作はシナリオライターの脚本をすんなり受け入れる監督ではない――と、誰よりも骨身に沁みて知っていたのである。

《そんな男に、打合せもなしにぶっつけ本番ホン（引用者注＝脚本）を渡したらどういう騒動が持ち上がるか、私は責任はとれない、直しには応じられない、京都撮影所の連中は深作を舐《な》めている、と、とにかく思いつくままの悪口雑言を並べ立てて防戦これ努めた》（前掲書）

ましてや今度の『仁義なき戦い』は、任侠映画に行き詰まりを感じ出していた笠原が、その壁を打破すべく特別の思いを込めた意欲作と言ってもよかった。それをいつもの伝でいじくり回され、いいように捻じ曲げられたのではたまらない――との思いが強かったのであろう。

そうした笠原をはじめ、関係者の反対の声の多さもあって『仁義なき戦い』の監督は深作ではなく、他の監督を立てることでいったんは決まりかけたという。

だが、俊藤プロデューサーは、あくまで深作でいくと譲らなかった。俊藤には、深作の最新の『人斬り与太』シリーズ2本の印象がよほど強かったと見え、「あのタッチを生かしていけばええ」との方向性まで示唆したという。

「あんた、本物の深作か？」


深作は深作で、『仁義なき戦い』に対して、

「初めて身近なテーマ——リアリスティックにひとつの戦後史を、自分のなかでの欲望、あるいは時代感覚を本当に等身大に描ける素材に巡り合うことができた」

として、やる気満々だった。

かくて深作監督で正式決定したのだが、それでも過去の一件でほとほと懲りている笠原は
「どうしても深作でいくなら、オレのホンは絶対に直させるな」とプロデューサーの日下部五朗に申し渡した。

が、その懸念には及ばなかった。笠原の脚本を一読するや、深作は笠原に「いやあ、面白い。このままいきます」と伝えてきたのだった。

これに驚き、わが耳を疑ったのは笠原である。思わず電話の向こうの深作に「あんた、本物の深作か？」と問わずにはいられなかったという。深作が誰の脚本であれ、まったく手を入れずに撮るなどということは、かつてあり得ぬ話だったからだ

〝与太〟が招いた縁と陰にいた幻の主演俳優

幻となった渡哲也主演

深作欣二監督、笠原和夫脚本による『仁義なき戦い』の製作が正式に決定し、では、主役の広能《ひろの》昌三《しょうぞう》役を誰にするかとなったとき、日下部五朗プロデューサーの構想に浮かんできたのは、〝渡哲也〟の名であった。

『無頼』シリーズなどで知られる日活ニューアクションの輝けるスターは当時、ロマンポルノ路線に移行した日活では出番がなく、専ら東宝や松竹などで他社出演、主役を張っていた。もし、渡の『仁義なき戦い』主演が実現すれば、東映初出演とあって、さらに同作品が話題を呼ぶのは必至であったろう。

だが、渡はその時期、肺を病んで熱海《あたみ》の温泉病院に入院中の身であった。病院を訪ねた日下部に対して、渡から返ってきたのは、

「残念ですが、あと2、3年は療養しなければならないそうですから、とても無理です」

との返事だった。

渡哲也以外の主役を考えなければならなくなったとき、日下部の脳裏にパッと浮かんできた役者があった。外部から持ってくるまでもなく、東映のなかにこそ、最もふさわしい役者がい

たではないか。何よりその当人が『仁義なき戦い』をやりたがっているという話も、日下部の耳に伝わってきていた。

〈あ、そうか。文ちゃんがいたなあ。灯台下暗《もとくら》し――とは、このことや〉

〝文ちゃん〟こと菅原文太に主役が決まった瞬間であった。

菅原文太が初めて『仁義なき戦い』と出会ったのは、この（昭和47〔1972〕）年5月、東京から京都へ向かう新幹線車中でのことだった。その日の京都行きは、東映京都撮影所で撮影される若山富三郎主演映画にゲスト出演するためであった。

自分が表紙ゆえ手にする

新幹線に乗る前、東京駅の売店（キヨスク）で『週刊サンケイ』（同年5月26日号）を買い求めたのは、文太を描いた和田誠《わだまこと》のイラストがたまたま表紙になっていたことによる。それは折しも東映で全国一斉公開中の主演作『現代やくざ　人斬り与太』の――血染めの右腕で出刃包丁を手にし、ダボシャツ、下駄スタイルで立ち尽くす文太の全身像であった。〝新やくざスター菅原文太〟とのキャプション（写真や図に添えられた説明文）があった。

筆者が行なった生前のインタビュー（平成15〔2003〕年2月）で文太は、

「イラストとはいえ、初めて週刊誌の表紙を飾ったもんだから喜んで買っちゃったさ、キヨスクで。でなきゃ、買わないいんだよ」

と、正直に語ってくれたものだ。

週刊サンケイの表紙には、自分のイラストのすぐ横に縦書きで大きくクレジットされた文字があり、嫌でもそれが目についた。〝新連載　仁義なき戦い　飯干晃一〟とあり、文太の興味を引く。まず先にタイトルが気に入った。読んでみると、果たしてこれが滅法面白かった。連載2回目とある。

〈これは映画化できないものだろうか？〉

面白い小説やドキュメンタリーに出会ったとき、映画人の考えることは大概同じである。それは役者の場合、〝自分が演じたい〟――ということを意味する。

文太の役者人生の転機に

かくて文太の願いは叶い、晴れて運命とも言える『仁義なき戦い』の主役を射止めたのだが、文太にとってそれは役者としてターニングポイントとなる作品となった。

昭和48（1973）年1月の『仁義なき戦い』は実録ヤクザ映画の金字塔――というより、戦後日本映画の不朽の名作、主役の菅原文太を一躍スターダムに押し上げた代表作として知られる。

すぐにシリーズ化も決まって、2年間で『仁義なき戦い　広島死闘篇』『同　代理戦争』『同　頂上作戦』『同　完結篇』の5本、さらに『新仁義なき戦い』『同　組長の首』『同　組長最後の日』『その後の仁義なき戦い』（工藤栄一監督、根《ね》津《づ》甚八《じんぱち》主演）という作品まで含めれば、計9本製作されるのだ。

なおかつ平成12（2000）年秋には『新・仁義なき戦い。』（阪本順治《さかもとじゅんじ》監督、豊川悦司《とよかわえつし》・布袋《ほてい》寅《とも》泰《やす》主演）、平成15（2003）年2月には『新　仁義なき戦い　謀殺』（橋本一《はしもとはじめ》監督、高橋克典《たかはしかつのり》・渡《わた》辺《なべ》謙《けん》主演）が公開されている。

演歌からモダンジャズに　キネ旬〝仁義なき〟選出

1作目がベスト・テン2位

『仁義なき戦い』シリーズは興行的に当たったばかりでなく、映画評論家やジャーナリズムからも高い評価を受けた。

昭和48（1973）年1月に封切られた『仁義なき戦い』は、同年度のキネマ旬報ベスト・テンの第2位（ちなみに第1位は非商業主義的路線の日本アート・シアター・ギルドの作品『津軽《つがる》じょんがら節』、斉藤耕一《さいとうこういち》監督、江波杏子主演）、同年9月封切りの『仁義なき戦い　代理戦争』が同8位、翌49（1974）年1月の『同　頂上作戦』は49年度の第7位、『その後の仁義なき戦い』（同54［1979］年5月、工藤栄一監督、根津甚八主演）は54年度の第10位に選出されているのだ。

東映ヤクザ映画がキネ旬ベスト・テンに選ばれるなどというのは（もともとそういう志向はかけらもなかったのだが）、巨匠・内田吐夢の『人生劇場　飛車角と吉良常』（同43［1968］年度第9位）を唯一の例外として、かつてあり得ぬことだった。

東映ヤクザ映画とはいっても、それまで京都撮影所で量産された鶴田浩二や高倉健の正統着流し任侠路線に比べれば、『仁義なき戦い』は何もかもが型破り、音楽に例えれば、正調ド演歌に代わってモダンジャズのような世界が展開されたと言ってよかったろう。

菅原文太自身、東映が同56（1981）年に発刊した『東映映画三十年　あの日、あの時、あの映画』で同じことを述べ（カッコは引用者注）、

《……混沌《こんとん》、喧噪《けんそう》、生々しさ、レジスタンス、荒々しさ、センチメント、アドリブ、それらがあの時大きなボイラーの中で悲鳴をあげていた。

俺だけでなく、（小林）旭が、（北大路《きたおおじ》）欣也《きんや》が、梅宮が、渡瀬、室田《むろた》（日出男《ひでお》）、（川谷《かわたに》）拓三《たくぞう》、志賀勝《しがまさる》が、金子（信雄）さん、加藤武《かとうたけし》さん、（成田《なりた》）三樹夫《みきお》さん、（小松《こまつ》）方正《ほうせい》さんが、思えばマイルス・デービスであり、キャノンボールであり、サム・ジョーンズ、ハンク・ジョーンズであり、アート・ブレーキィ、ボビイ・ティモンズ、リー・モーガンであったと思う》

『仁義なき戦い』（1973年）Ⓒ東映
Prime Videoチャンネル「東映オンデマンド」にて配信中

と記している。かなりなモダンジャズ好きの通であることが窺える文章である

「俳優が好き勝手に演奏」

生前に取材した折、筆者がそのことを菅原文太本人に問うと、

「そんなことを書いてたかなあ、オレ（笑）。まあ、いい加減な思いつきで書いてるだけだ」

との答えが返ってきたのは、照れもあったのだろう。

こちらがさらに、

「まさに演歌の世界だったそれまでの任俠映画のパターン化した様式美をぶち壊すという意味では、『仁義なき戦い』はモダンジャズだったのでは……？」

と水を向けると、

「それはそうかもしれない。演歌にしても譜面があってアレンジしたにしても、譜面通りに演奏して歌うわけじゃないですか。ジャズというのはアドリブだから。そういう意味では、そんな映画だったかもしれない。ほんとにアドリブだったから。みんな俳優が好き勝手に演奏して、そういうもののハーモニーができあがるみたいなね……」

との弁。

『仁義なき戦い』はアンチヒーローの群像ドラマであるだけに登場人物も多く、何よりスター

から脇役、チョイ役に至るまで個性派役者がズラッと揃って、誰もが生き生きと演じているのだ。

脇役陣の熱演・怪演

菅原文太、小林旭、松方弘樹、北大路欣也、千葉真一、梅宮辰夫……といったスターたちに伍して、これほど脇役陣が持ち味を出し、およそスターを食いかねない勢いで熱演・怪演を見せて印象に残る映画というのも珍しいのではないだろうか。渡瀬恒彦、伊吹吾郎、金子信雄、成田三樹夫、田中邦衛、加藤武、山城新伍……そして室田日出男、川谷拓三、志賀勝、小林《こばやし》稔侍《ねんじ》、成瀬《なるせ》正孝《まさたか》、片桐《かたぎり》竜次《りゅうじ》、岩尾《いわお》正隆《まさたか》らをはじめとする〝ピラニア軍団〟。

そもそもピラニア軍団というのは、京都撮影所の大部屋俳優のなかでも、あまりの酒癖の悪さにどこからも忘年会に誘ってもらえない連中が、「それじゃ、自分らでやるよりしょうがない」と、志賀勝や川谷拓三らを中心に集まってきたのが始まりであった。鶴田や健さん、若山富三郎、お竜さんたちに斬られること数知れず、ほとんど殺され役専門という役者が多かった。それでも映画への情熱だけは人後に落ちないというメンバーばかりだった。

『仁義なき〜』でブレイク　川谷拓三の体当たり演技

深作組は深夜作業組の略

『仁義なき戦い』は、それまで東京撮影所でしか撮っていなかった深作欣二監督にとって初めての京都撮影所作品。東映の東撮と京撮はいわばライバル関係にあり、当時の京撮には、「なんで『仁義なき戦い』を深作に撮らすんや」といった空気も流れていたと言われる。

だが、深作はそれで怖じ気《おけ》づくようなタイプではなく、逆に深作流のバイタリティに満ちたエネルギッシュな仕事ぶりは、東映京都撮影所の雰囲気をも変えてしまったという。

深作組は深夜作業組の略だというジョークが出るほどその撮影は夜中まで続くのが常で、深夜になればなるほど誰より元気になるのが深作監督自身であった。

深作はスターや名の売れた役者より無名でも面白い個性派を起用し、〝ピラニア軍団〟など面魂《つらだましい》の揃った大部屋俳優を好んで使った。それでも初めての京撮でピラニアはじめ大部屋俳優に馴染みはなかったので、演技課や助監督に「彼らのなかで一番乱暴なのは誰だ？　札つきであればあるほどいいんだけどな」と訊ね、その答えをもとに、役どころを順に決めていったという。

3000回以上死んだ男

彼らのほとんどは、それまでチョイ役につくことはあっても、監督に芝居をつけられたことはなく、せいぜい助監督から「監督がこう言ってるから、こうやって」と言われる程度であった。

それが『仁義なき戦い』となって初めて、

「そこが違う。ここはこうだ」

「君、もっと出てこい、文ちゃん（菅原文太）の前へ！　……そうそう、前でいいんだ。遠慮するな」

とスターや名のある俳優同様に、監督からじかに演技指導されるのだから、彼らも意気に感じて当然だった。

文太演じる広能昌三の配下役として、シリーズ全作に出演した野口貴史《のぐちたかし》はこう振り返る。

「『仁義なき戦い』のときは、役がない人でもセット入りするのは早かったですよ。入ってれば何かやらせてもらえるっていうのがあったからね。それまでなら役じゃない人は何日経っても演技はもらえないし、セットにずっと座ってるだけで、助監督から『あっち行って』とか『そこ立って』と言われるだけ。でも、深作監督は『ここ、こうして芝居してくれ』って、みんなに言ってた。もう隅から隅まで芝居をつける人でしたから。みんな、燃えてましたね」

川谷拓三

それまで15年の大部屋（俳優）暮らしで殺され役は実に3000回以上というのが、野口貴史と同じピラニア軍団の一員であった川谷拓三。

鶴田浩二や高倉健、若山富三郎や文太、お竜さんにさんざん斬られ、刺され、しばかれ、投げ飛ばされてきた川谷が、『仁義なき戦い』シリーズで深作に見出され、その演技で注目され、その後ブレイクしたのはよく知られている。

シリーズ2作目の『広島死闘篇』では、凶暴なヤクザ組長を演じた千葉真一に手ひどいリンチを受け、ボロクズのように殺される役を演じた川谷。この撮影のために、彼はマラソンに励み、野菜しか口にせず、20日間で15キロの減量に成功、深作監督を唸らせたという。

「いま、死んでもええわ」

川谷はリンチの場面で、海の上をフルスピードで走るモーターボートの後ろに両手を縛られ結わえつけられたまま、引きずり回されるシーンを撮った。そのときはあわや死にかけるような危険な場面もあったという。

そんな川谷の命懸けの役者根性が認められ、シリーズ3作目『仁義なき戦い 代理戦争』では初めてポスターに芸名が載り、感激のあまり「いま、死んでもええわ」と夫人とともに涙を流したという。

夢にまで見た主役の座を摑んだのは、ピラニア軍団も総出演した『河内《かわち》のオッサンの唄』（昭和51［1976］年公開、斎藤武市《さいとうぶいち》監督）。苦節17年、川谷拓三、35歳の男盛りであった。

国民的俳優になったのは、お茶の間に登場してからのこと。テレビ初出演となった倉本聰脚本のドラマ『前略おふくろ様』（日本テレビ）。カップ麺のCM〝どん兵衛《べえ》〟、NHK大河ドラマ『黄金の日日』が印象深い。

東映ヤクザ映画の斬られ役専門の大部屋俳優だった男が一挙にスターダムの座へと駆け上がっていくのだ。

『仁義なき～』が反映した信じる相手がいない時代

高度成長の終焉

『仁義なき戦い』が封切られた昭和48（1973）年は、いったいどういう年であったのだろうか？

3月20日、熊本地方裁判所は、水俣病《みなまたびょう》裁判で原告の患者側全面勝訴の判決を下した。チッソ水俣工場の過失責任が断定されたのだ。

これによって三重の四日市ぜんそく、新潟の阿賀野川水銀汚染、富山のイタイイタイ病を含む、いわゆる〝四大公害裁判〟は、被害者の悲惨な症状を生んだのはすべて企業の責任による――との事実を明らかにした。

高度経済成長に陰りが見え出すとともに、新左翼党派の内ゲバも激しさを増していく。9月15日には横浜《よこはま》市の神奈川大学で革マル派と反帝学生評議会（反帝学評）が激突し、革マル派学生2人が死亡した。2日後には、中核派と革マル派が東京鶯谷《うぐいすだに》駅構内で大乱闘、56人が重軽傷を負う内ゲバ事件が起きた。

10月には第4次中東戦争が勃発、原油価格は暴騰し、石油消費量の99・7％を輸入に依存する日本の受けた打撃はことのほか大きかった。街からはネオンが消え、NHKは午後11時で放送を終了し、給油所も休日休業するに至った。

この〝石油ショック〟によって、折からのインフレーションに拍車がかかり、深刻な経済危機に見舞われ、10年余り続いた高度成長にブレーキがかけられたのだった。

世の中が求めた『仁義なき戦い』的なもの

『仁義なき戦い』のヒットは、そうした時代を反映していた――と評したのは、監督の深作欣二だった。

「1970年代初頭の連合赤軍事件によって一斉に大衆は離れていくわけだけど、学生たちと一緒になってワッサワッサやっていた時期は1960年代の末まで続いた。物情騒然という感覚は世の中にもあって、だからヤクザ映画がもてはやされた。

それもひとつの時代の産物だったと思うけど、そういう社会情勢にうまい具合にマッチするように、この『仁義なき戦い』という作品が生まれ、映画の企画が生まれた。

任侠映画というものがある行き詰まりを感じさせ、『仁義なき戦い』的なものを期待されるムードになってきた。すべてが必然的なムードになって、社会に勢いを持って流れ込んでいったんだと思います」（深作）

当時、東映本社宣伝部次長として『仁義なき戦い』の宣伝を担当した小野寺啓《おのでらあきら》も、同作のヒットは時代状況を抜きにしては語れない――という意見だった。

「任侠映画が受けたのはちょうど世の中が大量生産に向かって高度経済成長をひた走っていた時分で、体を壊しても会社のためにやれば必ず報われるんだという時代です。会社のため社長のためというのと、任侠路線の組のため親分のためというのがちょうど合っていた。

『仁義なき戦い』というのは、経済が冷えてき、会社のためにどんどんやって体壊して長期療養などして出てきたら、自分の座る場所がなくなっていたという時代で、組のため親分のため人殺しまでして刑務所に入って出てきたら、みんな高度経済成長に乗っかってそれぞれ独立して一派をなしているのに、文ちゃん扮する広能昌三は身の置き場がないという状況とピッタリ重なってた。

誰を信じていいのか、信じる相手がいないという時代を、まさに『仁義なき戦い』は反映していたわけですね」（小野寺）

実録をベースにした任侠映画の登場

そして、この昭和48（1973）年という年に、もうひとつの大ヒット作品――センセーションを巻き起こした作品が生まれた。

同年8月に封切られた『山口組《やまぐちぐみ》三代目』（山下耕作監督、高倉健主演）である

いわずと知れた〝日本ヤクザ界のドン〟、三代目山口組田《た》岡《おか》一《かず》雄《お》組長をモデルにした作品。

そういう意味では、実録ものには違いないのだが、こちらは『仁義なき戦い』とは違って、実録をベースにした任侠映画で、いってみれば〝実録任侠映画〟とでも呼べるジャンルであろう。

この路線上に生まれたのが、『修羅の群れ』（昭和59［1984］年、山下耕作監督、松方弘樹主演）、

『最後の博徒』（昭和60［1985］年、山下耕作監督、松方弘樹主演）、『残俠』（平成11［1999］年、関本郁夫《せきもといくお》監督、髙嶋政宏《たかしままさひろ》主演）であった。

第13章　高倉健・菅原文太コンビの終焉

任侠映画大立て者二人の確執と『山口組三代目』

「功労者の鶴田、高倉に、それはあまりに冷たすぎる」

いまなら製作自体、およそ考えられないような映画——『山口組三代目』は、どうしてできたのか？

なにしろ、いまで言う日本最大の〝指定暴力団〟のトップ（しかも現役である）をモデルにした作品で、登場人物もそのほとんどが実名、タイトルもそのものズバリ、『山口組三代目』なのだ。暴対法（暴力団対策法）も暴排条例（暴力団排除条例）もなかった時代だからできた作品に違いないが、いずれにしろ、信じられないような話である。東映であればこそ実現したウルトラCであったろう。

実はこの『山口組三代目』、任侠路線と実録路線を巡って、岡田茂社長と俊藤浩滋プロデュ

『山口組三代目』(1973年)Ⓒ東映
Prime Videoチャンネル「東映オンデマンド」にて配信中

ーサーの間で一時的な確執があり、その手打ちの第1弾とも言うべき記念すべき作品であった。

この年（昭和48［1973］年）1月、『仁義なき戦い』が大ヒットし、一大ブームを巻き起こすと、それまで10年続いた任侠路線が下火になっていたこともあって、岡田茂が、

「鶴田浩二も高倉健もしばらくやめや。もう任侠ものは作らん。実録路線でいく」

とぶち上げたのだ。

これに俊藤が、「それはないやろ」と異議を申し立てたのは無理もない。任侠路線の二枚看板とも言うべき鶴田と高倉に、いままでどれだけ無理をさせてきたか、当人が誰より知っていたからだ。

「功労者の鶴田、高倉に、それはあまりに冷たすぎるのと違うか!?」

俊藤は、任侠路線を二人三脚で支えてきた盟友の岡田茂に、怒りの声を上げた。

「うむ。けど、しょうがない」

田岡組長をモデルに同じ企画で張り合う

それでも方針を変えようとしない岡田に対し、俊藤はついに肚を括った。岡田と袂を分かち、東映を離れて自分のプロダクションを立ち上げ、独自に映画を製作しようと決心したのだ。

そこでどんな映画を作ろうかと頭を悩ませた俊藤が、ここぞとばかりに企画したのは、以前

から構想していた三代目山口組の田岡一雄組長をモデルにした映画だった。主役は高倉健である。

俊藤は高倉とともに田岡のもとへ赴き、映画化の件を頼むと、三代目はすぐに承諾してくれたという。ところが、なんとその直後、岡田茂のほうも、三代目の長男の田岡満《みつる》を通じて同じ企画を田岡組長に持っていったのだ。

これには三代目も困り果て、「両方ともアカン」となったという。

奇しくも岡田と俊藤がほぼ同時期に同じ『山口組三代目』を企画し、張り合うような形になったのはまったくの偶然にすぎないのだが、東映関係者をいたく心配させたのは当然であったろう。

二人を仲直りさせるためにさまざまなお偉方が奔走、東急《とうきゅう》の五島昇《ごとうのぼる》会長や関東東映会の佐々木進《ささきすすむ》会長らの情理を尽くした説得もあったという。最後は佐々木の仲立ちで岡田と俊藤は会って話し合い、その関係は修復され、元のサヤに収まった。

現役の山口組組長が週刊誌に連載記事執筆へ

岡田の要請で、俊藤は一介のプロデューサーとしてではなく、製作全般を見る参与のゼネラル・マネージャーになることで落ち着いたのだった。二人の仲直りの第1弾が、『山口組三代目』だったのである。その原作をどの作家に書いてもらおうかとなったとき、名が挙がったのは、飯干晃一、草柳大蔵《くさやなぎだいぞう》、三好徹《みよしとおる》らであった。プロデューサーを務めた田岡満によれば、

「当初、東映のほうからは飯干晃一さん原作の『山口組三代目』で映画化をお願いしますという話があったんやけど、うちの親父は『知らん』と。飯干さんは親父に対して何の取材もなしにあれを書いているわけ。新聞記者時代、県警のほうにコネクションをつけてあっちのサイドからの資料で書いてた。山口組三代目というのは、言うたら固有名詞でしょ。それを勝手に本のタイトルに使《つこ》うて、いっぺんの挨拶もない。どういうこっちゃ、彼の原作ではあかん、と。そこから、『じゃあ、親父さん、本を書いてください』となって、『アサ芸』（引用者注＝週刊アサヒ芸能）への連載が決まったんですよ」（拙著『高倉健と任侠映画』徳間文庫カレッジ）

山口組三代目組長も一目置いた高倉健
『仁義なき〜』を上回る空前のヒットを記録

昭和48（1973）年8月に封切られた『山口組三代目』の原作は、三代目の半生を綴った『田岡一雄自伝』で週刊アサヒ芸能に連載され、後に①電撃篇②迅雷篇③仁義篇の3部作の単行本（トクマドキュメントシリーズ）となって徳間書店から刊行された（現在は同社から一冊の大型本

で刊行)。

監督は山下耕作、脚本は村尾昭、キャストは主演の高倉健の他に、菅原文太、丹波哲郎、松尾嘉代、水島道太郎、山本麟一、桜町弘子、待田京介らが共演した。

実在する大親分・田岡一雄を演じた高倉健は、当時、撮影に対する心境をこう述べている。

「実際に生きておられる人をやるんですから、やりにくいことはたしかです。でも三代目は人間的には興味ありますよ。どん底から叩き上げて、文字通り死にもの狂いでやってきた……ぼくは、あの人が〝他人より一杯多くメシを食いたかった〟といっている気持がよくわかるんですよ」(『週刊小説』昭和48年7月20日号「ホットインタビュー」)

また、映画に懸ける意気込みについても、

「作品の人物にホレこむという映画は、ひさしぶりですから」

とも語っているのだ。

そんな健さんの思いが通じたのか、同作品は空前のヒットとなった。なにしろブームを呼んだ『仁義なき戦い』シリーズでも最高の観客動員数を記録した『仁義なき戦い　完結篇』より客が入ったというのだから、どれほど当たったか、推して知るべしであろう。

三代目も認めた健さん

もともと高倉健は早くから田岡三代目とは交流があったようで、三代目の長女の由伎《ゆき》さんがこう述べている。

《小さい頃から、私の家には、多くの役者さんが見えていました。健さんは、父が可愛がっていた江利《えり》チエミさんの彼として、家に来たと記憶しています。

父は健さんを気に入り、映画のために、着物の着方から、任侠の所作、精神の有り様《ありよう》まで、あらゆることを教えていました――》

《健さんが、父の映画『山口組三代目』に主演したのは七三年。父は、「わしの役をやれるのは、健さんしかおらん」と言っていました》（「健さんと私」『週刊文春《ぶんしゅん》』平成26［2014］年12月4日号）

三代目は健さんを大層買っており、あるとき会食した折に、

「健ちゃん、おまえやったら組を任せるで。継いでくれんか」

と言ったという話も伝わっている。むろん冗談には違いないにせよ、三代目から見ても、健さんは一人の男としてそれだけ胸の琴線に触れるところがあったということだろう。

また、『山口組三代目』を撮った山下耕作監督の証言によれば、健さんも三代目に対して臆せず、

「親分と同じように、頭がよくても貧しいために学校に行けない子はたくさんいる。そんな子のために山口組で育英資金を出してはどうですか」

と進言し、これには三代目も、

「それはええ考えやな。さっそく検討してみよう」

と即答するような、心通じるところが二人の間にはあったという（結局、育英資金構想は実現しなかったが）。

ヒットを予見した人物

ともあれ、『山口組三代目』は大ヒットするのだが、そのことを作る前から確信的に読んでいたのが、俊藤浩滋プロデューサーであった。

「当時、山口組三代目という親分に対しては、たとえて言うなら、一般の人にとって一種のカリスマ的な存在、普通の主婦でも、幻みたいな感覚で興味持っとったわけ。山口組の記事は、もうずっと週刊誌から何から毎日のように出るくらいやったですからね。三代目の映画をやれば、興行的には絶対成功すると思っていた」

この俊藤の読みは、ズバリ当たったわけである。

だが、さすがに日本最大のヤクザ組織である山口組の三代目を扱った映画に対して、警察が黙ってはいなかった——。

山口組よりも図太かった東映の商売根性と度胸

タイトルから消えた山口組

大ヒットした『山口組三代目』に続く第2弾『三代目襲名』は、翌昭和49（1974）年8月に封切られた。監督は小沢茂弘、脚本は高田宏治。1作目と同様に主演は田岡一雄役の高倉健、ふみ子夫人役に松尾嘉代。〝ボンノ〟こと山口組最高幹部だった菅谷政雄役に安藤昇、同斬り込み隊長と言われた地道行雄《じみちゆきお》役に渡瀬恒彦。他に大木実、田中邦衛、水島道太郎、篠《しの》ひろ子《こ》らが共演して、やはり大ヒット。

本来ならシリーズ物の通例として『山口組三代目　襲名篇』（東映は第3弾『山口組　激突篇』の製作も構想していたとされる）となるところが、2作目はタイトルから〝山口組〟の名が消えた。警察当局の目を意識した東映サイドの自主規制があったといわれる。

「『山口組三代目』を封切って3日目くらいに、警察が気づいたようで、タイトル見てビックリしたんでしょう。こんな映画作るのを見逃すとはけしからん、とその方面の関係者は怒られたらしい。それまで警察というのは、（映画に対して）そんなに厳しくなかったわけやね。わりと鷹揚《おうよう》なもんでね。なにしろ、昔は京都撮影所で映画を撮る折、太秦《うずまさ》の交番にピストルを借りに行ったこともあるくらいですよ。もちろん実弾は入ってないけど、巡査が一人ついてね。で、撮影が済んだら、その巡査が拳銃を持って帰ったっていう嘘みたいな時代がありましたよ。ともかく当局が、それまで映画製作に関与するようなことはなかったんです」

と俊藤浩滋プロデューサーは述べていた。

警察から呼び出された社長　疑われた山口組との関係

事件が起きたのは、2作目『三代目襲名』の封切りから3カ月後のことだった。東映が発行した『三代目襲名』と『あゝ決戦航空隊』（同年の9月、山下耕作監督、笠原和夫脚本、鶴田浩二主演の東映オールスター作品）の共通前売り券が、商品券取締法に引っかかるとして、東京・銀座の東映本社と俊藤浩滋の自宅に、警視庁の家宅捜索が入ったのだ。

さらに岡田茂社長が警視庁から呼び出しを受け、俊藤と京都撮影所の高岩淡所長が、1週間毎日、兵庫県警に呼び出され調べを受けることになる。

警察当局は、三代目の長男である田岡満が2部作ともプロデューサーとして名を連ねていることに注目したのである。彼の経営する芸能会社「ジャパン・トレード」を通して、山口組が巨額の裏金を手にしているのではないか——と、睨んだのだ。

利益供与どころか……

だが、山口組に裏金など流れているはずもなく、田岡満にはプロデューサーとして正規の企画料――プロフィットシェアという契約通りの歩合が支払われているだけであった。

俊藤はこう語ってくれた。

「警察は、山口組が組の資金をかなり東映から取ってるんじゃないかと疑ったわけですよ。それは違うと言いました。山口組の映画を作らしてもろてね、反対に儲かったのは東映株式会社なんやということを、僕は正直に主張したわけですよ。それが当局には気に入らないわけで、山口組に巨額のカネが支払われていると僕に言わせたかったんですよ。それからは映画作ろうとするたびに当局から呼び出し。シナリオもどこから手に入れるのか、必ず持ってましたもんね」

当時の三代目山口組若頭《わかがしら》で山健組《やまけんぐみ》組長だった山本健一《やまもとけんいち》の元側近もこう述べている。

「チケットの販売に組をあげて協力したんや。親分の映画なんやから当たり前や。ウチの組長（山本は山健組組長）は東映関係者を呼んで5000枚を一気に買《こ》うて、みんなに配っとった。利益供与どころか、こちらがだいぶん払ったんちゃうか。ウチの組長は京都の撮影所にも頻繁に顔を出して、演技指導を含め、高倉さんのことを応援しとったしね」（伊藤博敏《いとうひろとし》「高倉健・菅原文太と暴力団」『週刊ポスト』平成27［2015］年1月1・9日号）

つまり、山口組が東映を食い物にしていたのではなく、実態はどうもその逆であったわけで、したたかさでいったらヤクザ顔負けの活動屋根性とでもいうべきものであったろう。

警察関係者も疑った　俊藤浩滋はヤクザ？

儲けたのは東映だけ！

『山口組三代目』について、東映の岡田茂会長（平成14［2002］年当時）は、私のインタビューにこう答えてくれたものだ。

「『山口組三代目』は大当たりしたけど、おまわりさんにやられてなあ。それでオレも新聞記者を集めたところでつまらんことを喋ったよ。『ゴッドファーザー』のアメリカがよくて、なぜ日本ではいかんのだ、と。そうだとみんながそう言うもんだから、つい乗っちゃってな（笑）、2本もやったから、警察のほうも怒った、怒った。それで3本目を作ろうとしたときに、警察が会社に入り込んで、兵庫県警まで出てきたから、うちは山口組にカネ払ってない、儲けたのはうちだ、って（笑）。それでなんぼ調べても出てこないから、警察もわかったわけやな」

結局、こうした警察の圧力もあって、『山口組三代目』シリーズ第3弾の製作は、中止を余儀なくされた。

俊藤浩滋プロデューサーと東映京都撮影所の高岩淡所長の二人が、1週間連日、兵庫県警に通って取り調べを受けるハメになるのだが、そのとき俊藤は、同県警捜査員から、

「あんたは現役のヤクザ者やないのか?」

と詰問されることになる。

「なんでですか?」

俊藤が驚いて問い返すと、

「神戸のチンピラがみんな〝兄貴〟とか〝兄さん〟言うとるやないかい」

「向こうは何言うとるか知りませんけど、現役やったら、襲名披露とか何かの書状とかに一回でも私の名前出てますか」

裏社会に精通しすぎた反動が思わぬ噂を生んだ

俊藤の場合、任侠社会にあまりにも精通し、知己も多く、顔が広かったがゆえに、警察ばかりか、映画関係者や映画ファンの間でも、

「どうやらかつては本物のヤクザだったらしい」

というような噂もまことしやかに流れて、そう思い込んでいるムキも少なくなかったようだ。

俊藤との共著『任侠映画伝』がある映画評論家の山根貞男氏も、その背中に刺青があるので

はないかとの風聞を耳にしていた一人で、初めて会った際、それをそのまま本人にぶつけたものだから、

「ほんなら、裸になって、背中を見せましょうか」

と俊藤を高笑いさせている。都市伝説の類いのひとつであろうか。

実際の俊藤プロデューサーは、そんな風聞からはかけ離れた人で、崩れた感じや尊大さ、ヤクザっぽさはなく、私のような弱輩者に対しても極めてやさしかった。

「初めての人はみんなそうなんですよ、あっちの世界にいたことがあるんじゃないか、と。そりゃ、たくさんのヤクザ屋さんの知り合いは僕はおります。なかには、兄弟以上のつきあいしとるのもいます。けど、僕は好きでやっとるわけやからね」

と、氏は述べてくれたものだ。

賭場の空気に触れて感じた裏社会の情

俊藤が最初に知り合った〝あっちの世界の住人〟は、神戸の自宅近所に住んでいた〝ボンノ〟こと菅谷組菅谷政雄組長であった。

そのボンノ組長に誘われて通った神戸・御影《みかげ》にある五島組の賭場が、初めて肌で触れる博奕打ちの世界だったのだ。

「賭場では、僕ら素人は賽本引《さいほんび》きいうのをやるんです。札《ふだ》を使う手本引きは難しいからね。本筋の博徒は手本引きをやるんやけど、負けた人は日を改めて次の機会にテラ師をやらしてもらうわけですよ。胴はだいたい儲かるんやね。だから、博奕打ちの世界というのは、うまいことになってるんですよ。ゼニ取られても、すぐまた自分が取るような、親をやらしてもらうとか。そういう形のなかで成り立ってるからね。昔の博奕打ちというのは情があったんでしょ。負けた人には帰りに汽車賃渡したり、メシ代渡したり……」

と〝任俠映画のドン〟は語ってくれたのだが、この賭場へ〝ドン〟を導いてくれた友人のボンノは、当時、すでに愚連隊として名を馳《は》せていたという。

ボンノ役の高倉健が監督に激怒!?

いたずら少年から国際ギャング団の頭領へ

若かりし時代の俊藤浩滋プロデューサーを賭場へ導いた友人の菅谷政雄は、後年のヤクザ界のスーパースターである。

幼少のころから腕白で、信仰心の篤《あつ》い両親が寺参りへ連れていってもヤンチャぶりは収まらず、和尚が「これ、煩悩。いたずらをしてはいかん」と一喝。以来、両親は〝煩悩〟をもじって〝ボンノ〟と愛称で呼ぶようになり、周囲もそれに倣うようになったという。

戦後は一派40人を従え、自ら首領となり、在日アウトローを吸収して〝国際ギャング団〟を組織。阪神間の軍需物資倉庫を荒らし回った。

昭和34（1959）年1月、懲役18年の刑を7年残して仮出所。同年11月、三代目山口組田岡一雄組長の盃を受けた。やがて若頭補佐となり、傘下組織53団体、構成員900人を擁し、組内の序列ナンバー4にまで上り詰めたが、傘下の組長射殺事件を問われ、絶縁処分を受けたのだった。

サラリーマンと極道 二人で通った賭場

『三代目襲名』では、この〝ボンノ〟こと菅谷政雄の役を安藤昇が演じている。

俊藤プロデューサーによると、

「知り合ったころの菅谷組長は、もう売り出してますわ。この人は戦前からよう東京へ行ってた。東京でも有名な銀座の並木《なみき》量次郎《りょうじろう》、入山太郎《いりやまたろう》、鈴木《すずき》の健坊《けんぼう》といった人たちとボンノはつきあいをしてましたね。その線で、僕も並木さんとは死ぬまでいいおつきあいをさせてもらいました。

それと、菅谷と一緒に横浜の本牧《ほんもく》にも行ったことがあった。そりゃええとこやったから、本牧のチャブ屋（特飲店）というのは。そこの顔役が〝メリケン武《たけ》〟こと松永武《まつながたけし》さん。本牧を押さえており、髭生やしてタッパもいいし、スラッとした格好してた。その兄弟分が新橋《しんばし》の〝カッパの松《まつ》〟こと松田義一《まつだぎいち》さん。あの人がよく来てましたよ」

とは言っても、当時（戦前から戦時中）の俊藤プロデューサーは不良でもヤクザでもあらず、大阪・堂島《どうじま》の〝日本マグネシアクリンカー〟という企業へ勤務する会社員。

マグネシアクリンカーとは、溶鉱炉の内側に塗る軽石状の耐火剤のことで、軍需品の一種。その会社は、それを満州《まんしゅう》（現中国東北部）の大連《だいれん》から輸入し、全国の軍需工場へ送っていたのだ。

その俊藤の会社勤務の帰りを、神戸・本山《もとやま》の家の近所だった菅谷は待っていて、二人連れだって賭場へ行くことになる。賭場は夜12時ごろに終了となるのだが、未来の東映プロデューサーはボンノとともに1年くらい通ったという。

「菅谷は博奕はまるでダメ。もの凄くヘタ。一緒に行ってね、いつもスッカラカンで帰ってくる。それでも懲りずに、また行くわけやね（笑）」（俊藤プロデューサー）

珍しい濡れ場で怒る健さん

この若かりしころの菅谷政雄をモデルにして製作された作品が、昭和50（1975）年10月の『神戸国際ギャング』である。主役のボンノの役を演じたのは高倉健、俊藤が監督に起用したのが、『㊙色情めす市場』などの日活ロマンポルノで注目を集めていた、新進気鋭の田中 登《たなかのぼる》だった。同作品で健さんと共演した菅原文太の推薦もあってのことだったといわれる。

ところが、田中登監督は日活ロマンポルノを主舞台として小規模な低予算映画しか撮ったことがなかった。

一方、超大作として企画された同作品は、撮影所のオープンセットに巨大な闇市のセットが作られたりした。あまりの規模の違いに勝手が違ったのか、撮影中から田中と現場スタッフとの不協和音が絶えず、スター映画など撮ったこともないので、大スターへの接し方も知らなかったのが田中監督だった。

濡《ぬ》れ場《ば》シーンでも日活ロマンポルノと同じ要領で、田中は、

「そこで乳舐めて……」

といった調子で、高倉健に対して事細かく指示を出した。

あまりのうるささに、「芝居ができない！」と高倉をカッカさせるひと幕もあったという。

というわけで、同作品はめったに見られない健さんの濡れ場――それも日活ロマンポルノ流の大胆な濡れ場シーン（『ゴルゴ13《サーティーン》』のような大人しいベッドシーンではあらず）が登場する異色作となった。

二枚看板の高倉、菅原　文太は敬意を持ち続けた

濡れ場が原因の仲違い

『神戸国際ギャング』で世にも珍しいベッドシーン——というより、おそらく生涯で唯一ともいえる、イメージにそぐわないセックスシーンを演じた高倉健。

日活で馴染みの女優・絵沢萠子《えざわもえこ》とのカラミで、健さんが雑誌を見ながら彼女をバック攻めにするという、いかにも田中登監督による日活ロマンポルノ風シーンで、およそ高倉健作品では初めてお目にかかる代物となった。

高倉と俊藤浩滋プロデューサーとの間で、ちょっとした意見のくい違いがあったのも、このシーンに関してだったようだ。

《そしたら、健ちゃんはこれがものすごく気に入らん。エロっぽいセックス・シーンなんか高倉健のイメージに合わんということやろう。「切ってくれ」「切ってくれ」と言うた。だけど、私にしてみれば、菅谷政雄のキャラクターを出すためにわざわざ入れたシーンやから、譲るわけにはいかない。健ちゃんの意向を蹴って、とうとう切らなかった》（『任侠映画伝』）

それで私に不信感を抱いたというのと違うかな——とも俊藤は述べているが、それから昭和53（1978）年6月の『冬の華』（降旗康男監督、高倉健主演）を経て、二人は長い間顔を合わせ

なかった。

まるで映画のよう 感動的な再会

しばらく疎遠になってしまったが、固い絆で結ばれた二人の間でそんなことはかつてないことだった。ありていに言えば、高倉は心を通じた俊藤に対して、一時スネてしまったということであろうか。

そんな両者が〝仲直り〟するのは7年後のことというから、二人の意地の張り合いも相当なもの。和解のきっかけは、高倉がひょっこり京都の俊藤邸を訪ねてきたことだ。先ごろ高倉の母が亡くなり、俊藤がそっと墓参りに来てくれたことへのお礼を兼ねていた。その2年前、俊藤の母が亡くなったときには、高倉が花と線香を贈っていた。

《「ご無沙汰しています」

健ちゃんは玄関に突っ立って、そう言うたきり、ボロボロ涙を流して言葉が出ない。私も胸がジーンと熱くなって「まあ上がれよ」と言うと、「いやあ……」とただ涙ながらに立っている》（前掲書）

変な意地を張っていたが、本心は会いたくてたまらなかった二人。この日は結局二人とも感極まってひと言も喋れずに別れたというが、映画さながらの感動的な『神戸国際ギャング』余話であり、いい話であろう。

東映の新たな二枚看板

この『神戸国際ギャング』、前々年8月の『山口組三代目』、半年前の『大脱獄』（昭和50［1975］年4月、石井輝男監督）に次ぐ、健さんと菅原文太による実質上の本格的共演の3作目となり、これが最後の共演となった。

いずれも『仁義なき戦い』以降の作品で、文太が押しも押されもせぬ大スターとして世間的にも認知された後のことだった。3作ともに高倉健の主演で、文太が準主役を務め、ガップリ四つに組んで熱演を見せた。

東映サイドも、文太を任侠路線に代わる実録路線のエースと位置づけ、健さんとの新たな二枚看板として売り出す予定だったのだろう。東映が満を持して放つ二大スター競演の超大作との触れ込みで、ポスターやタイトルバックも、かつての中村錦之助と大川橋蔵、鶴田と高倉のような扱いになっていた。とりわけ文太の場合、『神戸国際ギャング』のときには、その2カ月前に封切られた『トラック野郎　御意見無用』が大ヒット、新境地を開拓し、ますますスターとしてハクをつけていた。

『神戸国際ギャング』に出演、自分の息子に「健太」と名づけるほど健さんと文太兄ィのファンで、憧れの二人と初めて共演したボクシング元世界チャンピオンのガッツ石松《いしまつ》は、撮影中の文太兄ィが健さんに対し、一歩も二歩も下がって立てている感がありありと見受けられた――と証言している。

また、撮影中の事故で、健さんが怪我《けが》してしまったときのこと。それでも監督がスタッフが、健さんの絡まない撮影を続けようとしたところ、文太が憤然と、

「健さんが怪我したのに、できないよ！」

と撮影を止めさせたという話も、ガッツ石松は伝えている。

大スター高倉健とついに肩を並べた菅原文太

寡黙な高倉健と饒舌な文太

昭和50（1975）年10月に公開された高倉健主演の『神戸国際ギャング』。このとき、新宿東映で行なわれた高倉健、菅原文太、真木洋子《まきひろこ》、ガッツ石松、田中登監督らによる舞台挨拶を、筆者も見ているのだが、生身の高倉健を見たのは、これが最初で最後。高校生のころからの筋金入りのファンで、スクリーンでは何百回、何千回とお目にかかっていても、現実では後にも先にもこれっきり。たった一度の逢瀬《おうせ》となってしまったのである。

それはともかく、この舞台挨拶で、健さんは司会者から、

「菅原文太という俳優さんをどう見てますか」

と問われて、

「東映を背負って立つような素晴らしい俳優さんになられましたね」

といった内容のことを言葉少なに語ったのをはっきり記憶している。

文太はそれを健さんから離れた場所（壇上で隣り合わせに並んだのではなかった）で、照れくさそうに聞いていたのが印象的だった。

一方で、文太の挨拶は、映画館に押し寄せたファンに対し、

「『トラック野郎』のときはありがとうございました」

云々と、本作のことより、つい2カ月前に封切られ大ヒットした自作のシリーズ1作目に触れ、専らその話ばかり。健さんとは違ってかなり饒舌《じょうぜつ》に話していたのが印象に残っていて、

「こりゃだいぶ対照的なキャラだなぁ」

との思いを強くしたものだった。

文太が高倉健に感じていた強烈なライバル意識

だが、文太の舞台挨拶は他にも見たことがあり、取材で直接会って話を聞いた経験もあるか

らわかるのだが、文太は決して饒舌というほどではない。思うに、このときの文太は図らずも高倉健に対するライバル意識というか、気負いのようなものが出てしまったのではないかという気がしてならない。

実際、文太が健さんに対して強烈なライバル意識を持っていたと見る映画関係者は少なくない。筆者も後年、文太にインタビューしたとき、

「役者として鶴田、高倉とは違う方向性を目指すということは意識されたのか？」

と訊いたことがあったが、それに対して文太からは、

「同じことをやっても敵《かな》わないとなれば、誰でもそう考えて努力するのではないのかな」との答えが返ってきたものだった。

文太と健さんの共演は『神戸国際ギャング』が最後となり、その後は俳優としてそれぞれまったく別の道を歩んでいく。日本の銀幕を代表する大スターとして、二人の長い間の活躍は知られる通りである。

短期間で高倉健と肩を並べるまでになった文太

文太が松竹から移籍してきて、東映に初出演し、健さんと初共演した作品は、昭和42（1967）年12月のシリーズ10本目、『網走番外地　吹雪の斗争』で、文太はチョイ役を演じた。

すでに高倉健は『網走番外地』シリーズばかりか、『日本侠客伝』『昭和残侠伝』という大人気シリーズの主役を張って、鶴田浩二と並ぶ東映任侠映画路線の二枚看板、大スターの座を不動のものにしていた。

その当時は、まだ鳴かず飛ばず、クスブっていた文太からすれば、仰ぎ見るような存在である。

だが、そこまで差が開いたところから、わずか数年で健さんの高みにまで駆け昇っていくのだから（高倉と文太主演の2本立て興行で「健さん・文太は五月の鯉《こい》！」なる惹句が登場したのは昭和45［1970］年5月のこと）、文太も凄かった。

『神戸国際ギャング』で憧れの健さんと初共演したガッツ石松は、その思い出をこう述べている。

《初めて会った健さんには後光が差していて、本当に輝いているようでした。すでに四十歳は越えていたけれど、もっと若く見えました。

当時、東映太秦スタジオには、スター役者には個室が用意されていました。健さんはその個室に私を呼んでくれて、近所の蕎麦屋《そばや》から出前を取って一緒に、ざるそばを食べたこともありましたよ》（「健さんと私」）

第14章　実録物の隆盛と渡哲也

日本が揺れ動くなか、渡哲也が実録ものへ出演

激動の時代となった1970年代中盤の日本

東映任俠路線に代わる実録路線が隆盛を極めたのは、昭和48（1973）年から52（1977）年にかけてのことである。その時代――1970年代中ごろというのは、日本にとっても大きな転換期であり、激動の時代であった。右肩上がりで続いていた経済成長が止まって、いわゆるマイナス成長が始まり、国際的な事件の直撃も受けた。

『仁義なき戦い』が登場した昭和48年には、3月と4月、国労《こくろう》（国鉄労働組合）・動労《どうろう》（国鉄動力車労働組合）の順法闘争で上尾《あげお》駅や首都圏39駅で民衆の暴動が起き、8月には東京で韓国の元大統領候補・金大中《キムデジュン》（後の大統領）の誘拐事件が起きた。

同年10月、日本列島が〝石油ショック〟の激震に見舞われた。ペルシャ湾岸6カ国が原油の

大幅な値上げを決め、アラブ産油国が生産制限の方針を決めたのだ。石油消費量の99・7%を輸入に依存する日本の街からはネオンが消え、深夜テレビの放映がなくなり、主婦たちがトイレットペーパーを求めてスーパーに押しかけた。

翌49（1974）年には、ルバング島から小野田寛郎《おのだひろお》元陸軍少尉が帰国し、負傷者376人を出す三菱《みつびし》重工ビル爆破事件が起き、佐藤栄作前首相がノーベル平和賞をもらい、田中角栄首相は金脈問題で総辞職に追い込まれた。

日本赤軍ゲリラの跳梁《ちょうりょう》も目立ち、49年9月オランダのフランス大使館襲撃事件、50（1975）年8月クアラルンプールのアメリカ、スウェーデン両大使館占拠事件、52年9月パリ発東京行き日航機ハイジャック事件などを立て続けに引き起こしている。

昭和51（1976）年2月には、アメリカ上院多国籍企業小委員会で、ロッキード社副社長のアーチボルド・コーチャンが同社航空機売り込み工作のため、丸紅《まるべに》、あるいは全日空《ぜんにっくう》経由で田中角栄前首相をはじめ政府高官に工作資金を渡したと証言。〝ロッキード事件〟が火を噴いた。8月までの間に、これらの関係者が贈収賄、外為法違反、偽証容疑で東京地検に逮捕されるという大汚職事件に発展したのである。この年のジャーナリズムはロッキード事件一色に塗り潰された感があり、「記憶にございません」が流行語のトップになった。

次々とヒットした実録もの

東映実録ヤクザ路線が当たり、量産されたのは、まさにこうした大事件が頻発した、騒然とした時代であった。

『仁義なき戦い』（昭和48［1973］年1月、深作欣二監督、菅原文太主演）、『やくざと抗争　実録安藤組』（同年3月、佐藤純彌、安藤昇）、『実録・私設銀座警察』（同年7月、佐藤純彌、安藤昇）、『山口組外伝　九州進攻作戦』（49［1974］年4月、山下耕作、菅原文太）、『仁義の墓場』（50［1975］年2月、深作欣二、渡哲也）、『県警対組織暴力』（同年4月、深作欣二、菅原文太）、『日本暴力列島　京阪神殺しの軍団』（同年5月、山下耕作、小林旭）、『実録外伝　大阪電撃作戦』（51［1976］年1月、中島貞夫、松方弘樹）、『沖縄やくざ戦争』（同年9月、中島貞夫、松方弘樹）、『北陸代理戦争』（52［1977］年2月、深作欣二、松方弘樹）……といった作品が次々と生み出されるのだ。

実録ものの最高傑作　渡哲也の『仁義の墓場』

このなかでも、『仁義の墓場』は、実録路線の極北として、深作欣二監督の最高傑作との呼び声も高い、伝説的な作品として知られる。ブルーリボン監督賞、キネマ旬報ベスト・テン監督賞、同第8位、同読者選出第7位といった数々の栄誉にも輝いている。映画ライターの川崎《かわさき》宏《ひろし》も、『仁義の墓場』を、深作欣二全作品中の最高傑作と評した一人で、《〝傑作〟などといった、ありきたりのボキャブラリーでは、包括しえぬほど鬼気せまるものが、全篇、脈々と波打たれ、この作品を観終わった私は、あたかも襤褸《ぼろ》のように打ちのめされるしか他はなかった》（『狂おしい夢　不良性感度の日本映画』青心社《せいしんしゃ》）と絶賛している。

主人公の石川力夫役を演じた渡哲也は、東映初主演、深作欣二と組んだのも初めてだった。しかもNHK大河ドラマ『勝海舟《かつかいしゅう》』を病気のため途中降板して、長期療養後の復帰第1作であった。病み上がりで演じた凄まじい狂気の演技には、鬼気迫るものがあった。

深作組の努力、渡の献身　名作『仁義の墓場』裏話

実在のヤクザがモデル　任侠路線を踏み外した作品

昭和50（1975）年2月の『仁義の墓場』の渡哲也扮する主人公は、およそ仁義も任侠精神のかけらもない度しがたいハチャメチャで凶暴なヤクザ。それまで高倉健や鶴田浩二が演じてきた任侠路線とは天と地ほどの差があった。

年中よそと揉め事を起こし、組内部でも諍《いさか》いを起こし、果ては自分の親分（ハナ肇《はじめ》）にも反抗しドスで斬りつけるというヤクザ界最大のタブーまで犯す。シャブ中毒になり、自分の兄弟分（梅宮辰夫）を殺し、死んだ女房（多岐川裕美《たきがわゆみ》）の遺骨をかじり、あげくは自殺して果てるのだ。

その遺書が《大笑い　三十年の　馬鹿さわぎ》。

この映画の主人公のモデルは、関東に実在した水戸出身のヤクザで、その名を石川力夫という。つまり、実名をそのまま使っているのだ。

映画の冒頭シーンは、石川力夫の幼少のころを知る故郷の人たちが、その思い出を語るところから始まっている。画面には石川の子ども時代のモノクロ写真が映し出され、それにかぶさって、

「石川力夫さんの子ども時代というのは、どんなもんだったんですか？」

というインタビュアーの質問に、

「泣き虫でねぇ。小さいときは力夫、よぉく泣く子どもだったのよ。もう泣き始めたら1時間でも泣いている子だった」

「子どものころから、オレはヤクザになる、ヤクザになるって言ってたな」

などと応えるジイさんやバアさんの声が聞こえてくるのだ。

吹き込まれた声の主は？

セカンドの助監督を務めた梶間《かじま》俊一《しゅんいち》が水戸まで取材に行き、テープレコーダーを使って石川の実家周辺の人たちから集めてきた声で、本物という。ちなみに監督深作欣二も梶間も石川

と同じ水戸の出身。この冒頭シーンの極めつきは、最後に石川と同郷で刑務所でも同房だったという男が、インタビュアーの梶間と水戸弁も丸出しにして、

「石川力夫はどうして狂犬みたいになったんですか？」

「オレと一緒に刑務所にいたときは、ヤロー、こんなこと言いやがんだよ。オレは風船みたいな男だ」

「風船ですか？」

「うん。てめえがぶっちゃけるのも知らないで、上へ上へ飛び上がるしか能のねぇヤローだって……」

とやりとりしているのだが、実はこれ、前のジイさんバアさんと違ってドキュメンタリーにあらず、なんとこの声の主は、深作監督本人。深作はなかなかの役者ぶりを発揮しているわけである。このシーンは、スタッフがガヤガヤと撮影準備をしているセットの片隅で録音されたという。

ハードなスケジュールのなか　精力的に動く深作と渡哲也

深作組にとって『仁義の墓場』の撮影スケジュールは、およそ殺人的といっていいほどハードなものだったという。なにしろ、監督、助監督、プロデューサー、脚本家が東京・西荻窪《にしおぎくぼ》の

旅館〝木村館《きむらかん》〟で一同初めて顔を合わせたのは昭和50（1975）年1月10日。クランクインが1週間後の1月17日。封切りは2月15日なのだ。

脚本の松田寛夫《まつだひろお》と神波史男《こうなみふみお》などが、鴨井達比古《かもいたつひこ》の一稿を全面的に書き直すことが決まったのも1月10日。クランクインの1週間で台本を上げろというのだから、無茶な話だった。

しかも最初の4日間は、二人と深作との夜を徹してのディスカッションに費やされたのだ。松田と神波が驚嘆したのは、徹夜の討論の後、深作がそのまま寝ないでロケハンに出かけてしまうことだった。二人はその人間離れしたタフさ加減に圧倒され、

「いったい作さんはいつ寝てるんだ?!」

と首を傾げたものだ。

主役の渡哲也にとっても『仁義の墓場』は長期療養生活後の復帰第1作にあたり、自ら「ぜひ深作監督作品に」と希望しての東映初出演となったのだった。

病み上がりの身を押しての出演であったが、渡は乗りに乗った。撮影後半になると、家に帰らず、撮影所裏にあった連れ込み旅館に泊まって撮影に集中したという。終《しま》いには点滴を打ちながらの撮影になったというから、入れ込みようも半端なものではなかった。

実録物ゆえの難しさ　日下部が軟禁状態に！

山口組の九州進攻作戦と伝説の鉄砲玉、夜桜銀次

昭和49（1974）年4月の『山口組外伝　九州進攻作戦』は、『山口組三代目』に続く山口組実録シリーズとして公開された作品で、

《拳銃《チャカ》で通れば、拳銃《チャカ》で散る　こいつの名は、たしか夜桜銀次《よざくらぎんじ》　だが山口組にとっては　しょせん一匹の野犬――》

という関根忠郎の名惹句、あるいはラストシーンの津川雅彦の、

「夜桜銀次ちゅう、ええ極道がおりましてなあ」

という名台詞とともに記憶するファンも多いだろう。

この映画の主人公は、夜桜銀次。昭和37（1962）年1月、山口組が大量動員をかけて福岡に乗り込んだ、ヤクザ抗争史上あまりにも有名な「博多事件」の引き金を引いた〝鉄砲玉〟として知られる。夜桜銀次の異名は、背中の桜の刺青に由来しており、銀次は本人が好んで名乗ったものという。

二人のヒットマンに4発の銃弾で胸、顎、喉、左肘を撃ち抜かれ34歳で絶命した、この伝説の鉄砲玉・夜桜銀次を軸に、「別府《べっぷ》抗争」から「博多事件」に至る山口組九州進攻の経緯を描

いたのが、『山口組外伝　九州進攻作戦』である。

山下耕作が表現した美学

実録ヤクザ映画の難しさは、モデルとなった人物や組織、あるいは実在する関係者とどう調整をつけるかで、プロデューサーの最も苦心するところであったろう。

日下部五朗プロデューサーが、同作品を作るため銀次と関係の深い組へ挨拶に行ったところ、

「うちの親分ならいざ知らず、あんなチンピラの映画を作るのはおかしいじゃないか」

と半ば軟禁状態にされてしまったという。

その話が田岡一雄三代目の耳に入って、「うちの客人の日下部に何しとるんや」との鶴のひと声で解放されたというが、こうした微妙な問題を孕《はら》んでいるのが実録作品である。関係筋の間ではただのチンピラ扱い、さほど重きを置かれていないように見える夜桜銀次も、映画では菅原文太によってカッコよく演じられている。

そこにはニヒルでアナーキーでひたすら死に場所を求め、破滅へ向かってひた走るという、ある種の〝滅びの美学〟が描かれているのだ。監督が山下耕作とあらば、それもむべなるかな、美学派、情念派の面目躍如たるところがあり、同じ実録路線でも、深作欣二や中島貞夫、佐藤純彌監督作品とはかなり趣を異にしている。

とりわけ銀次の死後、刑務所を出所した子分の渡瀬恒彦が、銀次の植えたバラ一輪を胸に挿すシーンなどは、〝花〟の監督・山下耕作の美学満開で、まさに彼の独壇場であり、真骨頂。

山下ファンなら誰もが、

「おぉ、やってる、やってる！　山下耕作にかかると、実録でも美学になってしまう」

と快哉《かいさい》を叫んだことだろう。

映画のテーマとは違った実際の組長の思い

翌50（1975）年5月にも、山下耕作の『日本暴力列島　京阪神殺しの軍団』が封切られ、これまた山口組の柳川組《やながわぐみ》をモデルにした実録ヤクザ物であった。

柳川組というのは、三代目山口組時代、全国進攻の斬り込み役も務め「殺しの軍団」と恐れられた組で、主人公の柳川次郎《じろう》組長をモデルにした花木《はなき》組花木勇《いさむ》組長を演じたのが、小林旭。

実録を謳っているとはいっても、基本的にはフィクションであり、ラストは花木が本家（天政会《てんせいかい》）に牙を剝いて破門されるところで終わっている。

ラストのナレーションが出色であった。

「花木は天政会から破門された。だが、彼はもともとすべてから破門されていた」

大組織から利用され、使い捨てにされる元愚連隊の悲哀と反逆魂、さらには在日朝鮮人ヤクザというテーマをひと言で言いきっているのだ。

だが、モデルとなった柳川次郎には、利用されているという意識はなく、田岡三代目に惚れきっていた。柳川はこう述べている。

「田岡の親分を日本一の親分にしようゆうムードがあったんですわ。それでみんなが競い合って各地へ出て行ったんですわ」（「山口組〜知られざる組織の内幕〜」『NHK特集』昭和59［1984］年8月27日放送）

実際の事件とリンクした最後の実録ヤクザ映画

最後の実録物のモデルは北陸随一の実力者〝帝王〟

およそ10年もの長きにわたって続いた任侠路線に取って代わって登場した実録路線だが、その人気はさほど長続きしなかった。当初こそ拍手喝采を以て迎えられたものの、客に飽きられるのも早く、5年の命脈も保てなかったのだ。

その実録路線の掉尾を飾った傑作——実質的な最後の実録ヤクザ映画と評されるのが、『北陸代理戦争』（昭和52［1977］年2月、深作欣二監督、松方弘樹主演、ハナ肇、成田三樹夫、野川由美子、高橋洋子《たかはしようこ》、千葉真一共演）である。

同作は、山口組をモデルにした東映実録作品群のなかでも、映画という虚構が現実に先行し、複数の親分の運命まで変えてしまった感のある、とんだ〝問題作〟となった。

松方弘樹扮する主人公・川田登《かわたのぼる》のモデルとされるのが、〝ボンノ〟こと菅谷政雄組長率いる菅谷組傘下の福井県三国町《みくに》（現坂井市《さかい》）の川内組《かわうちぐみ》川内弘《ひろし》組長で、〝北陸の帝王〟の異名を取った実力親分だった。

当局からの撮影中止要請　東映は断固として拒否！

ところがこの川内弘組長、映画が公開される1カ月前の1月24日、菅谷組を絶縁されてしまうのだ。川内が、兄貴分である菅谷の頭越しに山口組直参になろうと画策したことが、菅谷の逆鱗《げきりん》に触れたためともいわれ、両者の関係は以前から悪化の一途を辿り、対立は続いていたという。

そんな最中の『北陸代理戦争』の製作で、しかも内容的にもそうした現実――兄貴分・菅谷との反目・対立、しばしの激突が描かれているとの情報も、当然ながら菅谷組サイドにも映画公開以前に流れていたであろう。

もとより菅谷組にすれば、内容云々に関係なく、かねて苦々しい存在である川内をモデルにした映画が製作されること自体、面白くない由々しき事態であったのは容易に想像できよう。

同作のロケは、昭和52（1977）年1月から2月5日にかけて、福井県の三国、芦原《あわら》（現あわら市）の両町で行なわれた。福井県警が東映に対してロケの自粛を申し入れたのは1月31日、川内が菅谷から絶縁された1週間後のことだった。

これに対する東映の回答は、

「2月26日公開を目指して撮影が進んでおり、映画の中止はあり得ない」

昔から当たるものであれば何にでも貪欲に飛びついて、政治は関係なし、左翼も右翼もなく、「大日本映画党」を自任してきた東映の伝統を受け継いだ、ヤクザを超えた活動屋のしたたかさというべきものだったろう。

実際の事件さえも糧にする活動屋の持つ貪欲な性

同作の脚本を書いた高田宏治も、こう述べている。

《我々物書き、とくに活動屋なんてものは、たいへんな貪欲さがある。政治家であれ、やくざであれ、活動屋には勝てないんですよ。やくざが死のうが何しようが、平然と食い物にして、なんでもお金にしようとする。それぐらいの貪欲さを我々は持っているし、作る企業側も持っているあいだが、映画産業というものは精彩を放つんではないですか。この貪欲さをなくしたとき、エンターテインメントという力をほんとうに失っていくんじゃないかという気はすごくしています。これはやくざを越えたやくざ性とも言うべきものでしょうね》（高田宏治・西谷拓《にしたにたく》哉《や》『高田宏治　東映のアルチザン』カタログハウス）

実はこの高田の「やくざが死のうが何しようが」という発言は、現実に起きてしまったことを踏まえてのものであった。

その衝撃的な事件が勃発したのは、同作が公開されて2カ月にも満たない4月1日のことだった。

三国町の国道沿いにある喫茶店「ハワイ」において、川内弘は4人のヒットマンによって射殺されたのである。襲撃犯はいずれも菅谷組系組員であった。

この「ハワイ」は、川内弘が毎日珈琲《コーヒー》を飲む行きつけの喫茶店であり、彼が座る場所も決まっていたという（奥のカウンターの前の席）。映画でも同様に、主人公の川田役の松方弘樹がヒットマンたちによって襲撃されるシーンがあり、まさにこの店で撮影されたものだった（映画では「ハワイ」ではなく、「太陽」となっている）！

きっかけは『北陸代理戦争』？　激化した菅谷と川内の争い

映画が現実になった！

映画のなかで起きた事件が、現実でそのまま再現されるという世にも不思議な事態を呼んだ作品は、昭和52（1977）年2月に公開された『北陸代理戦争』。

松方弘樹扮する同作の主人公のモデルとなった「北陸の帝王」こと川内弘組長が撃たれる事件が起きたのは、封切り2カ月後のことだった。映画では危ないところをなんとか逃れるのだが、現実では射殺されてしまう。しかも、場所も同じ喫茶店であった。

同作の脚本を書き、福井・三国町の国道沿いにある「ハワイ」で何度も川内を取材したシナリオライターの高田宏治のショックも、かなり大きかったようだ。

《私としゃべっていた同じ椅子で！　有名な事件です。撃たれてほんとに殺された。もうこの話を聞いたときは……なんというか……戦慄なんてものじゃなかった。なんともいえない気持ちになりましたね。狙われていたとは思うけど、あんな映画作りやがってということが一つの引き金になった気がします》（前掲書）

惚れ込んだ舎弟との行き違いから悲劇へ

川内弘を射殺した実行犯は、元の兄貴分である菅谷政雄組長（映画公開1カ月前に川内は破門されていた）率いる菅谷組系組員4人であった。

この事件から2日後、菅谷政雄もまた、山口組から絶縁状を出されることになる。川内暗殺の責任を取らされたのだった。

絶縁というのは破門と違ってヤクザ社会における永久追放を意味し、復帰の道はほぼ閉ざされるのだ。

それでも菅谷は引退も解散もせず、山口組と対立したまま、一本どっことしてしばらく渡世を張り続けた。絶縁状の差出人が「山口組三代目田岡一雄」の名ではなく、「山口組幹部一同」となっていたことで、

「ワシを絶縁にできるのは親分の田岡だけや。こんなチラシに何の意味があるかい」

との言い分を押し通したのだった。

この菅谷とは幼馴染みの友人で、若かりしころの彼をモデルにした田中登監督の『神戸国際ギャング』をプロデュースしたのが、「任侠映画のドン」俊藤浩滋である。

昭和56（1981）年1月、出資法違反に問われ、府中刑務所に服役中の菅谷と面会した俊藤は、すっかり面《おも》やつれした菅谷に驚いた。髪の毛は真っ白で、顔も土気色、元気な時分の見

る影もなかったからだ。

さしも「神戸に菅谷あり」と一世を風靡したボンノの命も尽きようとしていた。山口組から絶縁され、配下の者も次々と菅谷のもとを離れていくなか、およそ4年にわたって意地を通し、渡世を張ってきた菅谷であったが、いよいよ決断のときが迫っていたのだ。

俊藤との面会から4カ月後、同年5月、府中刑務所を出所した菅谷は、田岡三代目に、

「親不孝しました」

と詫びを入れ、引退を表明。そのわずか1カ月後の7月23日、三代目は心臓病を悪化させて死去した。後を追うように菅谷も11月25日、肝臓癌《がん》のために世を去ったのだ。

この菅谷が、「ワシの若いころに似ている」と惚れ込み舎弟にしたのが川内弘だったのだが、最後は思わぬ破局を生んでしまったわけである。

任侠と実録の折衷という新路線へ踏み出した東映

ともあれ、この『北陸代理戦争』、すっかり曰く因縁つきの映画となってしまった感があるが、東映実録路線の衰退期に登場した深作欣二の快作といってよかったろう。残念ながら興行的には、「揉める映画はヒットする」のジンクス通りにはならず、あまり当たらなかったという。

「東映実録ヤクザ映画最後の光芒」と言われた『北陸代理戦争』が公開された時期――実録路線が急速に下火になりかけていたころ、路線の新たな試みともいうべき新作が製作されている。それは任侠路線と実録路線の折衷とでも言っていいような異色の大作であった。昭和52（1977）年1月の『やくざ戦争　日本の首領』である。

第15章　『日本の首領』と高倉健の新境地

新たな切り口の任侠映画　新境地を開いた高倉健

日下部が作りたかった和製ゴッドファーザー

『やくざ戦争　日本の首領』（昭和52［1977］年1月）を企画したのは、日下部五朗。俊藤浩滋とともに手がけてきた数多くの任侠路線の人気が低迷するなか、大ヒットを飛ばしたのが、『山口組三代目』。

俊藤、田岡満とともにプロデュースした同作品。大当たりしたとはいえ、日下部個人としては、あまりに親分を二宮金次郎《にのみやきんじろう》的に描きすぎた——と、やや悔いが残ったという。そこから生まれたのが、

〈もっとドロドロした権力と暴力が渦巻く『ゴッドファーザー』のようなヤクザの世界を描けないものだろうか〉

との着想であった。

日下部のオファーに応えて、原作者の飯干晃一は、大阪を本拠とする日本最大ヤクザ組織・中島組《なかじまぐみ》のドンである佐倉一誠《さくらいっせい》とその家族、そしてドンの右腕の辰巳《たつみ》という若頭を中心に展開される、まさに和製ゴッドファーザーといった物語を描いた。

監督は中島貞夫、脚本は高田宏治、日下部が当初考えていた配役は、ドンの佐倉役に鶴田浩二、若頭の辰巳役に高倉健。

俊藤も大いに乗り気で、「よし、それでいこう」となった。プロデューサーは俊藤、日下部二人の他に、『山口組三代目』同様、田岡満が名を連ねた。

任侠からの転身を図り　高倉健が出演を固辞！

ところが、高倉健の出演は決まらなかった。健さんはこの時期、もはや任侠映画に見切りをつけていたような感があり、俊藤といえど、それを翻意させることはできなかった（それでも『仁義なき戦い』シリーズの試写を観にきていたというから、同作品への関心は持っていたようだ）。

昭和51（1976）年にフリーとなった高倉健は、翌52（1977）年には東宝で森谷司郎《もりたにしろう》監督の『八甲田山《はっこうださん》』、松竹で山田洋次《やまだようじ》監督の『幸福《しあわせ》の黄色いハンカチ』に出演し、ともに大ヒットして、変わらぬ大スターぶりを発揮。また両作品ともに52年度のキネマ旬報ベスト・テンの

『やくざ戦争　日本の首領』（1977年）Ⓒ東映
Prime Videoチャンネル「東映オンデマンド」にて配信中

1位（『幸福の黄色いハンカチ』）と4位（『八甲田山』）に選出されるという、東映時代にはほとんど無縁だった栄誉にも恵まれ、俳優として紛れもなく新境地に達していた。少なくとも、「任侠映画スター・高倉健」というイメージの払拭を図っていたのは、確かである。

かくて『日本の首領』における高倉健の出演は幻に終わった。そこでドン役に予定していた鶴田浩二を若頭役として、別のドン役俳優を探そうとなった。

俊藤から発せられた意外すぎる代役俳優

さあ、誰にしようか。鶴田若頭の親分役であり、「日本のドン」を演じるとなると、それなりの貫録と重厚さを持ち合わせた人物でなければならない。

「佐分利信はどうか？」

俊藤から出たのは、思いもよらない俳優名であった。いまだかつてヤクザ映画になど出たこともない。『華麗なる一族』（昭和49［1974］年、山本薩夫監督）などの大作で知られる戦前からの超ベテラン大物俳優である。

「まさか佐分利さんがやりますかねぇ?!」

中島貞夫も半信半疑であった。

だが日下部が出演交渉に当たると、佐分利は乗ってきた（日下部によると、ギャラは300万円だったとか)。

　こうして佐分利ドン、鶴田若頭という配役が決まり、鶴田の妻役に市原悦子《いちはらえつこ》、武闘派の斬り込み隊長に千葉真一、関東の大組織の理事長に菅原文太、ドンの女婿の病院長に高橋悦史《たかはしえつし》、ドンの金庫番に松方弘樹、他に梅宮辰夫、渡瀬恒彦、成田三樹夫、田中邦衛、金子信雄、西村晃といった豪華俳優陣となった。

《佐分利さんの親分演技は、これまでのやくざ映画にない風格と人間味を画面に与え、親分の家族を描く部分ともマッチして、若頭ながらやがて親分と対立していく鶴田浩二をも照り映えさせた。わたしは『ゴッドファーザー』を意識していたから、親分の娘の結婚式に殺人の場面をモンタージュしたり、神戸のメッセンジャー成田三樹夫の申し出を断った岐阜の組長小池朝雄《こいけあさお》のベッドに生首を転がしたり、あの手この手を凝らした》(日下部五朗『シネマの極道　映画プロデューサー一代』新潮社)

映画と現実がシンクロ　三代目山口組若頭の悲哀

俊藤の能力が遺憾なく発揮されて大ヒット!

昭和52(1977)年1月の『やくざ戦争　日本の首領』は大ヒットした。何より主人公のドンに、東映にはまるで馴染みのない佐分利信という大物俳優を配した異例のキャスティング、その意外性が受けたのだ。

佐分利を起用した俊藤浩滋プロデューサーにとっても、それは『昭和残侠伝』における池部良、『まむしの兄弟』で文太の相棒に川地民夫を選んだときのような手応えがあったと見え、

「あれはワシが持ってきよったんや、みんなが反対しよったけど。ああいうもんや、キャスティングいうのは」

と後々まで自慢していた。

余談になるが、俊藤というゼネラル・プロデューサーは、キャスティングに限らず、作品を作るにあたって、監督や脚本家、音楽家などを決めるに際し、『神戸国際ギャング』で日活ロマンポルノの田中登監督、『現代任侠史』で脚本を黒澤明映画でお馴染みの橋本忍《はしもとしのぶ》に託した例にも見られるように、時として関係者がアッと驚くような人選をする人だった。

それだけ柔軟性があり、発想も斬新で、企画力にも秀でていた。実現こそしなかったが、三島由紀夫に任侠映画の脚本を頼み（快諾を得ていたというが、あの自決があった）、戦前の時代劇の巨匠・伊藤大輔《いとうだいすけ》監督で『人生劇場』をやろうとしたり、大島渚監督と任侠映画をやりかけたりしたこともあったという。あるいは山本薩夫監督で『田中角栄』を、ゴジこと長谷川和彦《はせがわかずひこ》や井《い》手雅人《でまさと》の脚本で『青函《せいかん》トンネル』をやろうとしたこともあったというが、これまた実現には至

らなかったのだ。

実録路線に否定的な鶴田が若頭を好演！

ともあれ、そうした俊藤の発想のシャープさは、『やくざ戦争　日本の首領』においては佐分利信のキャスティングにも垣間見《かいまみ》られたわけだが、もうひとつ同作が画期的だったのは、黛《まゆずみ》敏郎《としろう》によるテーマ曲。オーケストラによる本格的なもので、音楽もまた『ゴッドファーザー　愛のテーマ』ばりの荘重さで強烈な印象を残し、関係者をして、

「東映が初めて音楽にカネをかけた映画」

と言わしめた。

かくして大阪を舞台にした和製ゴッドファーザーともいうべき壮大な任侠ドラマ――『やくざ戦争　日本の首領』は評判を呼び、大当たりした。

俊藤浩滋も『任侠映画伝』でこう述べている。

《ドンをやってもろうた佐分利信が良かった。あの重厚さは何ともいえんもので、さすがにキャリアの重みが違うと思う。

それと鶴田浩二。親分に尽くし抜いて生きて、しかしこのまま事態が突き進んでいったら親分が捕まってしまうと考えるから、あえて親分の意に逆ろうて、組の解散を言う。そういう渡

世の男の苦しみを、鶴さんは素晴らしく演じた》
鶴田にとって『やくざ戦争　日本の首領』は、昭和49（1974）年9月の東映オールスター作品『あゝ決戦航空隊』以来、3年ぶりの映画出演となった。鶴田は実録路線に対して、
「殺しのテクニックを競っているかのような作品」
と批判的な意見も公言して、作品にも一切出演しなかったのだ。

田岡一雄から疎まれた若頭地道行雄がモデル

『やくざ戦争　日本の首領』はフィクションだが、鶴田が演じた辰巳若頭は、三代目山口組時代、田岡一雄組長のもとで若頭を務め、山口組全国進攻の〝斬り込み隊長〟といわれた地道行雄がモデル。

昭和39（1964）年、警察庁による「頂上作戦」が開始され、組織暴力に対する取り締まりが激烈を極め、全国のヤクザ組織が軒並み解散に追い込まれるなか、解散を拒んだ唯一の広域組織が山口組であった。

「たとえ一人になっても山口組は解散しない」

と表明する三代目に対し、

「局面打破には解散しかない」

と主張、三代目の不興を買ったのが地道だった。地道は別の事件で親分に対する裏切り行為も発覚し、一挙に組内での人望を失い、失脚する。

映画においても、ドラマの重要な縦軸となっているのが、組の解散を巡る佐分利ドンと鶴田若頭の確執である。

「映画は夢と浪漫や！」任侠映画に込めた思い

任侠映画に市民権を！

脚本を書いた高田宏治もこう述べている。

「それまで俊藤さんは、地道さんという人ははっきりいって山口組を裏切ったという事実があるので、ずっと手を触れなかったんですよ。まあ、そのころは私も俊藤一家で一人前になってましたから、いろいろ話しあったなかで、これはいままでのいわゆる任侠映画じゃない、こういう言葉をあの人は使わなかったけど、一般映画としての市民権――芸術的価値とまでいかないけれども、映画的な市民権を持たそうじゃないかということで、（中略）そこで鶴田浩二の世界のなかでは、地道さんを、あの裏切りを、どういうふうに任侠映画的な美学で彩るかということをやってくれ――というのが、俊藤さんの私に対する宿題だったんです」（『任侠映画が青春だった』)

鶴田若頭は佐分利信ドンの女婿である高橋悦史病院長に毒殺される運命を辿るのだが、死の直後、その枕元で、

「つらかったやろう。もう誰もあんたを苦しめるわけにはいかへんのや」

と絞り出すように言うのが、妻役を演じた市原悦子だった。高田宏治の脚本にはない台詞で、撮影中に俊藤浩滋が作ったものであった。俊藤はこのシーンについて、こう述べている。

《私が現場にずっと付いていて、何かもっと感情がグッと出てこないものかと思い、台詞を直した。というのは、毒薬を打たれたことは本人も嫁はんも知らんけど、あの男が生きているあいだは地獄やったということをいちばん知っているのは嫁はんなわけで、その感情を出したかった》(『任俠映画伝』)

カッコいいヤクザにこだわった俊藤浩滋

というわけで、あの感動的なシーンとなったのだが、それこそ、

「鶴田若頭のドンに対する裏切り、組織に対する裏切りというものを、どう任俠映画的な美学で彩るか?」

ということの俊藤流の表し方であったのだろう。高田によれば、

「俊藤さんという人は、最後の最後までカッコいいヤクザに対する強い憧れというのがありましたね。たとえば、これはあとの話になるんだけど、『民暴《みんぼう》の帝王』（平成5［引用者注＝1993］年6月、和泉聖治《いずみせいじ》監督、小林旭主演）をやったときも、小林旭が自分の意に背いたヤツを殺して埋めてしまうシーンがある。そのとき、私の台本にはないけど、『そこで手をあわせろ』と俊藤さんはいうんです。そんなことして何になるんだ、と私なんか思うんだけど、俊藤さんにはそういう意識がすごくあったですよ。だから、カッコいいヤクザへのこだわり、それはもう最後まで抜けなかったですね。私がどうホンを書いても、カッコよく直してしまうんですよ」（『任俠映画が青春だった』）

俊藤浩滋の美学こそ東映任俠映画の本質

「映画は夢と浪漫や」

を持論とする俊藤が、利害のために平気で裏切ったり、騙し合いや殺し合いが横行したり、ヤクザの最も汚い部分をこれでもかとばかりに描く実録路線に対して、与《くみ》することができなかったのも当然であったろう。

そもそも主人公が我慢に我慢を重ね、最後の一線を越えたとき、決然と立ち上がってラストに殴り込み、それにかぶさる音楽――という任俠映画のお決まりのパターンを考案したのも俊藤だといわれる。その道行きに際しての男同士が交わす台詞、そこで流れる音楽の選択……等々、俊藤がいればこそ、ドンピシャのものが生まれたのだ。

東映任侠路線というのは、とどのつまりは俊藤美学であった――と証言する東映関係者が多いのもうなずけようというものだ。

ともあれ、映画は大ヒットし、同じ昭和52（1977）年10月に第2部『日本の首領　野望篇』、翌53（1978）年9月に第3部『日本の首領　完結篇』が作られる。いずれも監督中島貞夫、脚本高田宏治、主役のドンが佐分利信で、加えて2部、3部には東のドン役として三船《みふね》敏郎《としろう》が登場する。

スター3人が揃い踏み！　監督・中島貞夫の苦悩

大御所と国際的スター　豪華な共演が実現した

佐分利信、片岡千恵蔵、三船敏郎が共演した『日本の首領　完結篇』（昭和53〔1978〕年9月）。東映ヤクザ映画始まって以来のビッグで異色な大物俳優の組み合わせに、驚いたムキは多かったろう。

主人公のドン役佐分利信に加え、東のドンに扮した「世界のミフネ」三船敏郎がシリーズ2

作目の『日本の首領　野望篇』に続いて出演、さらに政財界の黒幕役として片岡千恵蔵まで登場するという豪華さなのだ。戦前から活躍する映画界の大御所に国際的スターという3人の大ベテラン俳優の組み合わせ、さしも一緒に共演した東映の看板スター菅原文太も、まだ若手俳優に見えたほど。

なにしろ、文太が若い時分から憧れた俳優が三船敏郎というのだから、佐分利、片岡となれば、もっと大先輩、雲の上のような存在になるであろう。

同作の宣伝ポスターにももちろんこのドン3人の顔がドアップで登場し、

《黒い政権を争う巨頭3人——

誰が「最後の首領《ドン》」を名乗るか!?》

と惹句にはあった。

悩みの種は3人の関係

ただし、困ったのは、監督の中島貞夫である。この3人の大物俳優が一堂に会するシーンがあり、その撮影にあたって、3人に対しどういうふうに対応したらいいのか。俳優として誰が格上なのか、どういう順番で立てたらいいのか——と、中島はセットに入るまで頭を悩ませた。

スターというのはプライドの高い人種で、ポスターの名前の序列を巡って大喧嘩し、会社を

中島貞夫

飛び出したケースもあったほど。

　中島もかつて東映時代劇黄金期に、トップスターが勢揃いするオールスター作品の助監督を務めた折など、そんなスターに対する監督やスタッフの並々ならぬ気遣いや苦労のほどを垣間見ていた。

　セット入りしたトップスターたちは各自、別個の離れたところで取り巻き連中とともに撮影の出番を待っている。そこへスタッフが声のかけ方ひとつ間違えただけで、

「なんであいつよりオレのほうが早いんだ」

と彼らの機嫌を損ね、撮影にならなくなってしまうことも多々あったのだ。

最も格上のスターには最後に声をかけなければならないというのが、撮影所の暗黙の慣例だった。が、明らかな格の違いがあればともかく、そうでないときには微妙であった。

そんな経験があるだけに、さて、どうしたものか、あの大物俳優3人の関係性はどうなっているのか――などと、中島はあれこれ思案を巡らせていたのだが、やがて3人の撮影の日を迎えた。

圧倒的な御大として存在する片岡千恵蔵

中島はとりあえず成りゆきに任せ、セット入りした3人の様子を見ることにした。

すると、三船敏郎が椅子を持って中島のもとにやってきて、「監督、どうぞ」と椅子を勧めてくれる。これには中島も、内心で苦笑しつつ、

〈ハハーン、三船さんはお二人に近寄りたくないというわけだな〉

と思いあたった。

それでは佐分利信と片岡千恵蔵はどうなのかと思って、中島が黙って二人の様子を見ていると、両人は簡単に答えを出してくれた。それは拍子抜けするほどはっきりしていた。中島が難しく考えていたことが嘘のようだった。

なんと佐分利のほうから千恵蔵のところへ出向くと、

「佐分利でございます」

と丁重に挨拶しているではないか。それに対して千恵蔵は、座ったままでひと言、

「おおっ」

と、いかにも気軽に応じただけだった。

それは一目瞭然であった。明らかに佐分利が一歩下がって千恵蔵を立てていた。

これには中島も驚き、

〈ああ、そうか、やっぱり映画人としては圧倒的に御大なんだな〉

と認識を新たにしたのだ。「御大」とは、東映関係者が敬意を込めて呼ぶ千恵蔵の呼び名だった。中島はそれで気が楽になった。

監督と役者として『日本暗殺秘録』で初めて一緒に仕事して以来、中島は千恵蔵に可愛がられ、御大でありながら、好きに芝居をつけることが許される間柄になっていたからだ。

倉本聰が貫き通した意地　山下将軍の怒りを買う!

倉本聰が脚本を担当　これまでとは違う任侠

佐分利信、三船敏郎という東映任侠映画には異色の俳優を揃え、音楽に黛敏郎を起用した任侠文芸大作とでも呼ぶべき『日本の首領』シリーズは、大ヒットすると同時にもうひとつ、興行面において別のスタイルを生む記念すべき作品となった。

それまで2本立て興行と決まっていた東映。この2時間を超える大作を機に1本立て興行が始まったのである。

また、この大作路線は『日本の○○』シリーズとして、『日本の仁義』（昭和52［1977］年5月、中島貞夫監督、菅原文太主演、フランキー堺《さかい》、岡《お》田《かだ》茉《ま》莉《り》子《こ》、千葉真一、鶴田浩二共演）、『日本の黒幕《フィクサー》』（昭和54［1979］年10月、降旗康男監督、佐分利信主演、田村正和《たむらまさかず》、梅宮辰夫共演）が続けて製作された。

『日本の首領　完結篇』が公開された同年（昭和53［1978］年）の6月、高倉健主演のいままでのものとはひと味もふた味も違う任俠映画が封切られた。

降旗康男監督、倉本聰脚本の『冬の華』である。

タイトル変更はダメ！　健さんも倉本を応援

かねて健さんに対して思い入れが強く、「一度、健さんの脚本を書きたい」と切望していた倉本聰。その思いを伝えるべく、直接健さんに手紙を認《したた》める「手紙作戦」に打って出たのが功を奏し、健さんのハートを射止めたというが、もともと彼は手紙に弱かった。つまり、倉本のラブコールに健さんが応えて実現した企画であった。

かくて倉本が高倉健のために書き上げた同作品は、いわばヤクザ版「あしながおじさん」。自分が手にかけた兄弟分の一人娘を、刑務所に務めながらも陰ながら援助し、その成長を見守るというヤクザの物語である。

そのタイトルが『冬の華』。ところが、この倉本がつけたタイトルを、東映サイドはいたく気に入らなかった。「これじゃ当たらん」と。

とりわけ「映画はタイトルが勝負や」が持論で、自身がタイトルづけの名手でもある岡田茂社長が主張したのは、

「うん、これは『網走の花嫁』がええで」

というものだった。

これには倉本が反発し、健さんも倉本に同調して「タイトルを変えるなら降りる」とまで言い出す始末。

結局、『冬の華』のタイトルそのままでいくことに決定したのはよかったのだが、当初、同作の監督として予定されていたのは「〝花〟の監督」山下耕作であったという。それは健さんの要望でもあったようだ。

山口百恵なら話は別だ

だが、山下はその要請を蹴ったのだ。なぜか？　タイトル云々の件を耳にしていて、倉本の態度が気に入らなかったからとのことで、山下はこう述べている。

《「この題名一字一句直す事はあいならん」と俊藤さんにまで言ってんだ。何クソ生意気な。「こんなホンは言っちゃ悪いけど誰でも撮れるんだ。だから断る」って俊藤さんに言った》（『将軍と呼ばれた男　映画監督　山下耕作』）

それを聞いていなかったら、「引き受けていた」とも山下将軍は述べているのだが、「山下さんが断るはずがない」と思っていた健さん、使者を立ててその真意を訊きに来たという。

それに対して将軍は、ちょうどテレビで高橋英樹《たかはしひでき》の『桃太郎侍《ももたろうざむらい》』を撮る予定があったので、それを理由にこう答えたという。

《「俺は英樹に言われて喜んでやるって言ったばかりだ。あんたそれほっといてこっち来るのも義理を果たした事にならんだろ。高倉健て俳優は日本一に近い完成された人だ。誰がやったって大丈夫だ。英樹はこれからの役者だ。頼まれたから俺はやってやりたい」。そう言った。健さんは「ふーん。山下さんらしい」って言ったらしい》（前掲書）

いかにも山下監督らしいエピソードだが、健さんの相手役となる池上季実子《いけがみきみこ》が演じた少女役、当初は山口百恵も候補に挙がっていたと聞いた山下監督、

「ちょっと待て、百恵ちゃんだったらやるよ」

もしそれが実現していたら、また味わいの違う『冬の華』ができあがっていたことだろう。

第16章　『首領を殺った男』と『極道の妻たち』

稲川総裁の映画がヒット　しかし続篇は暗礁に……

昭和の終盤に作られた最後のオールスター作

激動の昭和50年代（1975〜1984年）も間もなく終わろうとしていたころ、東映で久々に製作された任俠映画が大ヒットした。昭和59（1984）年11月に公開された『修羅の群れ』（山下耕作監督、松方弘樹主演）である。

関東の大組織である稲川会《いながわかい》の創設者である稲川聖城《せいじょう》初代会長（当時は総裁）をモデルにした大下英治《おおしたえいじ》原作（『週刊アサヒ芸能』連載）の映画化で、主役の松方弘樹をはじめ、共演陣も鶴田浩二、若山富三郎、菅原文太、丹波哲郎、北大路欣也、北島三郎、天知茂、酒井和歌子《さかいわかこ》といった超豪華版で、いわば最後のオールスター任俠映画となったのだ。

同作品は俊藤浩滋プロデューサーの企画によるもので、当初は、稲川聖城総裁のところへ何

度映画化を頼みに行っても、

「ヤクザ者の映画なんてとんでもない」

と断られたという。

だが、何度か通ううちに、総裁側近サイドの、

「これほど熱心に来てくださってるのですから、総裁、ここはひとつご一考願えませんか」

とのとりなしもあって、最後は総裁も折れ、映画化が実現したのだった。

同作品は前述のオールスターの他、張本勲《はりもといさお》や小林繁《こばやししげる》といった元プロ野球スター選手のゲスト出演もあって話題を呼んだ。本格的任侠映画の復活と大当たりし、「修羅」というタイトルも、その後Vシネや劇画などでたびたび使われるようになり、一種の流行語のようになった。

〝静〟の総裁も描きたい！

当然ながら、ヒットすればシリーズ化というのは東映の常套《じょうとう》手段であったが、なぜか続篇は製作されなかった。俊藤プロデューサーによれば、

「そら、もう1本、僕は続篇をどうしても撮りたかったですよ。というのは、あの映画は言ってみれば、〝怒濤篇〟言うてね、稲川総裁の若い時分の、元気いっぱいの〝動〟の世界なんですよ。もう1本、僕は、〝首領《ドン》篇〟言うて、まったく〝静〟の世界任侠映画の究極の男と男の

美学みたいなものを、どうしても撮りたかったんです」

とのことで、「任俠映画のドン」がどうしても撮りたかったシーンというのは、そのひとつが、60年安保において稲川が右翼の大立て者・児玉誉士夫《こだまよしお》と対峙《たいじ》するものの、やがて男同士、心が触れ合って友情を交わす場面であったという。

そしてもうひとつは――。

「北九州の小倉《こくら》で1年2カ月余にわたって繰り広げられていた抗争を、稲川総裁が仲裁した話――これはもう、映画のプロデューサーなら誰でもやりたいと思うような、男の達引《たてひ》きのええシーンがいっぱいあるんだ。立ち回りばっかりの〝動〟と違《ちご》うて、まったく〝静〟のなかの男の美学言うかな、これこそ映画の最高のシーンになると思うてね……。まさにトリ肌が立つような話なんだ」

と、俊藤は『修羅の群れ』続篇への熱い思いを語ってくれた。

時代に許されなかった『修羅の群れ』の続篇

では、どうして作れなかったのか。

「時代状況や世間の風あたりが厳しかったし、決定的だったのは、作りたいという僕に対し、稲川総裁が自ら、『やめときなさい。世間に逆らってまでヤクザの話を撮ることない』のひと言。それでやめたわけです」

とは俊藤の弁であった。

『修羅の群れ』が封切られて2カ月後の昭和60（1985）年1月26日、一和会《いちわかい》ヒットマンたちによる四代目山口組竹中正久《たけなかまさひさ》組長射殺事件が勃発、世に言う「山一《やまいち》抗争」の影響も大きかったであろう。

以後、この山口組と一和会との山一抗争は4年余にわたって繰り広げられ、双方に多数の死者と負傷者を出す血で血を洗う抗争となり、兵庫県警をして「戦後ヤクザ抗争史上、最大にして最悪」と言わしめた。

それは平成4（1992）年3月に施行された暴対法（暴力団対策法）を生むひとつの要因になったとされるほど、昭和最後の激烈なヤクザ大抗争となったのだった。

とても『修羅の群れ』の続篇を製作できるような状況ではなかったのである。

東映任侠映画の柱だった大スター鶴田浩二が逝去

松方が役者として飛躍『修羅の群れ』で好演

『修羅の群れ』が公開された翌年の昭和60（1985）年11月、同作品、あるいは昭和48（19

73）年8月の『山口組三代目』の系譜に連なる実録任俠路線とでも呼べるジャンルの『最後の博徒』が封切られた。『修羅の群れ』同様、監督は山下耕作、主演は松方弘樹のコンビで、共演は千葉真一、梅宮辰夫、丹波哲郎、萬屋錦之介、鶴田浩二。

前作の『修羅の群れ』を契機に役者として大きく飛躍した松方弘樹、『最後の博徒』においても、『仁義なき戦い』でお馴染みの広島ヤクザ戦争の渦中の人物・波谷守之をモデルにした主人公・荒谷政之《あらたにまさゆき》の役を演じ、押しも押されもせぬ看板スターとなった。

松方が演じた波谷は、「北陸の帝王」と呼ばれた極道の殺害教唆などの容疑で逮捕され、一、二審で懲役20年の判決を受けながら、最高裁で「原審破棄、差し戻し」の逆転判決を勝ち取った親分として知られる。

この波谷の裁判を取材し続け、その半生を描いたのが、正延哲士《まさのぶてつし》のノンフィクション作品『最後の博徒　波谷守之の半生』（三一書房《さんいちしょぼう》、後に幻冬舎アウトロー文庫）。同作品を原作として映画化されたのが、『最後の博徒』で、俊藤浩滋プロデューサーの企画であるのはいうまでもない。

「最後の博徒」の名にふさわしかった波谷守之

モデルとなった波谷という人物は現役の小さな一本どっこの組長であり、冤罪《えんざい》事件の弁護を担当した渡辺倣治弁護士をして、

「まるで江戸《えど》時代の（ヤクザの美学を持つ）化石のようだ」

と言わしめ、伝説的な博奕打ちとしても知られていた。松方弘樹もこう述べている。

《華奢《きゃしゃ》な、細い方でね。ひと晩に二億とか三億、博奕で張るような人にはとても思えなかったですね。偉ぶらず、ほんとうに物静かにものを言う人だった。それに若い衆の行儀の良さに、僕、びっくりしました。波谷さんのところへ行ったのは夏でしたから、若い衆はみんな真白いダボ（シャツ）を着てましたけれど、めちゃくちゃ行儀が良かった。「ごくろうさまです」って折り目正しく、まるで任侠映画のワンシーンを見ているようでした》（松方弘樹、伊藤彰彦《いとうあきひこ》『無冠の男　松方弘樹伝』講談社）

波谷はこの映画の公開から9年後の平成6（1994）年11月2日、大阪市阿倍野《あべの》区播磨《はりま》町《ちょう》の自宅で壮絶なる拳銃自殺を遂げている。この日、波谷は未明まで知人と囲碁を打っており、いつもと変わらぬ態度で思い詰めた様子は見られなかったという。享年64。その最期も「最後の博徒」と呼ばれた男にふさわしい所作であった。

昭和の巨星、堕ちる！

一方、長い間東映任侠路線を支えてきた鶴田浩二も、『修羅の群れ』に続いて『最後の博徒』にも出演、波谷守之の生涯ただ一人の兄貴分・菅谷政雄の役に扮し、主演の松方を助けて、変わらぬ円熟した演技を見せている。

鶴田にとって『最後の博徒』が文字通り最後の映画出演となった。2年後の昭和62（1987）年6月16日、肺癌のため東京・信濃町《しなのまち》の慶應《けいおう》病院で62年の生涯を閉じたのである。その死を看取った夫人と3人の娘が、静かに涙を流しながら最後に贈った言葉は、

「パパ、本当にありがとう。お疲れさまでした」

というものだった。死に顔は、生前同様、二枚目スターそのままのきれいな顔であった。

東映宣伝部員として長い交流のあった佐々木嗣郎《ささきつぐお》も、その死に顔を見て、

〈ああ、やっぱり変わらぬいい男だなあ〉

としみじみ思った一人だった。

佐々木が初めて鶴田と会ったのは24年前、東映京都撮影所に入社して5年目の昭和38（1963）年のこと。鶴田主演の『次郎長三国志』の撮影が始まったとき、宣伝担当として挨拶に出向いたのだ。俳優部屋の奥の鏡台の前に座り、メーキャップをしている鶴田の背に、佐々木は直立不動で挨拶した。

鏡台の前でもうひとつ手鏡を持ち、細かい目じりや眉を描いていた鶴田は、手を止め、手鏡のなかに映る佐々木を覗《のぞ》いて「おお」と応えた。そのとき、佐々木は手鏡にアップになった鶴田の顔をまともに見てしまう。

〈うわっ、世の中にこんないい男がいたんだ！〉
思わず佐々木は内心で感嘆の声を上げていたのだ。

ヤクザ映画存亡を懸けた映画『首領を殺った男』

暴力団対策法が施行！

平成4（1992）年3月1日、暴力組織を取り締まるかつてない新法——暴対法（暴力団対策法）が施行された。「暴力団」と指定された組織は、高利の債権取り立てや用心棒代の要求など、11項目の恐喝まがい行為や、抗争時の組事務所の使用、少年の組への勧誘などが禁止され、中止命令に従わない場合は1年以下の懲役や100万円以下の罰金に処せられるという、資金源を断ち、ヤクザ組織の壊滅を図ろうという新たな法律だった。

これによって、合法的な事業まで潰されかねない事態となったり、シノギ（資金源獲得活動）が立ち行かなくなったりして、関東の老舗組織をはじめ多くの組織が解散を余儀なくされ、組員の離脱者も続出、ヤクザ人口が減少の一途を辿る大きな要因になったとされる。

何より暴対法によって、ヤクザイコール暴力団として、まるで悪の権化のように認定されてしまったことが、ヤクザ社会を変容させたばかりか、ヤクザに対する世間の見方を大きく変えてしまった感があった。

バブル経済と暴対法がヤクザの在り方を変えた

関東の組関係者も当時、こう語ってくれたものだ。

「ヤクザ社会を変えたのは暴対法というより、それ以前のバブル経済ですよ。なんでもカネ、カネ、カネの拝金主義を生んでしまった。そのバブルが弾けたのと暴対法とでヤクザはダブルパンチを食らったんです。暴対法が何より痛手だったのは、当局やマスコミによって『任侠なんてウソッぱち、ヤツらこそ悪の権化の暴力団』とのキャンペーンを張られたこと。何か社会から隔離されたような存在になって、地元のカタギの人とのつきあいができなくなってしまったんだね」

まるでこうした時代状況と軌を一にするようにして、東映ヤクザ映画に客が入らなくなったのも、この時期であった。

それでなくても、東映はもうその時分、年に数えるほどしかヤクザ映画を作っていなかった。

そんななか、平成4（1992）年8月の『継承盃』（大森一樹《おおもりかずき》監督、緒形拳《おがたけん》・真田広之《さなだひろゆき》）、翌5（1993）年5月の『極東黒社会』（馬場昭格《ばばあきのり》監督、役所広司《やくしょこうじ》・近藤真彦《こんどうまさひこ》）、同年11月の『修羅場の人間学』（梶間俊一監督、髙嶋政伸《たかしままさのぶ》）といった作品がまったく当たらず、惨憺たる結果に終わっていた。

ヤクザ映画は終わり？

こうした状況を踏まえて、岡田茂会長は堪忍袋の緒が切れたのか、平成5（1993）年暮れの社内会議で、長い間作り続けてきた東映のお家芸ともいえるヤクザ映画路線からの撤退を指示したのだ。

その岡田発言は、平成6（1994）年が明けて早々、一部マスコミにも「東映看板路線撤退か?!」と取り上げられ、騒ぎに火がついたのだった。

当時の高岩淡社長も、

「これは岡田会長の励ましの言葉と受けとめたい。公式発言ではない」

と否定したうえで、

「努力してダメなら決断しなければならない」

と表明したことが事態の深刻さを物語っており、ヤクザ映画ファンをやきもきさせたのも確かだった。

そうした折も折、同年1月26日にクランクインしたのが、『首領《ドン》を殺《と》った男』（同年5月、中島貞夫監督、松方弘樹主演）であった。

東映京都撮影所では、「これが最後のヤクザ映画となるかもしれない」と危機感を強め、本社サイドも、

「これがコケたらヤクザ映画をやめる」

と大見得を切ったものだから騒動はさらに広がった。日本の大手マスコミばかりか、アメリカのワシントン・ポスト紙までが報道するありさまであったが、そこはしたたかな東映のこと、多分にパブリシティの一環との計算が働いていたのは間違いない。

かくて「ヤクザ映画の存亡を懸けて」と銘打った『首領を殺った男』が製作される運びとなったのである。

東映はそうした騒ぎを逆手に取って、

「最後のヤクザ映画」

と開き直ったキャッチフレーズで売り込みをかけるあたりはさすがに抜け目なく、「義理欠く恥かく人情欠くの三角マーク」とのジョークまで生んだ東映の面目躍如たるものがあった。

新たなドル箱シリーズ『極道の妻たち』公開！

松方が手にした2億円

「最後のヤクザ映画」の触れ込みで、東映は平成6（1994）年5月の『首領を殺った男』に勝負を懸けた。主演は松方弘樹、共演は川谷拓三、多岐川裕美。友情出演として花を添えたのは菅原文太、梅宮辰夫、山城新伍という松方とは縁浅からぬ大物俳優、長年にわたって東映ヤクザ路線を彩ったスターたちであった。

松方はこれより3年前、自らのプロダクション（松《まつ》プロダクション）で製作、プロデュース、主演した『首領《ドン》になった男』（平成3［1991］年、降旗康男監督、十朱幸代共演）という作品をヒットさせており、それがどれくらい当たったかといえば、

《一億七千万円の投資で、配収が五億円上がったんですわ。それで出資者に三割の配当をつけて返して、ビデオ化とテレビ放映権を売って、それでもまだ二億なんぼ残ってるわけ。それで、映画に使ったプライベートジェットをお借りして、ハワイにゴルフ旅行、台湾にグルメ旅行、それから山代《やましろ》温泉「ホテル百万石《ひゃくまんごく》」で二泊三日の大宴会をやりましてね》（『無冠の男　松方弘樹伝』）

と松方が言うほどのヒットだった。

『首領を殺った男』は不発も新たなヒットが

商魂たくましい東映とすれば、これにあやかってタイトルも2字違い、「柳の下に二匹目のどじょう」を狙ったのも事実であろう。

果たしてあれほど長い間隆盛を極めた東映ヤクザ映画は、この作品を最後に幕引きとなって

しまうのか。それとも起死回生の逆転タイムリーヒットを飛ばして、再びヤクザ映画は甦るのか。

東映ヤクザ映画ファンをやきもきさせ、さんざん危機感を煽《あお》って（多分に営業戦略的ではあったが）『首領を殺った男』は封切られた。その結果やいかに――といえば、残念ながらヒットには至らなかったが、それによって30年続いた東映ヤクザ路線の歴史に幕が閉じられたということにもならなかった。

東映はその一方で、実にしぶとくというか、ヤクザ路線におけるニューウェイブともいうべきヒットシリーズをすでに生み出しており、しっかり新たな鉱脈を掘り当てていたのだ。

それこそ岩下志麻《いわしたしま》主演の『極道の妻《おんな》たち』で、昭和61（1986）年11月に公開されて以来、平成10（1998）年に封切られた『極道の妻たち　決着《けじめ》』まで10本製作され、ドル箱シリーズとして人気を博していた（その後も、このシリーズは姐《あね》さん役が何度か変更されながら続き、最終的には16作品が製作された）。

ヤクザ映画なら日本一！

『極道の妻たち』の原作はノンフィクション・ライターの家田荘子《いえだしょうこ》がヤクザ社会の裏側で生きる極道のおかみさんたちを取材して描いた同名のドキュメントで、『週刊文春』に連載され

『極道の妻たち』（1986年）Ⓒ東映
Prime Videoチャンネル「東映オンデマンド」にて配信中

た。

たまたまその作品を、京都から東京へ向かう新幹線の車中で読んだのが、東映の日下部五朗プロデューサーであった。

一読してプロデューサーの感性に強く響くものがあり、

〈ああ、そうか、ヤクザの家庭生活とはこういうものなのか。まさに知られざる世界だけど、リアリティがあって、これは面白いな。というより、見事に映画になりうる題材だな〉

と思ったのである。

日下部はこう述べている。

《早速翌朝、会議で岡田社長に提案すると「ふーむ?」とあまり乗り気でない返事だったが、勝手に原作権を押さえることにした（思い出した。『極妻《ごくつま》』に関しては、松竹も原作権交渉をしたらしい。そこでわたしが「やくざ映画作らせたら、わたしは日本一ですから」と法螺《ほら》を吹いて、家田荘子さんから原作を貰えた。まあ、それほど法螺のつもりもないけれども。松竹でやっていたら、あんなヒット・シリーズになったかしら？）》（『シネマの極道　映画プロデューサー一代』）

確かに松竹の『極道の妻たち』ではいまひとつピンと来ず、まさしく東映のために用意されたような題材――ドキュメンタリー作品には違いなく、これぞ東映十八番、得意中の得意分野であったろう。

監督、主演が変更された『極道の妻たち』シリーズ

岩下志麻を主演に抜擢　女性の取り込みに成功

昭和61（1986）年11月に封切られた『極道の妻たち』（五社英雄《ごしゃひでお》監督、高田宏治脚本、岩下志麻主演、かたせ梨乃《りの》、世良公則《せらまさのり》共演）は、大ヒットした。従来の東映ファンばかりか、およそ東映にもヤクザ映画にも馴染みのない観客層——とくに女性ファンを映画館に呼び込んだことが大ヒットにつながった。

それも主役の姐さん役に岩下志麻という、ヤクザ映画とはほとんど縁のなかった大物女優を抜擢したことが、当たった大きな要因であったろう。

日下部五朗プロデューサーが『極道の妻たち』を作るにあたって、

〈時代は広く女性に受け入れられる映画を求めているのだ。いままで一般の主婦やOLは、ヤクザ映画を観たいと思っても、映画館の入り口まで来て躊躇《ちゆうちよ》して入れなかった。岩下志麻が姐さんをやれば、そういう抵抗感はなくなり、安心して観られるはずだ。それこそヤクザ映画に市民権を持たせることだ〉

と、いの一番に考えた戦略がズバリ当たって、それまでヤクザ映画を観たこともない、普通の主婦や女子学生、OLといった女性客がどっと映画館に押し寄せたのだった。

主演女優の変更に対し三田佳子になじられる

『極道の妻たち』はただちにシリーズ化され、2作目が十朱幸代、3作目は三田佳子が姐役を演じたが、4作目は再び岩下志麻となり、以後10作目まで岩下が主役の姐さんを演じることになる。

監督は1作目こそ五社英雄がメガホンを取ったが、2作目以降は土橋亨《どばしとおる》、降旗康男、山下耕作、中島貞夫、関本郁夫といった監督たちによって撮られている。

普通ヒットシリーズとなれば、1作目を当てた監督が2作目以降も撮ることが多かったから、五社英雄は日下部に対して、

「これだけ大ヒットしたのに、なんで2作目、オレじゃないんだ」

とムクれたという。

3作目で姐役の主役を張った三田佳子も、次も自分の主役とすっかりその気になって日下部に、

「これ続きあるわよね」

と打診。プロデューサーもつい勢いで、

「ええ、やりますよ。三田さん、お願いします」

と請け合ってしまったのだが、実のところ日下部の腹づもりでは、4作目の姐は三田佳子ではなく、山本陽子《やまもとようこ》でいくことに決めてあったという。

だが、それも3作目の興行成績があまり振るわなかったので、再び岩下志麻に戻したといういきさつがあった。

そのため日下部は、あるパーティーで会った三田から、

「五朗ちゃんの嘘つき！」

と満座でなじられてしまったという。


日下部の脳裏にあったヒット作で感じた鬱屈

では、なぜ大ヒット作『極道の妻たち』を企画した日下部プロデューサーはこのシリーズを一人の監督、一人の主演女優で押し通していこうとしなかったのか？

そこにはプロデューサーとしての片意地のようなものがあった。というが、実は日下部、『仁義なき戦い』で懲りていたのだ。

あの作品の元となった元美能組美能幸三組長の原手記に誰よりも早く注目し、おそらく最初

に映画化を企画・発案した日下部。だが、美能の拒否反応はことのほか強く、なおかつ広島方面の現役の組関係者の大反目もあって、映画化実現までの道のりははるか遠かった。

そのため、日下部は何度も広島に足を運んで美能の説得にあたり、同時に現役の組関係者との交渉等に時間をかけ、どれだけ難関を乗り越えねばならなかったことか。

そうした苦労が実を結んで映画化は実現し大ヒットとなり、不朽の名作とも評されることになったのだが、フタを開けてみれば注目されるのはすべて監督や俳優ばかりで、深作欣二の『仁義なき戦い』、菅原文太の『仁義なき戦い』となってしまい、プロデューサーのプの字も出てこない。それが日下部には少しばかりシャクであり、間尺に合わないとの思いが強かったのだ。

第4部

俊藤浩滋と東映の黄金時代

第17章 永遠の映画青年

288作目の作品公開前に催された俊藤を励ます会

健在なり、ドン俊藤

平成11(1999)年2月の『残俠』(関本郁夫監督、髙嶋政宏主演、中井貴一《なかいきいち》、加藤雅也《かとうまさや》、天海祐希《あまみゆうき》、ビートたけし、中条《なかじょう》きよし、松方弘樹共演)は、当時82歳だった〝任俠映画のドン〟俊藤浩滋プロデューサーにとって、実に288作目となるプロデュース作品となった。

同年2月9日には、その完成を祝って、また時を同じくして刊行予定の映画評論家・山根貞男との共著『任俠映画伝』を記念して盛大なパーティーが催されている。同日午後6時半から、東京都千代田《ちよだ》区のパレスホテルで開催された「俊藤浩滋プロデューサーを励ます会」である。

その案内状には、

《「自分の事で、皆さんに集まって貰うなんてそんな迷惑かけとうない」と固辞される俊藤さんを説得しての集いです。何はともあれ、傘寿を超えての元気な俊藤さんを励ますと共に、そのパワーのおこぼれにもあずかろうという思いです》

とあった。自身がスポットライトを浴びるようなこの種のパーティー、義理ある人に勧められてもずっと遠慮し続けてきたという〝任侠映画のドン〟。なのになぜこの時期、あえてその気になったのか。やはり何よりも新作『残侠』に懸ける並々ならぬ意気込みがあったればこそであろう。

俳優、監督が勢揃い　錚々たる面々が会場に

それは壮観であった。会場には、東映任侠路線を彩ったスターたち——小林旭、北島三郎、松方弘樹、山城新伍、里見浩太朗、長門裕之、待田京介、宍戸錠、川地民夫、中尾彬《なかおあきら》、名高達男《なだかたつお》、陣内孝則《じんないたかのり》らの他に、桜町弘子、星由里子、二宮さよ子《にのみやさよこ》などの女優陣、あるいは名バイプレイヤーとして鳴らした遠藤太津郎、名和宏、今井健二、室田日出男、八名信夫《やなのぶお》、三上真一郎といった顔ぶれがズラッと勢揃いしたのだ。

いずれも俊藤浩滋プロデュース作品には、お馴染みの懐かしい顔、顔、顔のオンパレードである。

いや、俳優陣ばかりでなく、最も多くの任侠作品を撮った小沢茂弘や『解散式』『人斬り与

太』『仁義なき戦い』の深作欣二、名作『博奕打ち 総長賭博』を書いた脚本家の笠原和夫の顔も見える。

そして4日後の13日から公開される『残侠』の関本郁夫監督以下、髙嶋政宏、中井貴一、本《ほん》田《だ》博《ひろ》太郎《たろう》、薬《やく》師《し》寺《じ》保栄《やすえい》ら俳優陣も顔を揃えた。

こうした懐かしの任侠スターや映画関係者ら約３００人で溢れ返ったパーティー会場には『博徒』から『残侠』までの数々のヒット作品『日本侠客伝』『兄弟仁義』『昭和残侠伝』『緋牡丹博徒』『仁義なき戦い』『日本の首領』『冬の華』『修羅の群れ』『激動の１７５０日』……等々のポスターも展示され、何から何までまさに東映任侠映画一色だった。

俊藤任侠映画学校同窓会

そのポスターの花道を通って、夫人とともに主役の俊藤浩滋が『日本の首領』のテーマ曲に乗って颯爽と登場すると、会場からは割れんばかりの拍手が沸き起こった。

最初に挨拶に立ったのは東映の岡田茂会長で、

「今日集まってみて、何だか東映全盛期の同窓会をやってるような感覚でね、非常に楽しい会が催されたわけでございます。それも考えてみると、俊藤さんのお陰ですよ。俊藤さんのこんなパーティー、初めてじゃないですか。77歳のときにどうかと言うから、あなたは若いんだから年がバレるような会はやめたほうがいいよ、というような話をしてたのに、もう83歳ですね……」

と会場を沸かせたが、確かに会場は「俊藤浩滋任俠映画学校の同窓会」さながら。

続いて東映の高岩淡社長が、

「俊藤さんは私にとってはお父様でありお兄様である存在で、一番懐かしいのは兵庫県警と警視庁へいつも二人で行ったこと。それから山口組三代目のお宅とか。神戸に行った記憶は警察とヤクザしかないんですね。全部俊藤さんのお陰でございます（笑）。いずれにしましても、今日の東映があるのは、岡田会長と俊藤さんの二人のお力……」

と挨拶を述べた後で、乾杯の音頭を取った。

ドン底の状況にある映画　俊藤が望む全盛期の再来

10年の歳月を要した俊藤浩滋の自伝的書籍

平成11（1999）年2月9日、都内のパレスホテルにおいて『残俠』の完成祝いと、山根貞男との共著『任俠映画伝』の出版を記念して催された「俊藤浩滋プロデューサーを励ます会」は、かつての任俠スターが勢揃いする盛大かつ華やかなものとなった。

東映会長の岡田茂、同社長高岩淡に続いて挨拶に立ったのは、映画評論家の山根貞男だった。

「……任侠映画のお陰で私は映画評論家などという、まったくカネとは無縁な道に迷い込んでしまいました。その映画についての文章を書き続けるなかで、いつかそのうち東映任侠映画について、まとまった文章を書いて恩返ししようと思っておりました。その夢が今回やっと、他でもない俊藤プロデューサーの本を作るという形で実現したわけでございます」

完成までに10年を要したという、俊藤自伝ともいえる今回の『任侠映画伝』の刊行、映画評論家の第一人者にとっても、とりわけ感慨深いものとなったようだ。

山根の挨拶が終わると、公開が間近に迫った『残侠』の予告篇が、会場に設置されたスクリーンに映し出された。これぞ任侠映画という極めつきのシーンの連続に、会場のみんなの目が釘づけとなり、任侠映画ファンの胸が高鳴った。そして『残侠』監督の関本郁夫、主演の髙嶋政宏をはじめとする俳優陣がステージに上がり、映画のヒットを祈願し、多くの人の支援を訴えると、会場からは割れんばかりの拍手が沸き起こった。

飛び出した現役宣言！

さて会は進行し宴もたけなわとなって、いよいよパーティーの主役である「任侠映画のドン」――俊藤浩滋が挨拶に立つ段となった。

司会者に促され、「おそめさん」こと秀《ひで》夫人とともに再び壇上に上がったドンは、感無量の面持ちで語り始める。

「……右を見ても左を見ても、一緒に仕事をした仲間の皆様方です。今日まで約300本の映画を撮ることができましたのも、皆様方の温かいご声援とご協力のお陰でございます。また、本日、大巨匠のマキノ雅弘、先ごろ亡くなりました山下耕作、鶴田浩二、若山富三郎がこの席にいないことを非常に残念に思っております。

日本の映画界はいまドン底でございます。どうかお集まりの皆様方で英知を絞り、どうかお客さんの入る映画、劇場のドアが壊れるような映画を作っていただきたいと思います。私は映画が好きです。今後も映画製作に従事したいと思います……」

「劇場のドアが壊れるような映画」なんて、いまの映画ファンには想像もつかないことかもしれないが、東映任俠映画全盛の時分――1970年前後、土曜の夜のオールナイト興行がまさしくそんな状態で、俊藤たちの現実体験でもあった。「その夢再び」というわけで、82歳の俊藤の口から端なくも「現役宣言」まで飛び出して、任俠映画ファンには嬉しい限りであったろう。

任侠ファン垂涎の逸話　名優たちのエピソード

その後、パーティーは列席した俊藤ゆかりの俳優やスタッフのスピーチが延々と続いた。それぞれが思い出を語り、「ドン」へのオマージュが捧《ささ》げられる。

「『博徒』に出たころは、私はガリガリに痩せてまして、全身刺青で褌《ふんどし》一丁というスタイル。それが嫌で、小沢（茂弘）監督に言ったら、『おまえ、痩せたヤクザだっているんだぞ』って言われてやりましたけど、楽しい作品でした」

とは里見浩太朗で、山城新伍はこんなエピソードを披露してくれた。

「俊藤さんの家に行くと、片岡千恵蔵先生がいて僕たちがいて、みんなで麻雀卓を囲んでやりました。そこへ高倉健さんが来て、俊藤さんに麻雀をやらせたくないもんだから、われわれが煙草の灰を落としたりすると、あの大スターがその台のまわりを掃除機でゴーゴー音を立てて吸い込んでいた——そんな懐かしい思い出があります……」

なんともはや、映画のひとコマのようなシーン、それも任侠映画からはかけ離れたワンシーンが展開されていたわけで、想像するだけで楽しいだろう。

脚本家という名のサムライ　笠原和夫が75歳で逝去

圧巻だった笠原の挨拶

なかでも、とりわけ凄みのある話を披露してくれたのは、このとき（平成11［1999］年2月9日）、72歳のシナリオ・ライター、笠原和夫である——。

「……ヤクザ映画全盛のころ、私は体重が90キロありまして、仲間の連中から花籠部屋《はなかご》と言われてたんですが、いまはご覧の通り、枯れ野原のススキのような体になってしまいました。

これも37年間、現役のライターでやってますうちに腎臓をひとつ取り、胃の腑《ふ》を取り、脾臓《ひぞう》も取り、胆嚢《たんのう》も取り、そしていま、前立腺癌、C型肝炎、残った腎臓は透析を受けてます。こういうボロボロの体になってしまったのは、ひとえにこちらにいらっしゃる俊藤大プロデューサーの酷使の表れであります。

ただ、私は、この肉体の受けた傷を、男の向こう傷だと思っております。戦場で受けた向こう傷こそ、男が男であるための一番の最後の証《あか》しだと思っております。そういう意味で、この向こう傷を与えてくださった俊藤浩滋さんに、私はいま、欣然《きんぜん》として感謝の言葉を捧げたいと思います」

なんともはや、任俠映画を地でいくような挨拶である。端なくもこのパーティー会場に居合わせた私は、思わず息を呑み、唸らずにはいられなかった。

「男が男であるための最後の証し」とは、まさに見事な名台詞。花田秀次郎と風間重吉のラストの道行きを思わせるような、こちらはさながら俊藤浩滋と笠原和夫が互いに目を見交わし、「お伴させていただきます」と戦場に向かう男と男の道行きシーンのようだ。

侠客のような男だった笠原の男気溢れる逸話

それにしても、名作『博奕打ち　総長賭博』『仁義なき戦い』を書いた脚本家の満身創痍《そうい》の〝向こう傷〟は凄まじいばかり。

そんなペンのサムライ――文士が、刀折れ矢尽きてついに永遠の眠りにつくのは、このパーティーから3年10カ月後、平成14（２００２）年12月17日午前4時37分のことである。75歳であった。

その肝炎による死から2カ月後の平成15（２００３）年2月25日、映画関係者が発起人となり、東京・内幸町《うちさいわいちょう》の帝国ホテルで開催された「偲《しの》ぶ集い」では、出席者から次々に故人の武勇伝が披露された。

「東映企画本部にいたころ、よく『決闘だ！』と怒鳴って相手と屋上に上がっていく笠原さんを見た。勝って下りてくるのは、いつも笠原さんだった」（脚本家の鈴木尚之）

「飲み屋で、脚本家の野上龍雄君が酔客から『チビ』と罵られたとき、立ち上がり、『おまえだって、オレが七重八重に折ればチビになるぞ』と叫んだのを覚えている。あれは名タンカだった」（映画監督・中島貞夫）

頑固一徹、昔気質《むかしかたぎ》で筋っぽく、仲間内で、「花籠部屋」と称された大柄の体つき、現役のヤクザとも見紛うコワモテの風貌は、あの『仁義なき戦い』の原手記者・元美能組組長美能幸三をして、ヒットマンと間違えせしめ、一瞬身を引かせたとのエピソードも残っている。

最期に描いたシナリオ　自身の飾らない葬儀

笠原が生涯で手がけた脚本は114本。うち83本が映画化されヒット作も数知れなかった。任侠映画は前述の『博奕打ち　総長賭博』をはじめ、『日本大侠客』『博徒列伝』『日本女侠伝　鉄火芸者』『博奕打ち　いのち札』『女渡世人　おたの申します』『任侠列伝男』『関東緋桜一家』等々。

数々の名作は、綿密な取材と密な構成があってのことで、大きな紙に登場人物の相関図を作ったうえで、執筆に臨んでいたという。

最後の最後まで脚本家魂を貫いた文士であった。真喜子《まきこ》夫人によれば、最後に描いた作品は、イラストつきの自分の葬儀のシナリオ。そこには、花を飾らず、遺影も掲げず、坊さんの読経も断れ――とあったという。

「とにかく映画を愛する男」　山平重樹が見た俊藤浩滋

突然鳴った山平の電話　相手はまさかの俊藤浩滋

平成11（1999）年2月に封切られた『残俠』（関本郁夫監督、髙嶋政宏主演）は、私にとっても思い出深い作品である。

恥ずかしながら私が原作として名前を連ねているのは、同作品をプロデュースした〝任俠映画のドン〟俊藤浩滋プロデューサーから直接、「書いてくれ」とのお声がかかったからだった。

この件でじかにドンから電話をいただいたのは、平成2（1990）年11月2日のこと。もとより、こっちが一方的に名前を存じ上げているだけで一面識もなかった。

当時はまだ携帯電話が普及していない時分で、私の仕事場の固定電話が鳴り、出ると、

「東映の俊藤と申しますが……」

との第一声。わが耳を疑わずにはいられなかった。「東映の俊藤」といえば、その人以外に考えられないではないか。けど、まさかご本人が……。

なにしろ、子どものころから東映任俠映画に入れ込んで、「東映任俠映画より他に神はなし」

「任侠映画しか頭になかった」ような青春時代を送った身、その大プロデューサーの名は神にも等しいものであったからだ。

そのご本人がいったい何ゆえ私に電話をかけてくださったのか？　私は思わず、

「本物ですか？」

というニュアンスに近い失礼なことを言ってしまったような気がする。

それこそミーハーもいいところで、私にすれば、ひそかに畏敬の念を抱く伝説のような人と口を利けたということだけでも畏れ多く、すっかり舞い上がってしまっていた。

俊藤が認めた山平作品

ともあれ、初めてお会いしたのはそれから数日後、東京・赤坂見附《あかさかみつけ》の東急ホテル喫茶室。ドンの用件は、京都の名門博徒一家・会津小鉄の図越利一総裁をモデルにした映画を作りたいので、その原作を書いてくれないかというありがたいお話で、二つ返事でお引き受けしたのは言うまでもない。

私が当時、雑誌に連載していた『モロッコの辰《たつ》』や『横浜愚連隊物語』をドンは愛読してくれていて「面白《おもろ》いな」と言ってもらえたのは、光栄このうえなく、心底嬉しかった。

かくしてドンとともに映画のモデルとなる会津小鉄の図越利一総裁の取材が始まり、平成2

（1990）年暮れから平成3（1991）年初夏にかけて、ドンとご一緒させてもらう機会も多くなった。

図越総裁への取材とともに、ドンに接し、いろんな話を聴いたり、おのずとその人柄や人格、所作にも触れることになったわけで、ドンと過ごさせてもらった時間は、私にとって至福のときでもあった。

そこでつくづくわかったことは、俊藤浩滋というプロデューサーは、とかく任侠云々ということで語られがちだけれど、その本質は何より映画をこよなく愛し、映画作りへの並々ならぬ情熱を燃やし続けている根っからの映画青年であるということだった。

その持論は、

「お客さんが入ってこその映画。映画は面白くなければならん」

「映画の原点は『夢と浪漫』や」

たけしが驚いた熱気　観客が溢れ返った初日

私の実録小説『残俠』は平成3（1991）年4月から『週刊大衆』に連載され、同年12月に完了するや、翌4（1992）年4月には双葉社《ふたばしゃ》から刊行された。

映画化はそれから7年後のことになってしまったが、『残俠』が一斉に封切られた2月13日、東京・丸の内TOEIは超満員、立ち見客まで出た。

高嶋政宏、ビートたけし、天海祐希、中井貴一ら俳優陣と関本郁夫監督の舞台挨拶があったからでもあるが、高嶋やたけしが登場すると、館内から、

「いよっおーっ！」

といった掛け声まで飛び出し、まるで往年の任侠路線全盛時のオールナイトを彷彿《ほうふつ》させる熱狂ぶりだった。これにはたけしも、

「僕も結構映画は撮ってるんですけど、舞台挨拶でこれだけの人が入ったっていうのは初めてです。オレの場合は出演者のほうが多かったっていう舞台挨拶があったんですけど、それに比べてさすがエンターテインメントの舞台は凄いなあ、と。映画っていうのは、基本的にはみんなが喜んでいっぱい入るというのが一番だと思います」

と挨拶したものだ。

俊藤が認めた二人の男　髙嶋政宏とビートたけし

鶴田と高倉を合わせた男

平成11（1999）年2月13日、『残俠』が全国一斉に封切られ、主演の髙嶋政宏をはじめビ

ートたけしや中井貴一ら出演俳優の舞台挨拶があった東京・丸の内TOEIは、立ち見客まで出る盛況ぶりだった。この日、京都から駆けつけた俊藤浩滋プロデューサーも、これにはホッとした様子で、インタビューした私に、

「たけしが言ってたけど、やっぱり映画っていうのは、たくさんお客さんに入ってもらわなあかんのと違う。誰が観ても、面白かったっていう感覚で帰ってもらう映画ね、そう、僕は一番だと思うね」

といつもの持論を述べ、主役を演じた髙嶋政宏のことも、「第2の高倉健」と評し、

「高倉健が出てきたときの雰囲気やな、彼の持ってるものというのは。わりと色気もあるしね。高倉には色気ないんだけどね。だから、鶴田と高倉を合わしたくらいの感じの役者やね、彼は。こういうもの（『残侠』）撮ってったら、彼はようなると思うよ。

彼も任侠映画が好きなのよ。僕の作ったヤツはもうほとんどビデオで観ててね、こんな映画をやれるチャンスがいつ来るかいつ来るか思うてね。待ってたみたいでね、感激してた。まあ、今回、彼は彼なりに一生懸命頑張ったと思う。演技もよかったしね」

と絶賛したものだ。

映画界注目の的だったビートたけしを起用

『残侠』は他に天海祐希、高橋《たかはし》かおり、中条きよし、古谷一行《ふるやいっこう》、加藤雅也、松方弘樹なども出演。こうしたオールスター映画が実現したのも、俊藤作品ならではのことだが、目玉はなんと言ってもビートたけしだ。

『HANA-BI』でヴェネツィア国際映画祭のグランプリを受賞し、日本を代表する監督になったたけしが、他の監督の作品に本格出演するのは、『GONIN』（石井隆《いしいたかし》監督）以来、3年ぶり。任侠ものへの出演は珍しく、俊藤プロデューサーのラブコールに二つ返事で応じたという。

「僕がね、たけしを使《つこ》うた理由は、たけしはいま映画界で注目の人間でしょ。まあ、演出家なら、たけしのこういう演技がええとか、こうやと、そりゃ理由つけて言えるやろ。僕は何もない。たけしが出てくれると、この映画、やっぱり一人でも多くのお客さんが来てくれるんじゃないか、見方も変わってくるんじゃないか――というのが、僕の正直な話。たけしが聞いたら怒るかもわからんけど……けど、たけしもそのつもりで出てくれたと思うよ。何もかもわかってる男やからね」

とは俊藤ドンの弁だった。

幻に終わった北野武と俊藤による任俠映画

俊藤大プロデューサーをしても、映画監督北野武《きたのたけし》に対しては期待するところ大で、二人で組んで高倉健の映画を撮るという夢も持っていたようだ。

「高倉健で1本撮らんか言うたら、たけしも、面白い、撮ろう言うてるわけよ。そのとき、僕は、『あんたなりのもの撮ってもろうて結構だ。ただ、たけしさんね、オレは映画作るのに、この題材はお客様来るかなあというところから出発するぞ。そのテーマが何だとか、そんなことオレの映画にはいらんのだ。どや？』って言ったら、彼も、うん、お客さん入る映画作ろうやないかって言うとった。彼もそういう考え持ってますよ」

俊藤浩滋プロデューサー、北野武監督、高倉健主演——というファンにすれば夢のような組み合わせ、決して実現不可能な企画とは思えなかったが（事実健さんは後年、北野武監督作品に出たいと公言していたほど）、ついにそれは叶うことはなかった。

ともあれ、ドンが満を持して世に送り出した久々の本格的な任俠映画『残俠』。残念ながらいまひとつヒットとはいかず、任俠映画はもはや受け入れられない時代になったのだろうか——との課題を改めて残したようだった。

それでも俊藤ドンは、『残俠』を撮った後も、ますます意気盛ん、

「企画はなんぼでもあるんや」

といっこうに衰えぬ映画への情熱を吐露したものだ。

289本目の作品完成後　永遠の映画青年が逝去

豪華な出演者が揃った大作『修羅の群れ』

翌々年の平成13（2001）年9月には、自身の289本目のプロデュース作品となるリメイク版の大作『修羅の群れ』を完成させた。

同作品に出演した俳優陣がどれくらい豪華絢爛《けんらん》で凄かったか、いまも語り草になるほど、新旧の任俠スターが勢揃いした。ざっとその名を順不同で挙げてみれば——。主演の松方弘樹以下、渡哲也、小林旭、菅原文太、梅宮辰夫、丹波哲郎、中井貴一、待田京介、小沢仁志《おざわひとし》、渡辺裕之《わたなべひろゆき》、岡崎二朗《おかざきじろう》、寺島進《てらじますすむ》……。

俊藤ドンはクランクインするや、現場には必ず顔を出してつきっきりで撮影を見守るという、変わらぬ姿勢を貫いて健在ぶりを発揮していた。

まさかこの作品がドンの最後のプロデュース作になるなどとは、出演者の誰もが夢にも思わなかったであろうが、図らずもそうなってしまい、この豪華スターの総出演は、ドンの最後を飾るにふさわしいはなむけとなったのだった。

このとき、ドンは84歳。いまだ老いを知らず、〝万年映画青年〟の情熱に溢れ、生涯現役としてその辞書には引退の文字などないようだった。

最後まで意欲旺盛だった〝任侠映画のドン〟

「企画は4本あるんや」

と具体化している映画作りへの意欲を吐露し、11月には新作の撮影も控えていた。いったい誰がその死を予測できたであろうか。

ドンの身に異変が起きたのは、立ち会った編集作業を終えた9月14日直後のことだった。下血があって体調を崩し、京都市内の病院に入院、胃癌と診断されたのだ。同21日には、胃の5分の3と胆嚢を摘出する5時間に及ぶ大手術を受けた。

手術は成功し、術後の経過も良好で、ドンは娘の富司純子（藤純子）に、

「手術しなければ、あと2年だったが、これで90歳まで生きられる」

と笑顔を見せていたという。映画を作ることができるという喜びが何にも増して勝っていたのであろう。

だが、同月末から容体が急変、10月に入り意識不明の重体となった。

意識が戻らぬまま、ドンが肝不全のため永遠の眠りについたのは、10月12日午前0時25分の

ことである。秀夫人、富司ら親族15人に看取られての最期だった。

粋な言葉で送った富司　ロケ地で偲んだ高倉

「また見舞いに来るからね」

それが富司が父と交わした最後の言葉になったという。

「手術に肝臓が耐えられなかったようです。もう一度映画を撮らせてあげたかった。でも、ギリギリまで仕事ができたのは凄いこと。向こうには鶴田さんや若山さん、勝さんもいるから、また映画を撮れるわね、と話しかけました」

と、かつて任侠の花・お竜さんを演じた女優は、涙ながらに語ったものだった。

京都のドン宅の自室に飾られていた写真立ての半紙には、

「夢は見続けることによって、必ず希望は実現する」

との言葉が記されていたという。

恩人である俊藤ドンの死を悼んで、高倉健は、関係者を通じてこうコメントを発表した。

「時代の変わり目なのか、徳間《とくま》（康快《やすよし》）社長に続いて、現場の陣頭指揮をとられた本物のプロデューサーが逝かれました。俊藤さんと出会っていなければ、今日まで頑張ってこられなかったと思います」「俊藤さんと一緒だった雪の北海道、オーストラリアの荒野、イランの砂漠、ご一緒した様々なシーンがよぎります。今は取り乱しております。これ以上の言葉がありません。ごめい福を心からお祈りしております」（スポーツニッポン平成13［2001］年10月13日付）

「雪の北海道」が『新網走番外地』シリーズ、「オーストラリアの荒野」が『荒野の渡世人』、「イランの砂漠」が『ゴルゴ13』のロケを指しているのは、ファンには言わずもがなのことであろう。

『ジョーズ』と任侠映画　俊藤が語る共通点とは？

多くの俳優が悲しんだ〝ドン〟俊藤浩滋死去

平成13（2001）年10月12日、東映任侠路線の生みの親であり育ての親でもある〝ドン〟俊藤浩滋プロデューサーの急逝は、各関係者にひとかたならぬショックを与えた。俳優陣から伝わってきたコメントは――、

「突然のことだからねえ。びっくりしてます」「昔から撮影の日はほぼ毎日、朝から終わりまで現場に立ち尽くしている人だった。偉いプロデューサーですよ。」「映画で一人前に仕事ができるようになった第一の恩人。もう1度一緒に仕事をしたかったが、それもかなわない。ただめい福を祈るだけです」（菅原文太、前掲紙）

「またひとつ映画界の大きな灯が消えてしまった、そんな感じです。あれほど娯楽に対して情熱を傾けられる映画人は2度と再び出てこないでしょう。もっともっと長く活躍していただきたかった。残念でなりません」（小林旭、前掲紙）

「ぼくらが20代のころから一緒に仕事をし、遊んだ兄貴のような存在だった。長い間お世話になった。7、8年前に喉頭（こうとう）がんで入院された時、約1時間お話しをした。その時「ちょっと前に（高倉）健ちゃんが来てくれたんや」とうれしそうに言っておられたことを思い出す」（山城新伍、前掲紙）

「男の美学を追い求め、日本映画に欠落した男のわび、さびを描ける唯一の人。俊藤さん自身に華があった。映画館を出る時、観客と主人公があれほど同化できる作品はもう出てこないと思う」（長門裕之、報知《ほうち》新聞平成13年10月13日付）

「歌以外の芸道の師匠でした。私の大恩人。『また映画をやりましょう』と交わした言葉がそのままとなりましたが。寂しいです」（北島三郎、前掲紙）

「（引用者注＝『極道戦争　武闘派』への出演は）俊藤さんに誘われなければ出なかった。子供の頃から俊藤さんが製作した映画を観て育ったので『1回だけでも出られてよかった』という思い。俊藤さんは『任侠映画はなくならない』と言い続け、まだまだ映画を作る気だった。ショックです」（松山《まつやま》千春《ちはる》、サンケイスポーツ平成13年10月13日付）

逝去前の依頼

また東映の高岩淡社長も、

「僕らにとっての親代わり的な存在。あの人のおかげで、今の東映がある。生涯ひとつの道を、『男のロマン』を描かれた」（報知新聞平成13［2001］年10月13日付）

と哀悼の意を表した。

私も夕刊でその訃報を知ったのだが、つい2カ月前、氏から電話をいただき、変わらぬお元気な様子に接していただけに、信じられない思いが強かった。氏の用件は、

「あんたの『北海道水滸伝』、映画化させてくれんか。本篇（劇場公開）やなく、Vシネなんやけどな」

というもので、そりゃもう喜んで――と応じたのは当然だった。それが氏の準備している企画の何作目になるのかはわからないけれど、私にすれば『残侠』のときと同様、心躍るような話であった。

それだけに私のショックも大きかったのだが、氏の映画作りへの意欲、情熱はまだまだ些かも衰えていなかったのだ。

アメリカ式プロデュースで作り続けた夢と浪漫

本欄でも一度ならず触れてきたように思うが、俊藤ドンの口癖は、「お客さんが入ってこその映画。映画は面白くなければならん」

また、その持論は「映画の原点は夢と浪漫や」というものだった。

「たとえばスピルバーグの『ジョーズ』。あれはどんなに突っ込んで行ったって、みんなやられるわけやな。堪《こら》えて堪えて、最後にもうみんなやられるかと思ったときに、持ってきたボンベがバーンと口のなかに入ってジョーズが爆発する。任侠映画そっくりのパターンや。お客さんが来てくれる映画のパターンなんて、泣きがあって笑いがあって、浪漫があって夢があって、最後にヒーロー精神というような、もうはっきりしてるんよ」

とも語ってくれたものだ。

そんなドンが、他のプロデューサーと一線を画していたのは、作品の全権を握り、原案・原作者から監督、脚本家、キャスティングまで全部決めるアメリカ流プロデューサーであったということ。最後の最後まで、自身がプロデュースする作品の撮影現場に立ち続けた人でもあった。

第18章 映画に必要なことはすべて裏社会で学んだ

人々が知らない裏社会をリアルに描いた『博徒』

失敗作はただひとつだけ ほとんどの作品がヒット!

ザブーンザブーンと波濤《はとう》が岩に砕け散って、バーンと浮かび上がる東映三角マーク。それだけで画面は殺気立ち、血沸き肉躍って胸のときめきを抑えられなかったファンは多かったことだろう(かくいう私もその一人だが)。

1960年代から1970年代にかけて日本中のファンを熱狂させ、一世を風靡した東映任俠路線。その生みの親であり、育ての親としても知られるのが「任俠映画のドン」俊藤浩滋プロデューサー。世に出した作品も悉《ことごと》く当たったのが、伝説のプロデューサーと言われるゆえんだが、289本目の作品『残俠』公開のころ、語ってくれたエピソードは、「当たらんかったのは1本だけ。(大川)橋蔵さんでね、うちの娘(藤純子)と一緒に『バラケツ勝負』（昭和40［1965］年2月、松田定次監督）というシャシンを作ってね。新宿へ観に行ったら、お客さん、14〜15人かな。ビックリした（笑）。やっぱり橋蔵さんのイメージというのは、そういう任俠の男じゃないんだな」

とのこと。それにしても、ヒットを逃したのは1本だけというから、9割を超える驚異的な打率、凄いというしかない。

小沢茂弘監督の主張 最初の任俠映画は？

俊藤ドンがプロデュースした最初の任俠映画は、東京オリンピックを目前にした昭和39（1964）年7月の『博徒』（小沢茂弘監督、鶴田浩二主演）。

この作品こそが俊藤任俠映画の原点となり、以後、次々と膨大な数が量産される任俠路線の出発点となったのは間違いあるまい。

もっとも、東映任俠路線の始まりは、前年の38（1963）年3月の『人生劇場 飛車角』（沢島忠監督、鶴田浩二主演）というのが定説となっているのだが、小沢茂弘監督が自著『困った奴《やっ》ちゃ』（ワイズ出版）で、

《やくざ任俠路線の始まりは、『博徒』です。沢島の『飛車角』は男と女の甘っちょろい話でしょ。あれと『博徒』を一緒にされたのではたまらん》

と主張しているように、あくまで『博徒』を東映任侠路線のスタートとする向きも少なくない。

事実『博徒』の登場は、ファンばかりか、映画関係者にさえもひとかたならぬ驚きと衝撃を与えたようで、たとえば『残侠』の関本郁夫監督も、当時、

「脳天を割られたようなショックを受けた」

と述べているほどで、そこで展開されている世界に度肝を抜かれたのだった。つまり、賭場や襲名披露、血みどろの刺青が乱舞するシーンなど、それまで一般の人たちには知るよしもなかったヤクザの世界が、真正面からリアルに鮮烈に描かれていた。

では、そのようなヤクザ世界のリアリティは、どうして可能であったのだろうか。

そここそ、俊藤ドンの原体験があったといっていい。

俊藤に裏社会を見せたヤクザ社会の超大物

「本職の博徒の人からね、いろんなこと教わったり、手ほどきを受けたり、演技指導してもろたり、実際に映画に出てもろた人までいた。賭場の客になってコマを張る人、サイコロを振る人ね、本物の刺青の入っている人――そんな人たちも出てるんやから、そら、凄い迫力が出たわね」

とはドンの弁であったが、氏が初めて博徒の世界に触れたのは、戦時中、勤めの帰り、友人に誘われて行った賭場でのこと。

まだ20代の若き時分のドンと親友づきあいをしていたこの友人こそ誰あろう、後のヤクザ界のスーパースター、山口組の最高幹部となって絶縁されるという波乱の人生を辿った〝ボンノ〟こと菅谷政雄であった。

大正3（1914）年生まれのボンノは俊藤より二つ年上。両親が早逝し預けられた親戚宅が、神戸市大谷町《おおたにちょう》（現長田区《ながたく》）の俊藤の実家と近く、二人は子どものころからの親友。足繁く通ったのは、多くの映画館がある神戸の大繁華街の新開地。映画好きの二人にはたまらない場所であった。

毎晩賭場に通い続けた俊藤の〝虚無の時代〟

初めて賭場に誘われた戦時中の会社員時代

俊藤浩滋が親友の〝ボンノ〟こと伝説のヤクザ・菅谷政雄に初めて賭場に誘われたのは、戦時中のサラリーマン時代、20代の時分のことである。

「彼は僕の近所に住んでましてね、他に松浦組《まつうらぐみ》とか五島組の人間が近所におって、僕のところにしょっちゅう遊びに来てるわけ。僕は彼らのスポンサーですわ。その時分、世の中不景気やったんやけど、僕はたまたま軍需会社の配給係やっとったお陰でね、経済的に楽だったわけやな」

当時、俊藤が勤めていた会社は、日本マグネシアクリンカー。

同社は大阪・堂島にあり、俊藤の担当は、安治川《あじがわ》の突堤に貨物船で着いたこの軍需品を運送業者に指示して貨車に積み込ませる仕事だった。

「陸あげした品を作業員がカゴでかついで貨車へ運ぶんですよ。ひとカゴが何キロとか何十杯で何トンになるとか、だいたいスコップでナンボっていう目分量。運ぶ者もできるだけ軽く運びたい。そうするとね、貨車に積み込んだ後に当然、品物が残るわけよ。それが余禄《よろく》ちゅうのかな、それを軍需工場の連中がみんな、欲しがってくるわけ。それを分けてやって、軍手とか砂糖とかいろんなもの、ようけもらいましたよ。そんなもんいっぱいあるもんだからさ、菅谷なんかがよう来てね」（俊藤）

通勤途中の賭場に菅谷政雄と通う日々

同社で働く前、俊藤が勤務していたのは、三宮《さんのみや》の居留地の商社ばかりが並んでいる一画にある杉立《すぎたち》商事というインド貿易の会社だった。神戸市立第二神港《しんこう》商業という夜間高校に通いながらの勤めだった。綿製品や人絹などをインドへ輸出する会社で、俊藤が戦後、進駐軍の通訳をしたり、映画の海外ロケで英語力を駆使できたりしたのも、この時代、ビジネスを通して外国人と接触する機会が多かったことにもよる。

昭和12（1937）年、俊藤は徴兵検査を受け乙種合格で衛生兵となり、半年目で一等兵になった。だが、1年余後に兵役免除となったのは、軍医に肺浸潤と診断されたことによる。

昭和15（1940）年、勤めていた杉立商事が破綻したため、知人の紹介で就職した会社が日本マグネシアクリンカーだったのである。俊藤は神戸の本山から大阪の堂島へ電車で通うことになった。

その俊藤の会社の帰りを待っていたのが、ボンノであった。かくてボンノに誘われ、初めて足を踏み入れたのが、俊藤宅の本山と勤務先の堂島の中間にある神戸・御影の五島組の賭場で、次第に彼はのめり込んでいく。

行くところがなかった者たちが集まる場所

「その時分は〝虚無の時代〟ですよ。戦争の真っ只中で、焼夷弾《しょういだん》がバーンと落とされ、ほとんど明日のない時代ですよ。食べ物も少ない。戦争がどう進んどるのか、あまり発表もない。で、配給もどんどん減ってくる。そんななか、博奕っちゅうのはそりゃ面白いがな。面白いし、忘れへんわね。そういうとこへ、もういろんな人が来てるわけや。のめり込んだと言うよりもね、行くところがないわけね、夜になったら。夢中になれるっちゅうたら、そんなもんしかあれへんやないか。毎晩行ってましたね（笑）。会社の帰り、菅谷と一緒に行って、2時ごろに終わるんだけど、1年くらい続いたかな」

この賭場で、俊藤は金筋の博徒と出会い、正真正銘のヤクザの世界を肌で知ることになる。貸元である五島組の親分は大野福次郎と言い、関西では知られた大親分であった。神戸に嘉納健治《かのうけんじ》という、灘《なだ》の名酒・菊正宗《きくまさむね》の醸造元である嘉納一族でありながらヤクザになった人物がいた。講道館の創設者・嘉納治五郎《じごろう》の甥にもあたり、柔道5段、拳銃は〝ピス健〟の異名を取るほどの名手だった。

この嘉納健治の若い衆が大野福次郎で、戦前は神戸における港湾荷役や軍関係の土木工事をほとんど掌握していた。

俊藤がつきあいを深めた超大物親分・大野福次郎

カタギとは全然違った規律に厳しい博徒たち

「大野福次郎という親分は、手首から足首まで刺青だらけの親分で、目がギラッと光ってね、

1日いてもほとんど物言わんような人やったんですわ」

と、まだ戦時中の20代の時分に、初めて出会った本物の大親分について語ってくれたのは、俊藤浩滋プロデューサーである。

神戸・五島組の親分である大野福次郎には、酒梅組三代目の松山庄次郎《まつやましょうじろう》（大阪）、倭奈良組《やまとならぐみ》二代目石田郁三《いしだいくぞう》（大阪）、本多会《ほんだかい》初代の本多仁介《にすけ》（神戸）、広島の渡辺長次郎といった錚々《そうそう》たる親分衆の兄弟分がいた。

五島組の所帯は50人くらい。俊藤の目に映る博徒の世界はビシッと一本筋が通っており、親分・子分の関係もカタギ社会では考えられないほど規律が厳しかった。

たとえば外出先から戻った若い衆は、敷居の外側から両手をつき、

「親分、ただいま帰りました」

と挨拶、呼び出しを受けた者は、

「親分、お呼びですか。ご用はなんでしょうか」

といった調子で、一事が万事そうなのだった。

カタギの袖の下で生活〝暴力団〟と違う矜持

「そらもう厳しかった。ということは、いまみたいに遊んどる人間が盃もろうてね、今日から

若い衆になるんやない。少なくとも部屋住みで2、3年、拭き掃除から何からやって修業積んで初めて盃おろしてもらうんですよ。だから、行儀もええし、ヤクザっていうのはどういうもんか心得てる。むやみにカタギの人を殴ったり、迷惑かけたりするようなことは絶対にしないわね。いうことはね、親分はカタギの人の袖の下でメシを食わしてもろてるわけや。だから、夏の日あたりのときにゃ、カタギの人に日陰通ってもらい、道を開けるとか、そういう道徳があの世界にあったわけですよ」

とはプロデューサーの弁であった。

つまり、それこそは任侠道という伝統的に守られてきた徳目であり、いま風の〝暴力団〟ではない、昔ながらのヤクザ社会、任侠世界がそこにはあったわけである。

そうした若かりし日の俊藤ドンの賭場での見聞や体験が、初めて手がけた任侠作品の『博徒』へとつながり、後の東映任侠路線を確立するうえでどれだけ生かされたかはいうまでもあるまい。

広島への弔問で病気を患った大野福次郎親分

「そこの賭場には盆が三つあるんですよ。本格的な博奕打ちばかりがやるところ。それから中くらいの、カネをようけ持ってる博奕好きな人のやる盆で、これは素人と半々くらいやね。もうひとつは素人ばっかりの盆で、僕も最初はそこですよ（笑）。たまたま僕は大野福次郎親分から気に入られてね。後には、『博奕は素人がしても勝てるもんと違う。せやから、すな』と言われたんやけど、この親分は、自分の若い衆、あまり連れて歩かなんだ。僕がよく温泉に一緒に行ったり、おつきあいしました。それで、しきたりから何からヤクザっていう世界、覚えましたね」（俊藤）

ドンに多大な影響を与えた、この大野福次郎が世を去ったのは戦後間もなくのことだった。

その兄弟分に連なる一人には、

「この親分がもし生きていたら、『仁義なき戦い』など起こっていなかっただろう」

と言われるほど、広島で頭抜けた実力者がいて、それが前出の渡辺長次郎という親分であった。

その渡辺長次郎が原爆によって死去し、大野は弔問のため広島へと赴いた。大野が発病したのは、神戸へ帰ってきて2カ月後のことだった。

「一緒にお悔やみに行こうと誘われたんやけど、たまたま僕は所用で家にいなかった。で、親分は広島に行って帰ってきた。その折、僕に、『なんとはなしに体がしんどいんや。何か大病にかかったような気がするな』言うてましたね。結局、放射能浴びて白血病にかかったわけやね。最後は自分が建てた芦屋《あしや》の病院で亡くなったんですけど、立派な親分やったですよ」（俊

藤）

と俊藤にとって、この大野福次郎は、後に作り続ける任侠映画における侠客像の大きな原型になったという。

俊藤の剛腕が発揮された鶴田と水原茂の引き抜き

鍵となったバーおそめ　鶴田は俊藤を兄と慕う

俊藤浩滋と東映の縁が深まるのは、昭和35（1960）年、俊藤が東宝に所属する俳優・鶴田浩二の東映移籍工作にひと役買ったことによる。

当時、俊藤が裏方を務めていた銀座のクラブ「おそめ」の常連客であった東映の岡田茂京都撮影所制作部長と企画本部長の坪井與《つぼいあたえ》専務から、

「鶴田浩二を東映に引き抜けんもんやろか」

との相談を受けた俊藤は、かねて馴染みの鶴田、並びに所属先の東宝と話をつけ、鶴田の東映移籍を実現させたのだった。

俊藤と鶴田とのつきあいは古く、二人が知り合ったのは、芸能社社長の上田躬荘《うえだきゅうそう》が京都〝木屋町〟のバー「おそめ」に連れてきたことによる。

この木屋町の「おそめ」は、後年京都と銀座に店を構えて両方を飛行機で行き来して「空飛ぶマダム」と言われ、映画『夜の蝶』のモデルとなり、政財界、文壇、芸能界等に華麗な人脈を誇った、後の俊藤夫人・おそめさんの原点となった店である。

俊藤と鶴田は間もなく親しくなり、鶴田は俊藤を「兄貴」と慕うような間柄になったのだ。松竹を離れ、設立した独立プロも倒産し、東宝に来てもスターとしていまひとつ満足していなかった鶴田の背を押し、東映移籍を決断させたのが後藤だった。

大川社長からの依頼は名将水原の引き抜き！

さらに同じころ、俊藤は銀座の「おそめ」に飲みに来た東映の大川博社長から、読売巨人軍の水原茂《みずはらしげる》監督を東映フライヤーズ（現北海道日本《にっぽん》ハムファイターズ）に引き抜いてほしいとの依頼を受け、水面下で動き出すのだ。

だが、それは誰が考えても無理な相談であった。水原といえば、戦後十数年にわたって巨人軍ひと筋に戦ってきて、その栄光を担ってきた大監督。いくらこの年——昭和35（1960）年、セ・リーグ優勝を逃したとはいえ、2位の座につけてなお意気盛ん。「勝負師」と謳われた名将が巨人軍を離れてよそのチームで指揮を執るなど考えられなかった。

事実1年前、大映の永田雅一《ながたまさいち》社長が、大毎《だいまい》オリオンズ（現千葉ロッテマリーンズ）に水原を引き抜こうと画策、失敗に終わったのはまだ記憶に新しかった。

「巨人で生まれ育った男であるから、巨人で骨を埋《うず》める」

とは、そのときの水原の名台詞で、義理堅くプライドの高い野球人でもあった。

昭和35年秋、東映フライヤーズのオーナー・大川博も自ら水原の勧誘に動いたが、きっぱり断られていた。

そうした経緯を経て、大川から白羽の矢を立てられたのが俊藤だった。鶴田浩二の東映移籍を仲介したことで、俊藤は東映の大川社長や岡田茂プロデューサーとはすっかり懇意になっていたのだ。

だが、それにしても水原の引き抜きは到底不可能——とは、誰の目にもそう目されていた。

あらゆる手段を講じて誕生した東映・水原監督

俊藤はそんな球界の常識を覆し、奇蹟《きせき》を呼び起こすことになるのだが、もともと彼は水原とは個人的に親交があった。後の夫人となるおそめさんとともに小唄春日流《こうたかすがりゅう》家元の高弟・春日とよめについて小唄を習っており、水原監督夫妻も同じ門下、いわば兄弟弟子・小唄仲間であったのだ。もとより水原は、俊藤の仕切る銀座のクラブ「おそめ」の常連客でもあった。

俊藤は水原を口説いた。

「東映の大川社長が水原はんにどうしても来てほしい言うてる。東映フライヤーズを好きなように思い通りに作ってもろてええ」

大川博の名台詞として知られるようになる「カネは出すけれど、口は出さん」との思いを水原に伝え、俊藤はさらに搦《から》め手《て》作戦を行使して、水原夫人をも口説いた。主に水原の「勝負師」としての情熱、血を沸き立たせるようなところに訴えかけて口説きまくったのだ。

結果、同年12月、水原茂は東映フライヤーズの監督に就任、と同時に俊藤は「球団顧問」というポストにあてがわれてしまう。

これによって俊藤と大川博をはじめ東映との関係はいよいよ深まっていくことになるのだった。

岡田茂のボヤキに対して俊藤が提案したアイデア

球団顧問として奮戦！ 快進撃を続ける球団

東映フライヤーズの球団顧問に就任した俊藤浩滋の職務は、球団や大川博社長と水原茂監督とのパイプ役、いわばここでもプロデューサーのような役割だった。

俊藤は両者の間に入ってネゴシエートしたり、選手の契約更改のときに立ち会ったりするこ

ともあったという。当時の看板選手・張本勲の200万円アップの要求に対して、球団側が首を縦に振らず、

「そんならキャンプインしない」

と張本がゴネたとき、独断で同額アップを約束、キャンプ入りさせたのは俊藤であった。

その期待に張本が応え、開幕戦でホームランを打つや、俊藤はただちに大川社長にかけ合い、

「社長、200万円出してくれ」

シブい大川を説き伏せ、結局、張本の200万円アップを実現させたこともあったという。

あるいは後に張本とともに三、四番を打ってチームの主砲となる大杉勝男《おおすぎかつお》が、まだ無名の新人で、東映で獲《と》るかどうか決めかねていたとき、

「ぜひ大杉を獲ってくれ。あんなリストの強い選手は見たことがない」

と藤村富美男《ふじむらふみお》打撃コーチが言ってきたので、俊藤はそのまま大川博オーナーに進言、大杉の東映入りが決まったという経緯もあった。東映入りした大杉が球史に残るホームランバッターになったのは、野球ファンなら誰もが知るところである。

俊藤は決して名前だけの球団顧問ではなかったのだ。

水原東映フライヤーズは1年目の昭和36（1961）年のシーズンこそ2位の成績に終わったが、2年目になると、水原も勝負師としての本領を発揮。チームは快進撃を続けていく。

体調不良で休んだ鶴田 頭を抱える岡田茂所長

そんな最中の昭和37（1962）年初夏、俊藤は東映東京撮影所所長になっていた岡田茂から、こんな相談を受けた。

「鶴田に休まれて困っているんや。何かええ企画ないかなぁ」

それは相談というより、ボヤキの類いといってよかったかもしれない。東映の看板スターの鶴田浩二が病気（軽い肋膜炎《ろくまくえん》）のため予定していた企画が潰れたことで、岡田は頭を痛めてしまっていたのだ。当時の日本映画界はそれほど量産体制を強いられており、東映もご多分に漏れなかった。

だが、それにしても、この時分、東映フライヤーズの球団顧問であっても、映画のほうには何も関わっておらず、まさか後年「任俠映画のドン」として大プロデューサーになるなどと想像もしていない俊藤に対して、岡田にすれば、ほんの軽い気持ちで漏らしたボヤキであった。

目をつけたラテンブーム 俊藤初のプロデュース作

俊藤もそれに応じたのは、ほんの思いつきを口にしたにすぎなかった。

「いま、アイ・ジョージというラテン歌手がメキメキ売り出してる。それにちょうどメキシコのトリオ・ロス・パンチョスが来日公演している最中で、えらい人気や。これをうまいこと噛ませたらどうや」

アイ・ジョージは後の俊藤夫人・おそめさんがママを務める銀座の有名なクラブ「おそめ」のステージにもよく出ていた。俊藤にすれば、その人気のほどもよくわかっていただけにパッと閃いたアイデアだった。

すると、岡田も、

「そら、おもろいな」

とすぐに乗ってきた。

俊藤も驚くほどあれよあれよという間に企画は進められていき、こうしてできあがったのが、昭和37(1962)年9月封切りの『アイ・ジョージ物語 太陽の子』という作品であった。

監督は近藤節也、脚本は秋元隆太《あきもとりゅうた》・若井基成《わかいもとなり》、いろんな職業を転々として流浪した果てに、ラテン歌手としてデビューするまでのアイ・ジョージ自身の半生を綴った物語で、主演はアイ・ジョージ、共演が三田佳子、本間千代子《ほんまちよこ》、トリオ・ロス・パンチョスだった。

これが俊藤浩滋の記念すべき実質上の初プロデュース作品となったのである。

第19章 〝任侠映画後〟の俊藤浩滋

12年ぶりに関わった映画 東映から重用される俊藤
大親分からの依頼でマキノ雅弘を訪れる

俊藤浩滋の実質的な初プロデュース作品（クレジットはなし）とはいえ、実は俊藤にとって映画との関わり合いはこれが初めてのことではなかった。

昭和21（1946）年秋、松竹で『のんきな父さん』という作品を撮っていたマキノ雅弘（当時は正博）監督のもと、映画作りを手伝ったことがあったのだ。きっかけは、可愛がられていた五島組の親分・大野福次郎に頼まれ、歌の興行の件でマキノ雅弘に会いに行ったときのことだった。マキノはちょうど西宮《にしのみや》球場で『のんきな父さん』のロケーションを行なっている最中であった。

すでに俊藤とマキノは旧知の間柄で（おそめさんを通して知り合っていた）、二人は遊び仲間とい

えるほど親しくしていた。そんな仲であったから、マキノも訪ねてきた俊藤に、

「おお、ええところに来たな。撮影を手伝ってくれ」

と声をかけてきた。俊藤も気軽に引き受け、『のんきな父さん』のアシスタント・プロデューサーのような役割を担うことになったのだ。俊藤にすれば、これが映画作りに携わる第一歩となり、マキノ雅弘という、後にともにスクラムを組んで東映任俠路線を築き上げていくことになる巨匠との、映画でのつきあいの始まりとなったのだった。

映画に関わるつもりはなかった俊藤だったが

その5年後、昭和25(1950)年に製作されたマキノ雅弘監督、長谷川一夫《はせがわかずお》主演のギャング映画『傷だらけの男』にも、俊藤はスタッフの一人として関与し、プロデューサー補の名目――その実、進行主任から何から一人何役もこなし、撮影現場の最前線で駆けずり回った。それでもあくまでもマキノ監督の個人的ブレーン、友人としての参加であったから、クレジット・タイトルにもその名は出ていないのだが、カネ作りに走り回ったり、スタッフや役者の面倒を見たり、なだめ役までこなしたのも俊藤だった。

その裏方の仕事のあまりの忙しさ、ハードさに、そのときはすっかり映画に嫌気が差し、二度とやりたくないと思ってしまったのも事実であったという。だが、本格的な映画作りの一部

始終を体験したことで映画作りの何たるかを覚えたのも確かで、それが後々、大いに生きてくる。いわば、俊藤はマキノ雅弘によって映画の世界に導かれたのであった。

しかし、俊藤が『アイ・ジョージ物語　太陽の子』で実質的なプロデューサーデビューを果たすのは昭和37（1962）年、それから12年後のことで、『傷だらけの男』でお終いと考えていた俊藤にとって、再び映画に関わる日が来ようとは思ってもいなかったようだ。

それがひょんなことから、東映東京撮影所長の岡田茂から「何かええ企画ないか」と相談を受け、たまたま思いついて発案した『太陽の子』の企画が通ったことで、俊藤は12年ぶりに映画作りに参加することになった。

しかも、映画はそこそこにヒット。そうなれば岡田茂と会う機会も増え、

「2本目いこうやないか。おもろい企画はないか」

となるのは当然であった。

続々とヒット作を連発！　東映は俊藤の存在に注目

こうして俊藤の2本目のプロデュース作品となるアイ・ジョージ主演のボクシング映画『傷だらけの不敵者』（昭和38［1963］年3月、近藤節也監督、共演は三田佳子、梅宮辰夫、丹波哲郎）が企画されたのだった。

その後も俊藤は、『てなもんや三度笠』（同年6月、内出好吉《うちでこうきち》監督、藤田まこと主演）、『ギャング同盟』（同年7月、深作欣二監督、内田良平主演）、『めくら狼』（同年9月、大西秀明《おおにししゅうめい》監督、東千代之介主演）、『続 てなもんや三度笠』（同年10月、内出好吉監督、藤田まこと主演）といった作品を立て続けにプロデュース、次々とヒットを飛ばす。俊藤の名が初めてプロデューサーとしてクレジットされるのは、『続 てなもんや三度笠』からで、東映の社員でもない、外部の人間でありながら、その存在は東映サイドからも、はっきり注目されるようになっていたのだった。

クラブの裏方から転身！ 映画が生涯の仕事になる

俊藤が提案した企画 テレビ番組の映画化

「任侠映画界のドン」、東映任侠路線の生みの親であり育ての親というイメージしかないファンにすれば、俊藤浩滋がプロデューサー初期のころ、『てなもんや三度笠』や『隠密剣士』『忍者部隊月光』といったテレビで大人気を博した作品も手がけたと知れば、意外に思うかもしれない。

神戸生まれで関西文化圏で育った俊藤は、もともと関西流のお笑いにも理解があり――というよりドタバタ喜劇が好きなのに加えて、子どものころから大のチャンバラ映画好き。

その時分、テレビ（大阪・朝日放送）で大受けしていた『てなもんや三度笠』もよく観ていて、俊藤のお気に入りの番組だった。

「これ、映画にしたらおもろいで」

と思いつき、その旨を同番組演出者の澤田隆治《さわだたかはる》に話したところ、彼も乗り気になった。

《ところがその話を東映の関係者にすると、「うーん」と二の足を踏む者がほとんどで、あげくには「そんなもん、客の入る道理がない」と笑われる始末だった。いまから思うと、まだまだ映画の全盛期の勢いは残っていたから、テレビの人気をもらってくるなどという感覚はなかったんだろう》（『任侠映画伝』）

それでも、岡田茂を通じて知り合った辻野力哉《つじのりきや》企画本部次長は、恐る恐るではあったが、俊藤の企画に乗りゴーサインを出したのだった。

前作のヒットに続いて『隠密剣士』も映画に

こうして〝あんかけの時次郎《ときじろう》〟こと藤田まことと小坊主の〝珍念《ちんねん》〟白木《しらき》みのるが珍道中を繰り広げるドタバタお笑い時代劇の映画版『てなもんや三度笠』が製作され、昭和38（1963）年6月に封切られた。俊藤にとって初の東映京都撮影所作品であった。

同作を名古屋《なごや》で先行封切りしたところ、初日の観客数5000人強という数字が出て、たちまち全国一斉公開となってヒットした。すぐに続篇『続 てなもんや三度笠』（同年10月）が作られ、これまた当たった。

翌39（1964）年、これに気をよくした俊藤が企画したのが、同じくテレビの人気時代劇『隠密剣士』の映画化だった。

たまたま俊藤は『隠密剣士』とは縁があった。同番組を作っていた広告企画会社の宣弘社《せんこうしゃ》が、俊藤が裏方を務める銀座のクラブ「おそめ」と同じビルに入っていたこともあって、同社の小《こ》林利雄《ばやしとしお》社長と懇意にしていたのだ。同時に俊藤は、テレビ『隠密剣士』の西村俊一《にしむらしゅんいち》プロデューサーのことも知っていたからさっそく二人にその企画を話したところ、二人とも、「やりたいですな」と二つ返事だったという。

映画化の話はすぐに決まって、昭和39年3月に全国一斉公開され、映画版『隠密剣士』も大ヒットし、続いて『続 隠密剣士』（同年8月）も製作された。主演の大瀬康一《おおせこういち》、共演の牧冬吉《まきふゆきち》、天津敏らお馴染みの顔ぶれに加え、1作目には前年デビューしたばかりの藤純子も出演している。

俊藤が巡り合った天才 マキノ組の楽しい現場

こんなふうにして、俊藤はいよいよ東映と関係が深まり、映画作りへ傾斜し、銀座と京都のクラブ「おそめ」の裏方から映画プロデューサーへの転身という、考えたこともなかった方向へ邁進《まいしん》していくことになる。

そして正式のプロデューサーとしてマキノ雅弘監督と組んだ最初の作品が、昭和38(1963)年10月の『次郎長三国志』であった。

以後、同作は3年にまたがって4部作として封切られたが、マキノが東宝で撮った村上元三《むらかみげんぞう》原作の旧作9部作(昭和27[1952]～29[1954]年)のリメイクで、その前半5本分をアレンジしたものだった。

俊藤にとってプロデューサーとして初の大仕事となったが、親しい鶴田浩二の主役で、共演者も、河津清三郎、田中春男《たなかはるお》、水島道太郎、森健二《もりけんじ》などマキノ組の常連ばかり。俊藤にはことのほか面白い撮影現場となったようだ。

それ以上に、この現場は、俊藤にすれば、

《私は映画プロデューサーとしていろんなことを楽しく勉強させてもらった。いつも思うことだが、マキノ雅弘という非凡な才能と巡り合わなかったら、私は映画を生涯の仕事にしなかっただろう》(前掲書)

と述べるほど、大きなものであった。

俊藤の人脈形成を助けた後の妻・おそめとの邂逅

俊藤の人生を変えた伝説の銀座マダム

そもそも戦後間もない時期に、俊藤浩滋がマキノ雅弘と知り合ったのは、後に俊藤夫人となるおそめさんこと上羽《うえば》秀との縁による。

このおそめさんとの出会いが、俊藤にとって運命の出会いとなり、彼女こそ彼の後半生を決定づけたキーパーソン――幸運の女神と呼んでも過言ではない存在となったのだった。

マキノ雅弘だけでなく、俊藤はおそめさんとの邂逅《かいこう》なくして、大川博や岡田茂をはじめとする東映の関係者、映画・芸能界、あるいは政・財界の大物たちとの交流も生まれなかったかもしれない。いわば俊藤を「任侠映画のドン」、東映の大プロデューサーへと導くきっかけを作ってくれた女性こそ彼女であった。

元祇園《ぎおん》の人気芸妓《げいこ》であるおそめさんは、伝説の銀座マダムとして名を馳せ、クラブ「おそめ」には各界の名士――白洲次郎《しらすじろう》、小津安二郎《おづやすじろう》、川端康成、川口松太郎などが夜な夜な集い、「おそめ」は「夜の文壇」「夜の財界」「夜の政界」とも称された。昭和32（1957）年には、彼女をモデルにした川口松太郎の小説『夜の蝶』が映画化され、おそめさんがモデルと思しきマダム役を山本富士子、そのライバルのマダム役を京《きょう》マチ子《こ》が演じ、巷《ちまた》の話題をさらったものだ。

際立った存在の美女

そのおそめさんと俊藤が出会ったのは終戦直後、おそめさんが22歳、俊藤29歳のときで、場所は京都・木屋町大黒町《だいこくまち》のダンスホールだった。

日本の敗戦が決まって誰もが明日の糧にも困っていた時分、日本マグネシアクリンカーという軍需会社に勤めていた俊藤は、どういうわけか大金を手にしていたという。敗戦によって同社は閉鎖されてしまったのだが、会社の倉庫に残っていたものを仲間とともに売り飛ばすことで、ひと財産掴んだからだった。

そのカネを持って、俊藤は京都へ繰り出し豪遊に及んだのだ。空襲で焼け野原と化した神戸や大阪と違って、京都は戦災にも遭わず、色街やお茶屋も残っていた。親友のボンノこと菅谷政雄も一緒だったという。

京都は木屋町大黒町のダンスホールへと赴いた俊藤とボンノは、ホールで優雅に米兵と踊る一人の若い女性に目を留めた。鉄紺の小紋の着物に身を包み、黒髪に珊瑚玉《さんごだま》のかんざしを挿したうりざね顔の美女――おそめさんであった。

後年、同じ銀座八丁目でクラブ「姫」のママとなる直木賞《なおきしょう》作家の山口洋子《やまぐちようこ》は、まだマダム

業新米のころ、店先の通りを歩くおそめさんの姿を偶然目撃したことがあったと言い、そのときのことを、
《たったいま止《や》んだ雨にきづかないのか、女の人は蛇の目を差していた。
鮮やかな紫のコートに、淡い水色の傘の色が映えて、アップに結いあげた襟足がどきりとするほど白い。
息を呑むような美しさにぼんやりと見惚《みと》れていると、だれかが「あの人が有名なおそめのママですよ」と教えてくれた。
ああ、さすがに、と思ったことを覚えている。（中略）
おそめのマダムは京都出身の方で、京人形のようだと形容されるべきなのかもしれないが、私にはむしろ、すっきりとものの哀《かな》しげな博多人形にみえた》（山口洋子「銀座の黄昏《たそがれ》」『帰り道を忘れた男たち』講談社）
と書いている。

踊るおそめにひと目惚れ

ダンスホールで踊る彼女にひと目惚れした俊藤は、ダンスを終えひと息ついているおそめさんにまっすぐ歩み寄ると、頭を下げ、

「踊ってくださいませんか」

と申し込んだ。後に彼女は、ノンフィクション作家の石井妙子《いしいたえこ》に、この俊藤との出会いを振り返り、

「ほんまに、人の縁いうのは不思議なもんです。お店の女の子でも、ふとした拍子に男さんと御縁が生じる。うちかて、あの日、ダンスホールに行かなんだら」（石井妙子『おそめ』洋泉社《ようせんしゃ》）

と述べている。

この日から、彼女への俊藤の猛アタックが開始され、その結果、見事に実を結ぶことになるのだ。が、このあたりのことを、俊藤自身はサラッとこう回顧している。

《私は祇園の芸者と深い仲になった。そして芸者屋に入り浸ったあげく、ほとんど京都に住み着いてしもうた》（『任俠映画伝』）

才能が開花した俊藤浩滋　無限に出てくるアイデア

マキノ雅弘と俊藤をつないだおそめさん

戦後間もなくして、俊藤浩滋が恋に落ちた相手こそ祇園の芸者おそめさんで、俊藤はそのまま京都に住み着いてしまう。

そのおそめさんが以前から懇意にしていたのがマキノ雅弘。しかもマキノは当時、俊藤と彼女が住む京都・木屋町の居宅の隣の旅館に居候していた。そんなことから俊藤とマキノは自然に親しくなり、気も合ったのだろう。夜な夜な一緒に遊びに行くような間柄になっていく。

後に俊藤はマキノが監督した松竹『のんきな父さん』の撮影を手伝い、さらに東京で撮影された長谷川一夫主演のギャング映画『傷だらけの男』にプロデューサー補として本格的に関わるようになるのも、マキノとのそうした親交の延長線上にあった。

俊藤が終生「親父《おや》っさん」と呼んで敬愛し、映画作りにおいて決定的な影響を受けることになる巨匠マキノ雅弘との縁をつないでくれた人がおそめさん。

彼女との出会いが運命の出会いとなったのだが（おそめさんにとってもそうであったのは間違いない）、その人脈を通して俊藤は自らの才能を開花させていくことになるのであった。

隆盛を極める任侠路線

おそめさんは祇園の芸妓を辞めると、昭和23（1948）年に木屋町に「おそめ」というバーを開き、さらにクラブ「おそめ」を成功させて、昭和30（1955）年には東京に進出。銀座にも同様にクラブ「おそめ」を開いた。これが各界の名士が夜な夜な集まる店として評判を呼んだ。

そんな「おそめ」で酒場プロデューサー業を10年ほど務めた後に、俊藤は映画界へ転身したわけで、映画プロデューサーとして大きな転機となったのは、最初の任侠作品『博徒』（昭和39［1964］年7月）であり、マキノ雅弘とともに『次郎長三国志』のすぐ後で取り組んだ『日本侠客伝』こそ、俊藤をして「任侠映画のドン」への道を決定づけた作品といっても過言ではなかったろう。

俊藤と高倉健が、プロデューサー、主演俳優として顔を合わせる最初の作品も『日本侠客伝』であり、マキノも高倉を大スターにすべく気合いを入れて取り組んだ。

《高倉健は、それまで現代劇をやっても時代劇をやってもここ一つ人気が出なかった（私自身も健坊の現代劇として『非常線』、時代劇として『千姫《せんひめ》と秀頼《ひでより》』を撮った）が、この『日本侠客伝』では、役も彼の気に入ったこともあって大いに乗り、たちまち人気が出て来た。これで健坊は一本立ちになり、このあと（昭和四十［引用者注＝1965］年から）『網走番外地』シリーズが始まり、これまた大ヒットを続けることになる。そりゃア、もう、バンバンザイだった》

とマキノも述べている（『映画渡世・地の巻　マキノ雅弘自伝』）。

以降、東映任侠路線は隆盛を極め、スターシステムによる2本立て興行を推し進めるなか、鶴田浩二、高倉健、若山富三郎、菅原文太、藤純子ら主役陣のローテーションで量産体制を築いて、ブームを牽引していく。

勢いで撮り続けた映画　湧き出てくるアイデア

その時分の俊藤は、家へ帰って寝たためしがないほど多忙を極めた。なにしろ、昭和40（1965）年から47（1972）年にかけて俊藤がプロデュースした年間製作本数（ほとんどが任俠作品である）は、順に20本、20本、30本、28本、28本、32本、28本、26本——と月に2、3本の驚異的なペースなのだ。

それでも俊藤は、泉のように滾々《こんこん》と映画のアイデアが湧き出て涸《か》れることがなかったようだ。

俊藤ドンは、こう考えていた。

人間は、そういう勢いでどんどん撮っているときのほうがいい案が出てくる。それに関連したものがどんどん出てくる。だから忙しいほうがいい。会社の事業でもなんでも、勢いがあるときは、その勢いにダーッとついてくる者がいるが、事業に勢いがなくなると、落ち目の人物に足を引っ張られてしまう。勢いのついているときは、足を引っ張りそうなヤツでも、逆に事業を押し上げようと動く。

俊藤のアイデアの源泉は演歌と浪花節にあった！

音を上げた重役生活

一貫して一匹狼のプロデューサーとして映画作りに携わってきた俊藤浩滋が、東映のゼネラル・プロデューサーとして製作全般を見ることになったのは、昭和48（1973）年からの足かけ3年だけ。

東京・丸の内の東映本社7階のド真ん中――重役の椅子は居心地が悪かったようで、

「あれは会議ばっかりで性に合わんかった。僕が約300本の映画作って一番感じることは、大勢の者がいろいろディスカッションしても、必ずしもいい映画が撮れるとは限らない、ということです。やはりそれは一人の感覚の優れた者から、えてして当たる企画が出てくるケースが多い。時代が変わって頭が鈍ってきたら除《の》けて、もっと才能のある者を使えばいいんです。映画の企画なんて、ああでもないこうでもないでできるんやったら、コンピュータにぶち込んで出るわけでしょ」（俊藤談）

健さんに影響された俊藤のポルシェ好き

俊藤プロデューサーの場合、映画の企画やアイデアが生まれるのは、移動中の車や新幹線のなかだったり、あるいは新聞や週刊誌を読んだり、演歌や浪曲を聞いている最中が多かったという。

「京都から東京へ移動するのによくポルシェを一人で運転して行くんやけど、カーステレオでいろんな演歌のカセットを聞いてると、ええ文句も出てくるし、スリー小節でひとつのドラマにもなってる。アイデアが浮かんできて、東京の本社に着いてるころには、1本の映画にまとまってるんです。それとね、玉川勝太郎《たまがわかつたろう》(二代目)の浪花節《なにわぶし》もよう聞きましたよ。浪花節は義理と人情のいい話が多いんです」

ちなみに愛車のポルシェ356を勧めてくれたのが高倉健。俊藤もすっかりこれが気に入り、健さんの車好きが移ったようになってしまったという。

鶴田浩二とともに長く東映任俠路線を支え続けてきた二枚看板の高倉健。名伯楽・俊藤の存在なくして、この二大任俠スターの開花もなかったであろう。俊藤は二人についてこう述べている。

《高倉健には子どもみたいなところがある。彼が大スターになってゆく過程で私は行動をともにしてきたが、鶴田浩二の面倒の十のうち三くらいしか見てないのに、健ちゃんのほうは日夜一緒でなきゃ、彼はしょっちゅう不安がる。高倉との歩みはそんなふうにやってきた。だから鶴さんなんかは「なんでそこまで」という気持があったかもしれん。けれど、あいつは大人やから、そんなことは一言も口に出さなかった。二人がうまく両立できたのは、だからこそにちがいない》(『任侠映画伝』)

谷隼人が語る高倉健

俊藤と高倉が組んだ最後の作品は、昭和53(1978)年6月の降旗康男監督、倉本聰脚本の『冬の華』。倉本聰はかねて高倉健主演の映画の脚本を書くことを念願としており、折に触れて健さんにラブコールを送っていた。が、ついに倉本は健さんに直接手紙に認《したた》めて訴えたのだ。それに高倉も応えて実現した企画であった。

ヤクザ版「あしながおじさん」とでもいうべき物語で、哀感を帯びたクロード・チアリのギター曲が流れ、殴り込みのシーンでは、チャイコフスキーのピアノ協奏曲第1番がかぶる異色作。

共演陣も、健さん映画には欠かせぬ、とりわけ健さんと馴染みの深い俳優たちがズラリと顔を揃えている。池部良、北大路欣也、田中邦衛、小林稔侍、今井健二、あるいはいずれも50代の若さで世を去った天津敏、小池朝雄、山本麟一といった大物脇役陣。実は当初の予定ではもう一人、古い健さん一家ともいうべき俳優の名が、重要な役どころで配されていたという。『網走番外地』シリーズでお馴染みの谷隼人《たにはやと》である。池上季実子の恋人役という大役(三浦洋一《みうらよういち》が演じた）で、健さんも楽しみにしていたというが、実現しなかった。

「自分にとって、健さんは生涯の兄貴です。いろんなことを教えてくれました。亡くなってからも夢に出てきます」

「人への目配り、気配り、心配り。谷隼人がこの年までなんとかみなさんの前に立てるのは、健さんの教えがあったからだと思います」（平成29［2017］年5月『甦える映画魂　ザ・レジェンド・オブ　石井輝男』東京・シネマヴェーラ渋谷《しぶや》におけるトーク）

高倉健ともう1本映画を！　叶わなかった俊藤の思い

他社で活躍する高倉

東映を離れ、他社で任侠映画ではない作品に活躍の場を見出すことが多くなった高倉健。そのため、『冬の華』を最後に、俊藤浩滋プロデューサーによる健さん主演映画はなかなか実現しなかった。俊藤が撮りたいのはあくまでも高倉健の任侠映画であるのはいうまでもなかった。俊藤は「役者として最高なのは高倉。健ちゃんと一緒に映画を撮りたい」と事あるごとにラブコールを送り続けた。

実際、企画はいくらでもあった。なかには香港から持ち込まれることもあり、それは『男た

ちの挽歌』のチョー・ユンファーの、

「高倉とぜひ共演したい」

という話から始まり、それにジョン・ローンも加わり、監督はジョン・ウーで、俊藤にはエグゼクティブ・プロデューサーとして参加してもらいたいというもの。

俊藤もその気になるほど面白い企画だったが、結局実現しなかった。

俊藤が独自に長い間温めている企画もあり、それがアメリカ・シカゴでマフィアの大幹部になった日系人「東京ジョー」ことモンタナ・ジョーという実在した人物の話だった。

壮大なマフィア映画

新聞社特派員による伝記によれば、体操教師である東京ジョーの父親が新しい体育を学ぶためアメリカに留学したのは、明治の末ごろ。だが、彼がアメリカで見たものは、鉄道線路を敷く労働者として暮らしながら差別され、カネをマフィアに博奕で吸い取られる日本人移民の姿。

そんな日本人を助けようとして彼は牧師になるのだが、日本から呼び寄せた妻との間に生まれたのが東京ジョーであった。

長じて父親に反発し勘当されたジョーは、ギャングとつきあうようになって、やがて服役した刑務所で博奕の神業の腕を持つ幹部と知り合う。頭もよく度胸もあるジョーは、その幹部から博奕のすべてを教えられ、出所後、先に出ていた彼を訪ねた。ジョーはマフィアの一員となり、やがて大幹部となって大抗争を展開していくという話だった。

《これはぜひとも高倉でなきゃならん。博奕を仕込むマフィアの幹部はロバート・デ・ニーロがいい。中井貴一とか若い役者も入れ、女の話も絡ませる。監督は日本人を考えていたけど、アメリカの監督にするべきかもしれない。

高倉健はアクションをやるととても生き生きしてくる。それがまず頭にあって、この企画を考えた。

しかし日米合作で、十五億くらいは掛かるやろうから、いつ実現できるもんやら》(『任侠映画伝』)

と俊藤が映画評論家の山根貞男に、自分の迸《ほとばし》るような熱い思いを語ったのは、平成2(1990)年ごろだった。

俊藤浩滋に捧げた歌

だが、それは日の目を見ることなく、歳月だけが流れていく。

平成11(1999)年2月、俊藤プロデューサーのラスト前の作品となる『残侠』が公開されたときのこと。同作品には、高倉健の映画を撮りたいとかねがね公言し、それに健さんも応えたという話が伝わっているビートたけしも出演していた。

しかし、「たけしと健ちゃんの映画を撮りたい」という俊藤の夢は、ついぞ叶うことはなかった。

彼が肝不全のため、永遠の眠りについたのは、この映画公開から2年後、平成15（2003）年10月12日のことだった。

その訃報を聞くや真っ先に駆けつけた高倉健は、俊藤の眠る枕辺で、

「時世時節《ときよじせつ》は　変《かわ》ろとままよ　俊藤浩滋は　男じゃないか」

と、彼が好きだった『人生劇場』の替え歌を捧げたという。

第20章 高倉健・菅原文太の最期

日本が悲しみに包まれた！ 大スター高倉健が逝去

ひとつの時代が終焉

平成26（2014）年11月18日、日本中を衝撃が駆け抜けた――といっても、それは決してオーバーではなかったかもしれない。

私がその報を知ったのは車を運転中のことで、カーラジオ（NHK－FM放送）から、

「映画俳優の高倉健さんが10日、悪性リンパ腫のため、都内の病院で死去。享年84」

という臨時ニュースが流れてきたのだった。

〈えっ！〉

という驚きとショックとともに、

〈あの健さんが……〉

というなんともいえない感慨に襲われたのは、もちろん私だけでなく、世の多くの人たちが味わったことであったろう。

それは単なる一銀幕スターの死ではなく、ひとつの時代の終わりであったのは間違いあるまい。高倉健の死去を受けて一般紙は号外を出し、各夕刊は一面トップで大々的にその死を報じた。

どのメディアも、その人物を、

《任侠映画の「健さん」として一時代を築き、「幸福の黄色いハンカチ」「鉄道員」など寡黙で一本気な「日本の男」を演じ続けた俳優で、文化勲章受章者の高倉健（たかくら・けん、本名小田剛一〈おだ・ごういち〉さん）》

と紹介、高倉健というよりも「健さん」の愛称でいかに多くのファンに愛され親しまれ、また仕事仲間や映画関係者から慕われ、敬愛された存在であったかを伝えて余りあった。

205本の映画人生

所属事務所の高倉プロモーションの書面での発表によれば、その最期は、

《映画俳優　高倉健は、

次回準備中、体調不良により入院、治療を続けておりましたが、容体急変にて11月10日午前

3：49　都内の病院にて旅立ちました。

生ききった安らかな笑顔でございました。

病名　悪性リンパ腫
「往く道は精進にして、忍びて終わり悔いなし」

83歳の命を全う致しました》

とのことで、病院スタッフらに看取られて《皆様から温かい涙とともにお見送りを戴き》健さんは息を引き取ったという。

「往く道は精進にして、忍びて終わり悔いなし」の言葉は、親交のあった比叡山延暦寺《ひえいざんえんりゃくじ》の大阿闍梨《だいあじゃり》、酒井雄哉《さかいゆうさい》氏（故人）から贈られたもので、健さんの座右の銘であった。

最後の作品となった平成24（2012）年の『あなたへ』まで、生涯に205本の映画に出演した。

高倉健の訃報に、その死を惜しむ声が尽きなかった。

著名人が高倉を悼む

親交の深かった、〝ミスタープロ野球〟の長嶋茂雄《ながしましげお》巨人終身名誉監督は、

「突然の訃報に驚くと同時に、とても寂しい気持ちにとらわれています。高倉さんとは20代の

頃に知り合い、試合前に2人でよくお茶を飲んだり食事をしたりしました。どれも素晴らしい思い出。ファンの多くは映画の中の高倉さんを見て、日本人の男としてのあるべき姿を学んだのではないでしょうか」（サンケイスポーツ平成26［2014］年11月19日付）

と故人を悼んだ。

『鉄道員』で共演した女優の大竹《おおたけ》しのぶは、

「たった一度の共演でしたが、十本も二十本も映画を撮ったような、豊かで素晴らしいことをたくさん教えていただきました。映画人『高倉健』の魅力は、そのまま人間『高倉健さん』の魅力。神様みたいな人が、本当の神様になってしまったようです」（前掲紙）

歌手の加藤登紀子《かとうときこ》は、

「1960年代に青春を生きた私たち世代にとって、健さんの生きざまはバイブルでした。それは、たった一人でも大きな力に立ち向かっていける人であること、必死で生きる全ての人に心を寄せる熱い人間であること、自分自身に厳しく、迷いながら生きるさすらいの心を持ち続けること。『居酒屋兆治』で妻の役をやらせていただいた思い出、何より大切にします」（前掲紙）

この加藤登紀子が獄中結婚した相手が、1960年代末、70年安保闘争を闘っていた反帝全学連の藤本敏夫《ふじもととしお》委員長（昭和43［1968］年6月就任）であったのはよく知られた話である。

渡世の仁義に命を懸け、悪の限りを尽くすワルに対して我慢に我慢を重ね、最後の一線を越えたとき、単身、決然と敵陣に斬り込む銀幕の健さんの姿に、最も熱い声援を送ったのも、藤本氏ら、当時の学生運動の担い手たちだった。

高倉健と好対照だった男　菅原文太が81歳で永眠

健さんに続き文太も

〝健さんショック〟も醒《さ》めやらぬ平成26（2014）年12月1日、東映任侠路線を牽引したもう一人の大物俳優が世を去ったことが明らかとなった。

『まむしの兄弟』『仁義なき戦い』『トラック野郎』などで知られる菅原文太で、文太は同年11月28日午前3時、転移性肝癌による肝不全のため都内の病院で死去、享年82だった。高倉健の死から18日後のことで、昭和を代表する銀幕スターの相次ぐ旅立ちに、関係者やファンの衝撃も大きかった。

文太は11月、定期健診で訪れた病院で、7年前に発症し患部切除と温存療法などで完治したと公表していた膀胱《ぼうこう》癌の転移が判明、同13日にそのまま入院。病室で高倉健の死に対するコメントを求められると、

「健さん、東映、映画のことは時間を置いて自分で書きます」

と関係者に伝えていたという。その10日後、自らも予期せぬ急逝であった。

マネージャーでもある菅原文子《ふみこ》夫人は、東映を通じて文書でこうコメントを発表。

《七年前に膀胱がんを発症して以来、以前の人生とは違う学びの時間を持ち「朝《あした》に道を聞かば、夕《ゆうべ》に死すとも可なり」の心境で日々を過ごしてきたと察しております。

「落花は枝に還《かえ》らず」と申しますが、小さな種を蒔《ま》いて去りました》

として、文太が携わった無農薬有機農業の普及や反戦アピールなどの社会活動を挙げて、

《すでに祖霊の1人となった今も、生者とともにあって、これらを願い続けているだろうと思います》

としている。

外様で遅咲きの俳優

東映ニューフェイスとして20代から主役を張り活躍していた高倉健と違って、文太は外様で遅咲き。新東宝、松竹と渡り歩き、『現代やくざ　与太者の掟』で東映初主演を射止めたのは36歳。『仁義なき戦い』で東映を代表するスターとなったのは40歳のときだった。その役柄も、アナーキーでアンチヒーロー、生々しい迫力あるヤクザ役が多く、あくまでも義理と人情、任

侠美学を貫く男を演じ続けた高倉健とは対照的であった。

文太の東映初主演作『現代やくざ　与太者の掟』が封切られたのは昭和44（1969）年2月、東映移籍後1年半のことだった。

文太に幸いしたのは、東映任侠路線が好調を維持し、当時の邦画5社のなかでは東映が一人勝ち状態。スターシステムのなか、主役が鶴田浩二、高倉健、若山富三郎、藤純子のローテーションだけでは間に合わず、もう一人、二人、主役を張れる人材を切実に欲している最中だったことだ。そうしたタイミングで俊藤浩滋プロデューサーの目に留まり、抜擢されたのが文太だった。

健さんに並んだ文太

文太2作目の東映主演作が同年5月の『懲役三兄弟』（佐伯清監督）で、文太の兄弟分に待田京介、葉山良二《はやまりょうじ》、その兄貴分に若山富三郎が扮し、ゲスト出演したのが高倉健。若山、待田、葉山の兄弟分が悪辣な組織の手にかかってみんな殺され、ラスト、お決まりの殴り込みシーンは、文太と客分の健さんの二人によるもの。それは圧巻で、文太兄ィと健さんコンビの殴り込みシーンが実現したのは、二人の共演シーンが多々あるなか、後にも先にもたった1本、この『懲役三兄弟』だけ。いまとなっては、これぞお宝ものの作品であろう。

文太と健さんとの本格的な共演となると、実質的には『山口組三代目』『大脱獄』『神戸国際ギャング』の3本。いずれも『仁義なき戦い』以降の作品で、文太が押しも押されもせぬ大スターとして世間的にも認知された後のことだった。3作ともに高倉健の主演で、文太が準主役を務め、ガップリ四つに組んでの熱演を見せた。

東映サイドも、文太を任侠路線に代わる実録路線のエースとして位置づけ、健さんとの新たな二枚看板として売り出す予定だったのだろう。東映が満を持して放つ二大スター競演の超大作との触れ込みで、ポスターやタイトルバックも、かつての片岡千恵蔵と市川右太衛門、中村錦之助と大川橋蔵、鶴田と高倉のような扱いになっていた。

任侠映画が教えてくれた 生きるうえで大切なこと

平成26年、任侠終焉

東映任侠映画ファンにとって、平成26（2014）年は忘れられない年となった。同年11月、高倉健、菅原文太という二枚看板、輝ける〝最後の銀幕スター〟ともいえる二人を立て続けに喪《うしな》ったからで、ファンにとっては、この平成26年こそ、東映任侠路線が真に終焉した年として記憶されるかもしれない。

健さんと文太の最後の共演は、昭和50（1975）年10月の『神戸国際ギャング』（田中登監督）だった。

文太が考えた戦略は

高倉健は銀幕のイメージと重なって私生活も孤高でミステリアス、その素顔もスクリーン同様、他人にやさしく己に厳しいストイックそのものであったという。

一方の文太はスターらしからず、気さくで庶民的、マイカーも持たず、仕事にも電車で通っていたと言われる。

私も文太には直接1時間ほど取材させてもらった経験があるし、スターになってからも、誰も連れず一人で新宿の街をブラッと歩いている姿を目のあたりにしたこともあった。

私はついぞ健さんには一度もお目にかかったことがなく、生身の姿を拝見したのは、後にも先にも1回きり。前述の『神戸国際ギャング』の封切りの際、新宿東映で行なわれた舞台挨拶のときだけだった。

どちらかというと健さん同様、寡黙な男として知られる文太。この舞台挨拶では思いの他饒舌で、本作というより専ら自分の『トラック野郎』について喋っていた。図らずも高倉健に対するライバル意識というか、気負いのようなものが出てしまったのではないかという気がする。

任俠映画こそが青春

ともあれ、東映任俠路線を作り、育て、牽引してきたプロデューサー、監督、脚本家、俳優たちは次から次に鬼籍に入ってしまった。俊藤浩滋、マキノ雅弘、山下耕作、加藤泰、小沢茂弘、佐伯清、降旗康男、笠原和夫、鶴田浩二、若山富三郎、安藤昇、池部良、松方弘樹、天津敏、安部徹、山本麟一、小池朝雄、嵐寛寿郎、大木実、山城新伍、川谷拓三……そして高倉健、菅原文太という最後の二大スターも逝って、東映任俠映画はついにここに終焉を迎えたという思いがする。

われわれは男として生きるうえでどれだけ多くの大事なことを、鶴田や健さん、文太から教わったことであろうか。それは決して学校では教えてくれなかったものだ。

わが青春は、東映任俠映画より他に神はなし、東映任俠映画しか頭になかった――そんな時代が紛れもなくあったのである。

本書は、２０１４年12月～２０１９年7月にデアゴスティーニ・ジャパンより刊行された『東映任俠映画 傑作ＤＶＤコレクション』の連載を一部改筆したものです。

東映任俠映画《とうえいにんきょうえいが》とその時代《じだい》

2023年12月8日　第1刷発行

著　者　山平重樹《やまだいらしげき》

ブックデザイン　長久雅行
協　力　東映 株式会社

発行人　畑 祐介
発行所　株式会社 清談社Publico
〒102-0073
東京都千代田区九段北1-2-2　グランドメゾン九段803
Tel. 03-6265-6185　Fax. 03-6265-6186

印刷所　中央精版印刷株式会社

ISBN 978-4-909979-53-7 C0095

清談社
Publico

http://seidansha.com/publico
X @seidansha_p
Facebook http://www.facebook.com/seidansha.publico